학교학습 효과와 수업 잘하는 교사가 되기 위한

교육방법 및 교육공학

학교학습 효과와

수업 잘하는 교사가 되기 위한

교육방법 및 교육공학

Instructional Method and Technology

박완성 저

동문사

머리말

교육의 3요소는 교사와 학습자와 교육과정을 말한다. 교육의 4요소는 교사와 학습자와 교육과정 그리고 교육상황(educational context)이라고 할 수 있다. 그러면 이 중에서 가장 중요한 요소는 무엇일까? 중세의 대학 탄생의 역사를 보면 교사가 있었고 그 훌륭한 교사 밑에 제자들이 모여 학파를 형성했다. 즉 교사가 중요하다고 할 수 있겠다. 그러나 요즘은 교사 변인뿐만 아니라 학습자 변인이 교육에 매우 중요한 요소가 되어 학습자 중심의 교수-학습 방법이 매우 중요하게 되었다.

그러다가 최근에는 교육상황, 즉 교육을 둘러싼 환경이 교육에 매우 중요한 변인 중 하나가 되었다. 4차 산업혁명의 대두와 전대미문인 코로나바이러스감염증-19의 등장으로 인하여 교육을 둘러싼 환경이 요동치게 되었고 교육도 그 영향을 최일선에서 받게 되었다.

즉, 전통적으로 교육의 방점을 찍어왔던 대면 수업의 방식이 점점 자리를 작게 차지하고 비대면 수업방식이 더 높은 수위로 급부상하더니 이제는 블렌디드 러닝이 교육의 주종을 이루게 되었다. 컴퓨터와 스마트폰의 발달로 세계는 원격교육이 가능하게 되었고 그야말로 어디서나 교육이 가능한 유비쿼터스 교육 시대가 오게 되었다.

앞으로의 교육 현장은 매우 신속하게 변화하는 매체들의 영향으로 누구도 예측 못 하는 상황이 될 수도 있다. 즉 교육상황에서의 진화는 그야말로 예측 불가능한 상황이라고 해도 과언은 아니다. 이런 긴박한 상황에서 미래의 주인공을 가르치는 교사들을 위한 교육방법과 교육공학 교재를 집필하는 것이 그리 쉬운 일은 아니다. 그런데도 이러한 교육상황의 흐름을 인지하고 더 나은 교재를 저술하고자 하는 충성된 마음은 저자를 여기까지 오게 하였다.

이 교재는 대학의 교직을 이수하는 학생들을 위하여 집필되었다. 저자는 다년간 대학의 강단에 선 경험을 기초로 하여 예비교사들이 이 교과목을 통하여 공부하고 학교 현장에 나가 학생들을 인도할 수 있는 역량을 기르려고 하는 마음으로 본 교재의 집필을 시작하였고, 교재의 제목을 '학교학습 효과와 수업 잘하는 교사가 되기 위한 교육방법 및 교육공학'으로 결정하였다.

PREFACE

이 교재는 총 14장으로 구성되어 있다. 제1장은 교사의 역할과 자질, 제2장은 교육방법 및 교육공학의 개념과 교수설계, 제3장은 수업과 수업계획, 제4장은 학습이론에 대한 고찰로 이루어져 있다. 제5장에서는 교수이론을 다루었으며, 제6장에서는 수업 방법의 실제로서 강의식 수업, 제7장은 토의·토론법, 제8장은 협동학습을 다루었다.

제9장에서는 학습자의 입장에 필요한 효율적인 학습법을 다루었으며, 제10장에서는 구성주의적 수업방법을, 제11장에서는 교수매체와 매체의 선정을, 제12장에서는 교사가 수업에 필요한 학습지도안 작성법과 샘플을 소개하였다. 제13장에서는 최근 학습자에게 반드시 필요한 웹 활용 수업을, 마지막 제14장에서는 미래의 교육방법을 다루었다.

본 교재는 필자가 여러 해 동안 강의를 진행하면서 강의의 목적에 맞게 계열화하여 체계적으로 기술하였다. 또한, 관련 서적 및 최근의 연구 결과를 반영하려고 하였다. 그 과정에서 최신의 첨단지식을 다 반영하기에는 한계가 있었으며, 저자의 식견이 부족하여 기존의 연구 결과와 다른 학자들의 견해와 입장을 가져오기도 하였다. 그러나 저자의 부족함과 일천한 지식을 드러내지 않을 수 없음을 안타깝게 생각한다. 그러나 이러한 아쉬움과 부족함은 앞으로 지속적인 수정과 보완을 통해 업그레이드할 것이다.

이 책을 읽는 사람들은 대학에서 교직과정을 이수하는 대학생이 될 것인데, 입학하여 교육과 교직에 대한 꿈을 품고 체계적으로 진로를 준비하여 인생을 멋지게 살기를 원하는 학생들에게 유능한 교사가 되기 위한 준비에 큰 도움이 되기를 바란다.

끝으로 이 책의 출간을 기꺼이 허락해 주신 동문사 이중수 사장님, 여러 번 걸음을 하여 큰 관심을 보여주신 유재영 상무님 및 편집부를 포함한 여러 직원 여러분께 진심으로 감사를 드린다.

2024년 12월

저자 씀

차 례

CONTENTS

차 례

CONTENTS

CHAPTER 01

교사의 역할과 자질

1. 교사의 영향력
2. 유능한 교사역할 준비
3. 교사역할

■ **학습개요**

- 교육의 질은 교사의 질을 능가할 수 없음을 알고 유능한 교사에 대하여 생각해 볼 수 있다.
- 유능한 교사의 역할에 대하여 준비하고, 교사의 전문적 유능성에 따라 분류한 4단계의 수준은 직관적이고 생존적인 교사, 반성적이고 자신감 있는 교사, 처방적이고 경험 있는 교사, 분석적이고 전문 능력이 있는 교사이다.
- 자신이 경험한 교사 역할에 대하여 살펴보고 이 역할을 잘 수행하기 위해 경주해야 하는 노력을 살펴보고 공감할 수 있다.

■ **학습목표**

1	교사의 중요성과 영향력에 대하여 이해하고 설명할 수 있다.
2	유능한 교사가 보이는 효과적인 행동에 대하여 알고, 교사의 전문적 유능성에 따라 분류하고 나는 어느 수준에 속하는지 분석할 수 있다.
3	유능한 교사가 되는 방안에 대하여 이해할 수 있다.
4	학교 현장에서 교사가 보여 주는 다양한 역할에 대하여 이해하고 효율적인 교사가 되기 위해 노력해야 하는 점을 설정할 수 있다.

■ **읽을거리 : 교사 패러독스-교사의 길**

'스톡 데일 패러독스'라는 말이 있다. 베트남 전쟁 당시 미국 장교였던 짐 스톡 데일은 포로수용소에서 8년간이나 갇혀 있었다. 전쟁이 끝난 후 석방되어 자신이 겪었던 포로수용소에서의 일에 대해 사람들에게 말해주었는데, 후에 이 내용이 '스톡데일 패러독스'라는 이름으로 불리게 된다. 수용소에서 전쟁포로로 생활하던 경험, 특히 실제 수용소에서 오래 버티고 살아남은 사람들과 죽어가는 사람들과의 차이에 관한 이야기다. 포로수용소에서 끝까지 버티지 못하고 죽어간 많은 사람은 낙관적인 사람들이 대부분이었다고 한다. 우리는 흔히 낙관적인 자세나 긍정적인 자세로 살아가면 좋다고 이야기하거나 들으며 살아간다. 그런데 스톡데일 패러독스에선 그렇게 살면 생존할 수 없다고 말한다. 반면 포로수용소에서 끝까지 살아남은 사람들은 현실을 냉정하게 바라본 사람들이었다고 한다. 스톡데일 장군은 이 현상을 이렇게 설명한다. "희망을 가지되 현실을 계속 직시하며 매 순간 온 힘을 다해야 살아남을 수 있다."

교사의 길도 이와 비슷하다. 단순히 앞에서 보이는 모습이 전부가 아님을 받아들여야 한다. 교육을 통해 내가 만나는 아이들이 다 변화될 것이라는 희망만을 가지고 살아선 안 된다. 그렇다고 희망이 없이 냉정하게 살아서도 안 된다. 결국 희망을 품고 살아가되 냉혹한 현실에 발을 디디고 있어야 한다. 이것을 '교사 패러독스'라고 말하고 싶다.

이경원(2018). 교사의 탄생. 서울: 행복한 미래. pp. 48-49.

■ **생각해보기 / 토론해보기**

1. 사람은 변하는가? 변한다면 어떻게 변하는가? 변하지 않는다면 그 이유는 무엇인가?
2. 교사 패러독스인 "교육을 통해 내가 만나는 아이들이 다 변화될 것이라는 희망만을 가지고 살아선 안 된다. 그렇다고 희망이 없이 냉정하게 살아서도 안 된다."라는 말에 얼마나 공감하는가?

1. 교사의 영향력

학자마다 인간과 동물의 차이를 다르게 설명하고 있다. 사회적 활동 여부, 언어의 유무, 도구 사용의 여부, 불의 사용 여부 등에 따라 인간과 동물을 구분한다. 그러나 교육적인 측면에서는 교육의 여부에 따라 인간과 동물을 구분할 수 있다. 즉, 인간은 교육적 동물이라는 말이다. 동물의 사회에서는 부모는 존재하지만 교사는 존재하지 않는다. 부모는 생물학적으로 생육하고 번성하게 해주지만, 교사는 영적으로 번성하게 해준다. 그래서 아리스토텔레스는 "육신을 낳아 준 어버이보다 더 귀한 사람이 영혼을 낳아 키워 주는 선생님이다."라고 말했다. 동물의 세계는 수천 년 전이나 지금이 같지만, 인간의 세계는 교사의 교육을 통해 각 개인이 성장하고, 이 개인을 통해 문화가 계속 발전되어 간다.

우리는 초, 중, 고, 대학, 또한 사회에서 많은 교사를 만난다. 사람마다 다소 차이는 있지만 100여 명 정도를 만난다. 한 학생은 이렇게 많은 교사의 교육을 통해 직·간접적으로 영향을 받으며 성장해 간다. 이런 현상을 콩나물시루에 비유할 수 있다. 콩나물시루에 물을 주면 물이 콩나물을 스쳐지나 시루의 구멍을 통해 빠져나간다. 그러나 콩나물 사이에 묻어 나는 미량의 물이 콩나물의 자양분이 되어 콩나물은 자라게 된다. 만약 이 물이 썩은 물이거나 유독성이 물질이 포함된 물이라면 해로운 성분이 콩나물에 묻어나서 몇몇 콩나물이 또는 콩나물 전체가 상하게 된다. 콩나물이 상하게 되면, 매일 많은 물을 주다 보니 어떤 물로 인해 콩나물이 상하게 되었는지를 명확히 증명할 수는 없지만 분명 물의 영향을 받은 것만은 사실이다. 물이 통과하면서 자양분이 콩나물에 스며들 듯이, 교육 활동 중에 교사의 인격이 학생들에 스며들어 학생들의 인격은 성장해 간다. 콩나물이 스쳐 가는 물의 자양분을 흡수하듯이 학생도 교사의 인격을 내면화하면서 성장해 간다.

요즈음 '학교가 붕괴되고 있다', '교육이 왜 이러느냐?' 하면서 걱정들을 하고 있다. 이런 걱정은 비단 우리만의 이야기가 아니다. 미국과 같은 선진국에서도 교육의 심각성 때문에 대부분의 대통령 후보들이 저마다 '교육 대통령'이 되겠다는 공약을 내걸고 있다. 교육 현상을 어떻게 진단하느냐에 따라 그 처방도 다양하고 복잡하기 때문에, 교육 붕괴 현상을 단시일 내에 해결할 수 있는 묘책은 없다. 그러나 분명한 것은 교육

개혁에서 가장 중요한 역할을 담당해야 하는 주체는 바로 교사들이다. 따라서 교사들이 노력하지 않고는 교육의 변화를 기대할 수 없다. 초라한 초가삼간이라도 사랑하는 부모와 형제가 있다면 행복한 가정이 될 수 있듯이, 학교의 물리적 환경도 중요하지만 가장 중요한 것은 교사들에 대한 학생들의 존경과 학생들과 교사들 간의 관계성을 회복하는 것이다.

교사라는 직업은 보람은 있지만, 반면 매우 힘든 직업이라고 인식되고 있다. 왜 교사가 힘든 직업일까? 철부지 아이들을 가르치고, 말썽을 부리거나 반항하는 아이들을 잘 지도하는 것도 힘든 일이다. 그러나 정말 힘든 이유는 교사 이전에 인격자가 되어야 하기 때문이다. 교사의 인격을 매개로 교육이 이루어지기 때문에 교사의 인격이 존재하지 않으면 교육도 존재하지 않는다. 따라서 교사는 학생들 앞에 서기 위해 인격적 존재, 더 나아가 유능한 존재가 되기 위해 부단히 노력해야 한다.

우리나라에서 교사가 되는 것은 결코 쉽지가 않다. 초등학교 교사가 되는 교육대학교에는 고등학교에서 최상위권에 속하는 학생들이 입학한다. 공립 중등교사의 경우는 전국에 많은 사범대학과 일반대학을 교직과목을 이수한 학생들이 치열한 경쟁률의 임용고시를 치러 교직에 들어선다. 사립학교는 재단 나름의 기준에 의해 선발하는데 이 또한 공립학교 못지않게 경쟁이 치열하다. 교사 집단은 대한민국의 어느 집단보다 우수한 인재들이 모인 집단이다. 정말 자부심을 가질 만한 집단이다. 그런데 이렇게 우수한 집단인 교직 사회에 심각한 문제가 하나 있다. '교직에의 취업 준비는 열심히 하지만, 교사 역할 준비는 하지 않는다'는 사실이다. 우수한 인재들이 일단 교사가 되면 노력을 하지 않는 경향이 있다. 물론 모든 교사가 그렇지는 않지만, 상당수의 교사가 기존 교직 사회의 메커니즘에 매몰되어 안일하게 교직에 임한다. '교육의 질은 교사의 질을 능가할 수 없다', '교사는 교육의 알파와 오메가다', '교육의 승패는 교사에 달려 있다.'라는 말들은 다 교육에 있어서 교사의 중요성과 영향력을 강조하는 말들이다. 이렇게 교사가 중요한 만큼 교사의 질 관리에 교사 자신과 나라에서 관심을 기울이고 구체적인 방안이 마련되어야 한다.

2. 유능한 교사 역할 준비

1) 유능한 교사의 개념

'어떤 교사가 유능한 교사냐?'라는 질문을 받을 때, 단순히 '좋은 교사'라고 대답하는 경우가 많다. 1세기 전만 해도 정직하고, 성실하고, 관대하고, 사려 깊고, 통찰력이 있는 교사가 좋은 교사라고 정의했다. 이 정의에 따르면, 좋은 교사가 되려면 솔로몬의 지혜, 프로이트의 통찰력, 아인슈타인의 지식, 나이팅게일의 희생 등의 추상적인 덕목을 갖춘 완벽한 사람이 되어야 한다. 이런 정의는 교사를 일관성 있게 평가할 수 있는 기준이 될 수 없을 뿐만 아니라, 특히 교사 양성을 위해 사용될 수 있는 교사 교육의 목표도 제공해 줄 수 없다. 이제는 좋은 교사라고 정의하는 단계에서 '유능한 또는 효과적인 교사'라고 정의하는 단계로 발전시켜 나가야 한다.

초기의 대부분의 교사 자질 연구의 모델들은 교사의 심리적 성격 요인, 즉 성격, 태도, 경험, 적성, 성취 등을 중심으로 연구되었다.

그러나 약 30년 전부터는 교사의 심리적 특성에 따라 교사의 자질을 연구하는 것은 비실제적이라고 여겨지게 되었다. 이제는 '좋은 교수'라는 표현보다는 '효과적인 교수'라는 표현을 사용하면서 교사들의 인지적, 정의적 행동을 구체적으로 연구하게 되었다. 단순히 교사 입장에서 잘 가르치는 것을 연구하는 것이 아니라, 학생 입장에서 교육적 효과가 있느냐는 입장에서 연구되고 있다. 유능한 교사는 교실에서 효과적인 행동을 보이는 교사이고, 이 교사들의 효과적인 행동은 다음의 다섯 가지로 나누어진다(Borich, 2000).

① 학생들이 잘 이해할 수 있도록 교과 내용을 제시한다.
② 다양한 교수방법을 적합하게 사용한다.
③ 시간 관리를 효율적으로 한다.
④ 학생들이 수업에 잘 참여할 수 있도록 한다.
⑤ 많은 학생들이 교사가 가르친 내용을 이해한다.

카츠(Katz, 1972)는 교사의 전문적 유능성에 따라 4단계의 수준으로 분류하고 있다.

첫째, 직관적이고 생존적인 교사(intuitive–survival teacher), 둘째, 반성적이고 자신감 있는 교사(reflective–confident teacher), 셋째, 처방적이고 경험 있는 교사(prescriptive–experienced teacher), 넷째, 분석적이고 전문 능력이 있는 유능한 교사(analytical–professional teacher)이다.

(1) 1단계 : 직관적이고 생존적인 교사

이 단계에 있는 교사들은 경험이 부족한 초보 교사들이다. 이들은 학생들이 아무 말썽을 피우지 않고 잘 지내 주기만을 바라고, 자신이 학생들과의 생활에서 생존하기만을 바란다. 학교에 생활할 때 매우 긴장하며, 학생들이 말썽을 피우게 되면 자신이 선생님이나 부모로부터 처벌을 받아 온 대로 학생들을 처벌한다. 때때로 이런 방법들이 효과가 있을 때도 있다. 그러나 잘 못 되는 경우가 더 많다.

이런 교사들이 학생들을 지도할 때 다음과 같은 공통점을 갖는다.

① 자신의 성격에 맞지 않는 가혹한 지도 방법을 사용한다.

② 한두 학생이 나쁜 행동을 했을 때 그것을 제어할 수 있는 적절한 조치를 취하지 못하여 이런 나쁜 행동이 급속도로 확산한다. 교사는 이런 상황을 통제하기 위해 무섭게 행동하고, 이런 행동으로 인해 나머지 다른 학생들을 놀라게 만든다.

③ 말썽을 피는 학생들을 통제할 수 있는 방법을 한두 가지만 알고 있다. 이 방법이 통하지 않게 되면 걱정을 하게 된다.

이런 교사들이 친근한 관계를 유지하여 잘 들어주거나, 안 된다고 확실히 이야기해 주고 계약을 맺는다거나, 규칙을 정하고 규칙을 어겼을 경우의 결과에 대해 분명히 말해준다.

(2) 2단계 : 반성적이고 자신감 있는 교사

이 단계의 교사들은 보통 3년 정도의 교직 경험이 있는 교사다. 이 단계의 교사들은 학생들을 지도하는 여러 방법을 알고 있다. 이들은 학생들을 다루는 능력에 대한 자신 있다고 생각한다. 그러나 시한폭탄과 같은 한두 명의 문제아들로 인해 골머리를 앓는다. 이 문제아들이 자신과 다른 선량한 학생들의 시간을 빼앗아 간다고 분개하고, 이들 때문에 교직에 대해 회의도 느끼게 된다.

이런 교사들은 이런 문제아들을 다룰 때 자신이 과거에 평범한 학생들에게 사용했던 지도 방법에 대해 생각해본다. 이 방법 중에서 이 문제아에게 적합한 한 방법을 선택하여 집중적으로 사용한다. 이 교사들은 지도 방법에 관한 연구의 필요성을 느끼고 열심히 연구하여 스스로 이 문제아들에게 적용해 보려고 노력한다.

(3) 3단계 : 처방적이고 경험 있는 교사

이 단계의 교사들은 단순히 교사로서 생존하는 단계를 초월하고 자신의 교수 방법의 효과성에 대해 자신감을 느끼게 된다. 자신의 반에 문제 학생이 있어도 이젠 혼자 처리하려고 노력하거나 숨기려고 하지 않고, 동료나 전문가들과 토론을 통해 좋은 지도 전략을 수립하여 지도한다. 이들은 자신들 지도 능력에 자신이 있으므로 자신의 지도 방법이 노출되는 것을 우려하지 않고 공개적으로 타인들의 조언을 들어가면서 문제를 해결해 나가려고 노력한다.

(4) 4단계 : 분석적이고 전문 능력이 있는 교사

이 단계의 교사들은 학교 프로그램을 평가할 수 있고, 학생들에게 무엇이 유익한지에 대해서 철학적, 윤리적으로 생각할 수 있다. 이들은 학생과 교사들을 위해 어떤 규칙을 만들어야 할지에 대해 합리적인 의견을 가지고 있다. 이들은 동료 교사, 학부모, 교육행정가들과 의견을 잘 조율하여 학생들을 위한 교육환경을 만들어가려고 노력한다.

2) 유능한 교사가 되기 위한 방안

유능한 교사가 되기 위한 방안을 마음자세, 교과 전문지식, 교수방법으로 나누어 생각해본다.

(1) 마음자세

교사로서의 마음자세를 잘 준비해야 한다. 흔히들 교육관, 교육이념, 교직관이라고 하지만 포괄적으로 교사의 마음자세라고 표현해 본다.

페스탈로치는 '전문성과 방법성을 사랑 안에 포섭하는 일이 교직의 기본과제'라고 했다. 아무리 전문적인 지식이 많고 잘 가르친다고 하여도 충분조건인 사랑이 없으면 교육은 성립되지 않는다는 의미이다. 교사로서 가장 중요한 마음자세는 학생들을 사랑하는 마음이다.

학생에 대한 교사의 사랑을 측정할 수 없다. 그러나 교직에 대한 자긍심을 갖고, 즐겁게 가르치는 태도나 자세를 보면 짐작할 수는 있다. 가르치는 일이 육체적으로 힘들기도 하고, 학생들이 자신의 마음을 몰라주어 실망스럽기도 하여 교직에 대한 회의가 생길 때가 많다. 그럴 때마다 좌절하지 않고 연수나 독서를 통해서 스스로 마음자세를 바로 잡는 것이 중요하다.

(2) 풍부한 교과 전문지식

유능한 교사가 되기 위해 두 번째로 필요한 것은 해박한 교과 전문지식이다. 미국에서 있었던 일화다. 기초 불어를 가르치는 교사가 교사연수를 가서 어떤 과목을 수강해야 하는지를 상담하기 위해 지도교수를 찾아갔다. 지도교수는 '몰리에르'를 수강하도록 권장하였다. 그래서 그 교사가 "저는 기초 불어를 가르치는데요."라고 말하니, 지도교수는 "기초 불어를 가르치니 더욱 필요해요."라고 말했다. 이것은 자기가 가르치는 교과목에 대해 많이 알아야 잘 가르칠 수 있다는 것을 암시해 준다. 어떤 악기든 처음에 잘못 배우면 바로 잡는 것이 새로 배우는 것보다 더욱 힘이 드는 경우가 있다. 현실적으로 어렵긴 하지만, 기초일수록 잘 아는 사람이 가르쳐서 방향을 잘 잡아 주는 것이 중요하다. 전체적인 것을 알고 가르치는 것과 가르칠 내용만을 알고 가르치는 것이 겉으로 보기에는 별 차이가 없는 것 같이 보이지만 그 차이는 아주 크다. 가장 큰 차이는 가르칠 내용만 알고 가르치는 교사는 그 교과의 전체적 위계를 파악하지 못하여 중요하고 중요하지 않은 것을 구분하지 못한다. 따라서 가르치는 내용의 연계가 이루어지지 않아 단편 지식, 죽은 지식이 되어 회상하기도 힘들어지고 사회에서 활용할 수도 없는 지식이 되고 만다.

한문 교사가 고사성어를 가르치는 예를 들어본다. 전자에 속하는 교사는 고사성어의 어원, 역사적 배경, 현대 생활에서 우리에게 주는 의미 등을 종합적이고 체계적으로 설명하여 학생들이 쉽게 이해할 수 있도록 한다. 그러나 후자에 속하는 교사는 학생들이 글자 한 자 한 자를 암기하고 쓰는 능력 신장에만 관심을 갖는다. 이렇게 배운 내용은 의미가 연결되지 않기 때문에 이해하기도 어렵지만 쉽게 잃어버린다. 가르치는 내용은 그 교과의 전체적인 지식과 연계될 수 있도록 가르쳐야 하기 때문에 자신이 가르치는 교과에 대하여 정통하여야 하고, 그렇게 되기 위해서는 꾸준히 연구해야 한다. 슐만(Shulman, 1987)은 숙련된 교사가 가져야 할 전문지식을 다음과 같이 정리하였다.

- 자신이 가르치는 교과목에 대한 지식
- 효율적인 교수법 또는 교수전략에 대한 지식
- 교과목과 학습자에게 적절한 교수자료와 프로그램에 대한 지식
- 학습자의 특성과 문화적 배경에 대한 지식
- 학습환경에 대한 지식
- 교육의 목적과 목표에 대한 지식

(3) 교수방법 및 준비

엄격히 말하면 교사만큼 그 교과에 대해 아는 사람은 많다. 예를 들어, 유치원이나 초등학교에서 가르치는 교과내용은 대부분의 부모들이 알고 있다. 그러나 부모들은 효과적으로 가르치는 교수 방법에 대해서는 문외한이다. 부모들이 유치원에 가서 하루 일일 교사를 해 보고 돌아온 후에 '야, 선생님들 대단해, 그 아이들 비위를 다 맞추어 가면서 가르치는 것을 보면 역시 선생님은 선생님이야. 어휴, 나는 하루도 더 못하겠어'라고 말하는 것을 종종 듣는다. 이것이 교사가 전문직으로 인정을 받는 중요한 이유 중의 하나이다. 아무리 교과 내용을 많이 아는 사람이 교사가 된다 해도 교수 방법을 연구하지 않고 준비하지 않으면 유능한 교사가 될 수 없다. '가르치는 것과 배우는 것은 별개의 것이다.'라는 말은 이런 연유에서 나왔다. 교과 내용의 교육적 의미를 잘 이해하고, 교육적 의미를 교수 방법과 잘 연결해 나가는 교사가 유능한 교사라고 할 수 있다.

우리나라의 교사 교육은 교육관, 교사의 자세 등의 사변적인 측면을 강조하지만, 영국과 같은 선진국에서는 전문직 종사자로서의 교수방법을 중요시한다. 참고로 영국 교육 인준 위원회의 주요 정책안을 살펴보면 다음과 같다.

- 교직은 특수기술을 요구하는 전문직이므로 교사양성기관은 차별성 있는 교육 내

용으로 교사를 양성해야 한다.

- 교사는 교육의 수요자인 국민의 요구에 부응하는 교육을 가장 효율적으로 하도록 특별히 훈련되어야 한다.
- 학교 중심 교사훈련 프로그램을 통해서 현장 실습 위주의 교육이 되어야 한다.

이 내용을 보면, 영국에서는 교사에게 특수기술로서 효율적인 교수 능력을 강조하고 있고 이 교수 능력을 함양시키기 위해 실습 위주의 교사 교육을 시행하고 있다. 막연하게 '훌륭한 교사', '좋은 교사', '열심히 하는 교사'를 교사 교육의 목표로 삼아서는 안 된다. 강의 방법, 대화 및 상담 방법, 학생 심리 파악, 과제 주기, 벌하는 방법 등 구체적인 교수방법을 숙달한 교사를 목표로 삼아야 한다.

육체적인 측면의 의사와 정신적인 측면의 교사를 비교하여 생각해 본다. 만약 의사가 아무리 성품이 좋다고 해도 사람을 잘 고치지 못한다면 명의라고 할 수 없다. 의사가 병도 잘못 고치고 환자에게 좋은 말만 많이 해준다면, 환자 입장에서 그는 위선자로 비추어진다. 이와 마찬가지로 교수방법을 잘 활용하여 효과적인 교육을 하는 교사가 유능한 교사가 된다. 교육 효과성은 인지적 측면에서 학생들의 인지 능력을 신장시키는 것뿐만 아니라, 정의적 측면에서 학생과의 친밀한 관계 속에서 정서적으로 안정되게 교육이 이루어지는 것을 포함한다. 이렇게 될 때 좋은 교사에서 벗어나 유능한 교사가 되어 효과적인 교수를 하게 된다.

3. 교사 역할

사명(使命)의 사전적 의미는 '맡겨진 임무'이다. 교사 사명감은 '교육자인 자신에게 맡겨진 임무가 무엇인가를 정확히 이해하는 마음'이라 생각한다. 어떤 교사는 "내가 어쩌다 선생이 됐는지 모르겠어. 너희들은 절대 선생은 되지 마라. 내 친구들은 잘나가는데 나는 이 모양 이 꼴이란다."라고 학생들 앞에서 이야기하는 경우도 있다. 반면, 어떤 선생님들은 "교사라는 직업은 정말 보람 있고 매력적인 직업이란다. 여러분들 중에서도 적성이 맞는 사람은 한번 도전해 봄 직한 직업이지."라고 학생들에게 이야기해 주기도 한다. 교사가 소명의 식과 자부심을 품고 교직에 임할 때 사명을 다할 수 있으며,

자신의 역할도 잘 수행할 수 있다.

여러 교육학자들마다 교사의 역할을 다르게 설명하고 있으나, 여기서는 다음과 같이 5가지로 정리하여 본다. 그리고 그 역할에 따라 저자의 제자들이 '교사론' 시간에 발표했던 자신이 경험했던 선생님들의 예를 들어본다.

1) 학생의 잠재력을 발견하는 교사

학생들은 자신의 잠재력, 흥미, 목적을 발견하기가 힘들다. 따라서 교사가 전문적이고 객관적인 안목으로 이런 것들을 발견해 주어야 한다. 조각가가 돌덩이를 바라보며 완성될 훌륭한 조각품을 미리 그려볼 수 있는 것과 같이 학생의 잠재력을 볼 수 있는 교육적 안목이 있어야 한다.

내가 3학년 때 정○○이라는 선생님이 저의 담임 선생님이셨다. 그 선생님은 남자분이셨는데 저에게 정말 잘해 주셨다. 아니 저뿐만 아니라 우리 반 학생 모두에게 친절하고 자상하게 대해 주셨다. 그래서 그분을 제일 존경한다. 그 선생님이 그 당시 수업을 어떻게 했고 제가 무엇을 배웠는지는 잘 기억이 나지 않는다. 그렇다고 또 수업을 못 하셨다는 말은 아니다. 수업은 다른 선생님들과 비슷하게 하셨고 평범했다. 또한, 선생님께서는 유머러스하셔서 항상 저희를 웃기셨다.

언젠가 나는 우리 반 대표로 가창대회를 나가게 되었다. 심사위원은 3학년 전체 담임 선생님들이셔서 정○○ 선생님께서도 저의 노래를 듣게 되었다. 저는 연습을 많이 했지만, 가창대회도 대회이니만큼 무지 떨렸다. 제가 무대에 서기전에 선생님께서는 "은희야! 선생님은 널 믿는다. 선생님이 은희 뽑은 거 후회하지 않게 해줘야 해, 파이팅!" 하며 격려의 말씀을 해 주셨다. 그 말이 저에게는 큰 힘이 되었다. 그때까지 떨려서 노래를 못 할 것 같던 마음이 싹 가셨다. 그래서 저는 가창대회에서 상을 받게 되었고 정 선생님께 감사하다는 생각을 하였다. 학년이 바뀌고 선생님과 헤어지는 것이 무척이나 아쉬웠다. 하지만 4, 5, 6학년이 되어서 선생님을 만나 인사를 드리면 선생님께서는 저를 번쩍 안으시며 반갑다고 포옹을 해주시기도 하였다. 그런 선생님의 행동들이 저에게는 부끄러우면서도 정말 좋았다. 지금도 뵐 수만 있다면 꼭 찾아뵙고 인사드리고 싶다.

2) 학생의 동기를 촉진시키는 교사

교사가 학생을 가르치는 데는 한계가 있다. 계속 따라다니면서 가르칠 수도 없고 공부하기 싫은 것을 억지로 시킬 수도 없고, 또 억지로 시킨다고 하더라도 효과가 없다. 가장 중요한 것은 내적 동기를 유발해 스스로 학습하도록 만들어주는 것이다.

내가 가장 좋아하고 아직도 찾아뵙고 존경하는 선생님은 중학교 2학년 때 담임 선생님이시다. 한문 선생님이셨는데 이 선생님은 그 교과에 대한 지식을 학생들이 빠르게 이해하고 쉽게 접할 수 있도록 하셨다. 한문이라는 과목은 자칫 잘못하면 지루하고 고지식한 과목이라고 느낄 수 있는데, 선생님의 수업방식 때문에 오히려 흥미가 있는 과목이 되었다. 그리고 생활 지도부 선생님이셨는데 학생들의 잘못에 대해 무조건 매를 드시기보다는 다독거려 주시며 다음부터 똑같은 잘못을 저지르지 않도록 자상하게 타이르셨다. 내가 학급회장이었을 때 임원으로서 문제도 많이 일으키며 자격이 부족하다고 느껴질 만큼 성실하지 못했을 때도 역시 그러셨다. 심지어 어머니께서 학교에 찾아가셔서 내가 학급 임원으로서 많이 부족하고 모범이 되지 못하니 임원을 바꾸는 게 나을 거라는 부탁에도 불구하고 잘할 거라고 기회를 주자며 나를 믿어주셨다. 그리고 선생님의 자상하신 이해와 배려를 느낀 나는 모든 면에서 생활 태도가 점점 좋아지게 되었다. 그리고 선생님이 나에게 써 주신 편지는 정말 눈물이 날 정도로 감동을 했다. 많이 좋아진 생활태도에 정말 고맙다며 삐뚤어지지 않고 다시 제 모습을 찾아가는 것 같아서 뿌듯하다는 내용의 편지였다. 선생님의 뜻밖의 편지에 너무나 감사했다. 그래서 그 편지를 읽을 때마다 눈물이 나곤 한다. 그 후 선생님이 가르치시는 한문은 내가 가장 좋아하는, 그리고 가장 잘하는 과목이 되었다.

3) 꿈 찾는 것을 도와주는 교사

학생들의 무대는 미래다. 따라서 학생들이 자신의 비전과 꿈을 찾아 미래의 무대에 잘 펼칠 수 있도록 도와주는 것이 교사의 역할이다. 학생에게 지속적인 관심을 갖고 세심하게 관찰하여 그들의 비전과 꿈을 찾는 데 도움을 주어야 한다.

내가 제일 좋아하는 선생님은 고2 때 담임 선생님이었던 수학 선생님이다. 어렸을 때부터 공부보다도 운동을 더 좋아하고 친구들과 어울려서 놀기만 좋아했던 나에게 처음으로 공부를 하게 만든 선생님이시다. 고등학교 2학년이 얼마 안 되어서 담임 선생님과 상담을 하게 되었다. 1학년 동안 학교에서 말썽을 피운 적은 없었지만, 성적은 항상 하위권이었다. 그런 나에게 선생님은 꿈이 뭐냐고 물으셨다. 난 대충 아이들의 꿈을 조사하는 줄만 알았다. 그런데 선생님께서는 나에게 "은정이 너는 성격도 밝고 친구들과도 사이가 좋은데 네 미래에 대해선 생각을 안 해 본 것 같구나."라고 말씀하셨다. 솔직히 그때까지 특별한 꿈은 없었지만, 그냥 민망해서 간호사가 되겠다고 했다. 그 이후 선생님은 내가 간호사가 되려면 현재로서 대학교 갈 성적이 안 된다고 하시며 좀 더 열심히 공부하라고 격려해 주셨다. 그 이후 간호대학에 대한 자료를 가져다주시곤 했다. 그 이후 중간고사 기간이 다가오자 나와 친구를 부르시더니 수업 시간에 내가 언제 잤는지 다 알고 계시고는 그때 못 들은 부분을 보충해 주셨다. 그때 처음으로 수학이 정말 재미있어서 공부하게 되었고 중간고사에서 다른 과목은 거의 '미'를 받았는데 체육과 처음으로 수학이 '수'를 맞았다. 그리고 선생님은 나를 따로 부르시더니 다른 과목의 문제집을 주시면서 기말고사 때는 수학 말고도 다른 과목도 열심히 해 보라고 하셨다. 그래서 그 이후로 공부를 열심히 하게 되었고 고1 때 항상 30등 밖이었던 난 고2 기말고사 때는 선생님의 도움으로 7등까지 하게 되었다. 또한, 난 꿈이라는 것이 생기게 되었다. 그래서 이 선생님을 난 평생 잊지 못할 것 같다.

4) 꿈을 실현할 수 있도록 지원해 주는 교사

학생들은 나름대로 꿈을 갖는다. 그러나 노력이 뒤따르지 않는다면 그것은 공상에 지나지 않는다. 교사는 학생들의 꿈이 실현될 수 있도록 지속해서 교육적 안내를 해주어야 한다.

내가 존경하는 선생님은 초등학교 5학년 때 담임이셨던 김○○ 선생님이다. 난 그 당시 친구가 별로 없었고 항상 자리에 앉아서 혼자 학급 도서를 읽은 아이였다. 5학년 때 가장 친한 친구 한 명을 제외하고는 시끄럽게 웃고 떠든 기억이 없다. 초등학교 때 친구들을 만나면 늘 하는 소리가, "넌 정말 얌전하고 있는 듯 없는 듯했어"이다. 학급의 주를 이루는 활발한 아이들 곁에 있으면 말을 잘하지 못했고 책 읽는 것이 너무 재미있기도 해서 난 거의 하루 종일 책을 읽었던 것 같다. 그렇게 5학년을 마치고 6학년으로 올라가던 날, 담임선생님께서 내 이름을 큰 소리로 부르시면서 "은영이는 책을 많이 읽어서 친구들에게 모범이 되는구나. 가지고 싶은 책이 있으면 마음껏 가져라"라고 말씀하셨다. 그리고 6학년이 되어도 보고 싶은 책이 있거나 선생님이 보고 싶으면 찾아오라고 따뜻하게 말씀해 주셨다. 난 정말 기뻤다. 선생님은 내 존재를 잘 모르시리라 생각했는데 그게 아니었다. 나보다 훨씬 어른이고 쉽게 말 한번 해본 적도 없을 뿐만 아니라 활발하고 명랑한 다른 아이들처럼 선생님이라 친밀하지도 않았는데 아이들이 선생님과의 이별을 아쉬워하고 있을 때 날 지목해서 친절하게 말씀해 주신 것은 큰 충격이었다. 나의 존재를 누군가 알아주고 인정해 준다는 것, 그리고 그 사람이 하늘 같은 선생님이라는 사실은 참 뿌듯하고 기분 좋은 일이었다. 고맙고 뿌듯하고 자랑스러운 기분에 읽지 못해 아쉬웠던 책들을 싸안고 허리를 깊이 숙여 몇 번이고 인사했던 기억이 난다.

5) 상담을 통해 어려움을 극복하게 도와주는 교사

대부분 학생은 잘 가르쳐 주신 선생님보다 자신들이 어려웠을 때 상담을 잘 해주셔서 그 어려움을 이겨내는 힘과 지혜를 주신 선생님을 기억한다. 그렇기에 상담은 학습지도 못지않게 중요한 역할이다.

가장 기억에 남는 선생님은 고3 선생님일 듯싶다. 고3, 그 힘들고 어려운 시절을 편안하게 지낼 수 있도록 해주신 분, 그분을 떠나온 지 얼마 되지 않아서인지 아직 기억이 생생하다. 고3 담임을 하시면서 당신도 나름대로 힘드셨을 텐데 그런 내색은 한 번도 안 하시고 우리를 너무나도 잘 챙겨 주셨다. 내가 다니던 시골 학교의 우리 반은 18명이었다. 적은 인원이고 유치원 때부터 함께 해 온 친구들인지라 불편함 없이 가족처럼 느껴졌지만, 우리에게도 나름대로 고3이라는 부담감과 스트레스가 있었다. 그때 선생님은 예전의 우리들의 모습이 변하지 않길 바라시며 피곤해야 할 고3 생활을 편안하도록 해주셨다. 월요일부터 금요일까지 야간 자율학습에 지친 우리를 토요일이면 가까웠던 선생님 집으로 모이게 하여 밥도 해 먹고 수다도 떨면서 스트레스 해소에 많은 도움을 주셨다. 그리고 우리와 함께하실 때면 당신이 교사라는 입장에 서기보다는 우리와 같은 입장에서 우리처럼 하셨다. 무엇보다도 그분께 가장 감사드리는 것은 우리에 대한 믿음을 저버리지 않으셨다는 것이다. 그렇게 많은 실망을 드렸음에도 불구하고 선생님은 끝까지 우리를 믿어주셨다. 지금도 참 많이 후회된다. 좀 더 잘할걸...... 조금만 선생님 기대에 미치도록 노력할 걸…… 아이들을 사랑하는 선생님의 마음과 열정을 겉으로 헤아리는 것은 힘든 일이겠지만, 그 마음을 본받도록 노력할 것이며 다음에 내가 가르치게 될 아이들에게 그 마음을 전해 주고 싶다.

모든 전문직은 일반 대중과 그들을 구분 지을 수 있는 지식을 독점하면서 자신들의 직업을 통제해 나간다. 전문직 종사자들은 이런 지식을 소유하므로 자신들을 아마추어나 일반 대중에서 분리시킨다. 그러나 '교육'과 '교수(teaching)'에 대해서는 대부분의 사람들이 동의하는 전문지식이 부족하다. 과학, 의학, 법학과 같은 학문은 명확한 절차와 방법을 통해 얻은 체계화된 지식이 있지만, 교육은 이런 지식이 부족하다(Ornstein, 2000). 그 결과 교육전문가와 비전문가를 구분하기는 쉽지 않은 일이다.

그러나 그동안 수행되었던 많은 교수효율 연구는 분명 숙련된 교사와 초보 교사, 또는 효율적인 교사와 비효율적인 교사가 차이가 있음을 보여 준다. 이제 교사는 타고난다는 신화를 떨쳐 버리고 노력하고 연마하여 만들어진다는 것을 인식해야 한다.

사회로부터는 전문직으로 인정받고 학생들에게 존경을 받을 수 있는 효율적인 교사가 되기 위해서 어떤 노력이 있어야 하는지를 종합적으로 살펴보면 다음과 같다.

첫째, 교사는 교육적 민감성을 가지고 학생 개개인을 잘 이해해야 한다. 라노시푸코(La Rochefoucauld)는 "인간을 일반적으로 아는 것은 쉬워도 개개인을 알기는 어렵다."라고 하였다. 학급이라는 집단 속의 학생들은 너무 단순하고 평범해 보인다. 그러나 개개인을 자세히 살펴보면 각자 고유하고 특이한 세계를 가지고 있는 참으로 오묘한 존재들이다. 이런 학생들에 대한 정확한 이해는 교육의 출발인 동시에 학생존중의 기초다. 교육적 민감성을 가지고 학생 개개인을 잘 이해하는 교사는 학생들에게 폭언, 체벌, 무시하지 않는다. 이런 교사들은 학생 개개인의 개성에 맞는 민감한 교육을 위해 노력하므로, 학생들은 교사로부터 인격적으로 존중받고 있다는 느낌을 받는다.

둘째, 교사는 학생의 비전을 찾고 이루어 가는 것을 도와주어야 한다. 괴테(Goethe, A. W.)는 "만일 당신이 학생을 있는 그대로 다루면 그는 있는 그대로 머무르게 된다. 그러나 되어야 할, 될 수 있는 존재로 다루면 그는 되어야 할, 될 수 있는 존재가 될 것이다."라고 했다. 교사가 학생의 내재된 잠재력을 발견하고 그것이 이루어진다는 확신 속에서 학생을 대할 때 교육의 성과가 나타난다. 또한, 교사가 학생들의 현재 모습이 아니라 미래의 이루어진 모습으로 학생을 대할 때 학생을 인격적으로 대하게 되고, 학생도 교사를 존경한다.

셋째, 교사는 교육적 사명감을 주기적으로 재충전시켜야 한다. 페스탈로치(Pestalozzi, J. H.)는 "인내심을 가져야 한다고 생각한다면 교육자로서 낙제다. 애정과 즐거움을 느껴야 한다."라고 했다. 그도 교육자라는 역할이 의도적으로 인내하는 데는 한계가 있다고 생각한 듯하다. 이젠 교직을 인내하는 수동적인 자세가 아니라, 애정을 가지고 적극적으로 가르침을 즐기는 교사가 되어야 한다고 생각한다. 그러기 위해서는 연수나 세미나 등의 교육자로서의 자기계발 프로그램에 참여하여 교사의 사명감을 재충전해야 한다.

넷째, 유능한 교사가 되겠다는 구체적인 목표를 가지고 꾸준히 연구하고 노력하여야 한다. 일본에서는 실력이 없는 교사를 퇴출하게 시키고, 영국에서는 7년마다 교사자격증을 갱신한다. 이제는 교사도 퇴출당하고, 교사 자격도 갱신하지 않으면 안 되는 시대가 되었다. 꾸준한 노력이 없이는 유능한 교사가 될 수 없다는 징표다. 특히 인내심이 약한 요즈음 학생들에게 적합하고, 즐겁게 가르치고 배울 수 있는 교수방법을 배우는 데 더 많은 시간과 노력을 투자해야 한다. 'competence(유능)'라는 용어는 'com(함께)', 'petere(venture, 모험하다)'라는 어원을 가지고 있다. 학생과 더불어 꾸준히 노력하며 모험을 해 나가는 교사가 바로 유능한 교사다. 학생이 교육을 통해 성장해 가듯, 유능한 교사도 노력을 통해 만들어진다.

CHAPTER 02

교육방법 및 교육공학의 개념과 교수설계의 이해

1. 교육방법 및 교육공학의 개념
2. 교수설계의 개념
3. 거시적 교수설계와 미시적 교수설계
4. 교수설계모형
5. 계열화에 대한 이해

■ 학습개요

- 교육방법은 교사 및 기타 교수자가 학습을 발생시키기 위한 목적으로 설계, 개발, 적용, 관리, 평가하기 위한 지식과 실행력이며, 교육공학은 학습을 위한 과정과 자원의 설계, 개발, 활용, 관리 및 평가에 관한 이론과 실제이다.
- 교수설계는 교수 자체를 여러 개의 하위 구성 요소가 서로 영향을 주고받으며 공통된 교육의 목적을 달성해 가는 하나의 유기체와 같은 체제로 보고 설계하는 것을 말한다.
- 거시적 교수설계와 미시적 교수설계는 교수의 분량과 목적으로 구분할 수 있는데, 비교적 많은 분량의 교육과정을 선정하고 개발하는 것이 거시적 교수설계이며 교사가 이미 정해진 교육 내용을 가지고 어떻게 효과적으로 가르칠 것인가에 초점을 두는 교수설계를 미시적 교수설계라고 할 수 있다.
- 교수설계 모형은 교수자가 특정 목적을 달성하기 위해 교육과정(교육 프로그램)을 설계할 때 필요한 절차적 과정이나 단계를 명시해 놓고, 각 단계에서 교수설계자가 해야 할 과업들을 정리해 놓은 것으로, ADDIE 모형, Dick과 Carey의 체제적 교수모형이 있다.
- 계열화(sequence)란 가르칠 내용에 대하여 그룹을 짓고 그것들을 특정한 순서로 배열하는 것을 말하며, 주제별 계열화와 나선형 계열화로 분류할 수 있다.

■ 학습목표

1	교육방법과 교육공학에 대하여 정의하고 좋은 교육방법의 특성을 말할 수 있다.
2	교수설계에 대하여 이해할 수 있다.
3	거시적 교수설계와 미시적 교수설계에 대하여 알고 그 차이점을 설명할 수 있다.
4	교수설계모형에 대하여 알고 ADDIE 모형, Dick과 Carey의 모형의 차이점을 설명할 수 있다.

■ **읽을거리 : 교사가 어른이다!**

교사는 아이들 앞에서 자신이 먼저 배운 것을 나누는 존재로 그 역할이 끝나지 않는다. 아이들이 온전히 기댈 수 있는 어른이어야 한다. 자신의 두 발을 땅에 깊게 박고 아이들의 불안함을 받아줄 수 있을 때 교사가 되는 것이다. 다른 어떤 어른보다 민감하게 아이들의 이야기를 가슴으로 들어줄 수 있는 어른이어야 한다.

어리고 약한 나에게 초등학교 4학년 때 선생님은 그런 어른이셨다. 나의 어려움에 관심을 가져주셨고 나에게 엽서까지 보내주신 고마운 어른인 것이다. 나에게 선생님은 하늘 같은 분이었고, 내가 온전히 믿고 기댈 수 있는 분이었다. 선생님께서 나에게 특별한 일을 해서가 아니다. 앞에서 이야기한 엽서가 매우 짧았다는 것을 보며 이미 눈치챘을 것이다. 맞다. 선생님은 나에게만 엽서를 보낸 것이 아니다. 우리 반 모두에게 여름방학에 건강하게 지내라는 안부 엽서를 보냈을 뿐이다. 맞다. 선생님은 쉬는 시간 나에게만 와서 특별히 이야기한 것이 아니다. 우리 반 모두와 쉬는 시간에 만나서 이야기하셨고 그 과정에 나와의 이야기도 있었을 뿐이다. 하지만 선생님의 그 작은 실천이 지금 나를 지탱할 수 있도록 했다. 그래서 엽서 위에 찍힌 몇 자의 잉크가 아니라 엽서 속 글자 하나하나가 내 삶의 버팀목으로 뿌리 내릴 수 있었다. 아이들은 그런 어른과 함께 지낼 때 자신의 목소리를 온전히 낼 수 있다. 어린 시절 내가 그랬던 것처럼.

여름방학 이후 나의 학교생활은 달라졌다. 조용히 앉아만 있던 학생이었다가 수업 시간에 손을 들고 발표하기 시작했다. 적극적인 모습으로 학급의 일에 참여했다. 선생님이 나를 지켜주고 있음을 그리고 어려움이 생기면 선생님에게 기댈 수 있음을 믿었기 때문이다. 그 믿음이 지금의 나를 만들었다. 어리고 모든 것이 막연하기만 했던 나를 붙잡아주고 일어날 수 있도록 한 선생님의 모습이 바로 아이들이 바라는 교사의 모습이라고 믿는다. 그래서 교사의 질이 교육의 질을 좌우한다는 말에 전적으로 동의한다.

이경원(2018). 교사의 탄생. 서울: 행복한미래. pp. 52-53.

■ **생각해보기 / 토론해보기**

1. 당신은 '교사의 질이 교육의 질을 좌우한다'라는 말에 얼마나 동의하는가?
2. 잘 가르치는 교사는 어떠한 특징을 가졌는지 그룹원들에게 말해 보시오.

1. 교육방법 및 교육공학의 개념

교육방법과 교육공학이란 무엇인가? '교육방법'과 '교육공학'이라는 말이 왜 붙어 다니는 것일까? 이 책의 주요독자인 사범대학생 또는 일반대학의 교직 이수생들에게 교육방법과 교육공학에 대한 개념을 강의 첫 기간에 질문하고는 한다. 이 질문에 대한 학생들의 반응은 대체로 교육방법은 교육하는 방법이라고 대답하며, 교육공학은 공학적 도구를 활용한 교육이라고 말하는 경우를 많이 볼 수 있다.

이 장의 목적은 교육방법과 교육공학에 대한 개념을 소개하고, 예비교사들이 자신만이 가지고 있는 이 두 가지 개념을 정리할 수 있도록 돕는 것이다.

1) 교육방법의 개념

교육의 하위영역 면에서 본다면 교육방법이란 교수방법, 교육과정방법, 교육상담방법, 교육행정방법 그리고 교육평가방법 등을 모두 포함하는 것이어야 한다(변영계 외, 2007). 여기서 교육방법은 주로 교수방법에 관련된 것이다. 따라서 교육방법은 구체적으로 교수방법을 말하며, 이 교수방법은 교사 및 기타 교수자가 학습을 발생시키기 위한 목적으로 설계 · 개발 · 적용 · 관리 · 평가를 하기 위한 지식과 실행력이라고 정의할 수 있다.

2) 교육공학의 정의

교육공학은 시대의 발전에 따라 그동안 계속 이름이 바뀌어 왔으며 시각교육에서 시청각교육으로, 교육공학에서 이제는 교수공학(instructional technology)으로 개념이 바뀌어 왔다. 셀즈와 리치(Seels & Richey, 1994)는 교수공학이란 학습을 위한 과정과 자원의 설계, 개발, 활용, 관리 및 평가에 관한 이론과 실제라고 하였다.

3) 좋은 교육방법의 정의와 필요성

좋은 교육방법은 효과적이고 효율적이며, 매력적이고 안전한 것이어야 한다(변영계 외, 2007). 효과적이란 말은 목표로 하는 학습이 발생했느냐를 보는 것으로서, 즉 학습목표에 학생들이 도달했느냐를 말한다. 효율적이란 얼마나 경제적으로 그 목표가 달성되었느냐를 보는 것으로, 적은 노력과 시간을 투자하고, 더 나은 교육방법으로 학습목표에 도달하는 것을 말한다. 매력적이란 학습자와 교수자가 얼마나 그 과정을 좋아하며 즐기고 흥미를 느끼고 참여할 수 있느냐에 대한 고려이다. 또한, 안전하다는 것은 방법이 실천과 수행상 도덕적으로 문제가 없다는 것을 말하는 것으로 교육은 도덕적으로 온당한 방법으로 수행되어야 한다.

최근 학습자는 효율성과 효과성보다는 매력성을 더 중시하는 경향이 있고, 장기적으로 보더라도 매력성이 다른 두 가지보다 훨씬 더 중요하다고 볼 수 있다. 안전성 역시 최근에 와서 더 주목받고 있으며, 오프라인 수업뿐만 아니라 온라인 수업에 있어서 더 많은 관심을 쏟아야 하는 부분이다.

4) 교육방법과 교육공학의 관계

교육방법과 교육공학은 어떤 관계에 있을까? 이 두 가지를 함께 묶어서 배우는 이유는 무엇일까? 교육방법과 교육공학과의 관계는 다음과 같은 몇 가지 점에서 함께 논의되고 취급된다(변영계 외, 2007).

첫째, 교육공학이 실제로 가장 역동적이고 긴밀하게 적용할 수 있는 분야는 교육방법과 관련된 영역이므로 이 둘은 아주 긴밀한 관계가 있다. 방법이 이론과 실행으로 구성되었듯이 공학 역시 과학적 지식과 그의 적용(실행)을 중심으로 하기 때문이다.

둘째, 교육공학은 첨단 정보공학을 교육에 도입하여 더욱 다양한 교육방법의 가능성을 열어 주고 있다. 멀티미디어, 인터넷, 위성방송과 인터넷방송 및 각종 첨단 정보공학을 이용한 원격교육 및 개별화 교육은 그 좋은 예다.

셋째, 교육공학의 과학적인 접근법은 수업 현장 및 교육 현장에서의 교육방법의 질적 개선을 위한 구체적이고 실무적인 지침을 제공해 준다. 예컨대 수업을 설계하기 위한 학습자의 분석, 목표의 분석, 필요한 매체의 분석 등을 통한 정확한 자료의 수집과 이해는 수업방법의 개선을 위한 자료를 제공한다.

넷째, 교육공학의 체제적 접근법은 교육방법이 가지고 있는 각종 교육환경과 관련된 제반 체제적 문제의 해결을 위한 구체적이고 실무적인 지침을 제공해 준다. 교육방법에 대한 개선은 비단 학습자에 대한 분석 등 수업현장에 관련된 분석만을 통해 이루어지는 것은 아니다. 여기에 환경적인 특성, 교사와 학습자 간에 형성된 관계, 사용할 수 있는 매체 그리고 수업방법에 영향을 주는 기타 제반 환경 등과의 복합적이며 체제적인 변인에 대한 이해와 적응도 필요하다. 교육공학의 체제적인 접근법은 이러한 문제의 해결을 위한 안목과 방법을 제공한다.

2. 교수설계의 개념

교수설계(Instructional Design: ID)는 '체제'를 강조하여 교수 체제 설계(Instructional System Design: ISD)라고 부른다.

이 용어는 교수를 일회성 행위로 보는 것이 아니라, 하나의 체제로 보고 접근(systems approach)을 한다는 점이다. 하나의 체제는 그 수준에 따라 한 차시의 수업이 될 수도 있고, 비교적 장시간에 걸친 교육 프로그램이 될 수도 있으며, 때로는 국가 수준의 교육과정과 운영을 설계하는 일이 될 수도 있다. 어느 정도의 규모와 수준인지에 상관없이 교수 자체를 여러 개의 하위 구성 요소가 서로 영향을 주고받으며 공통된 교육의 목적을 달성해 가는 하나의 유기체와 같은 체제로 보고 설계하는 것이 교수설계이다(김보경, 2018).

교수설계자는 교수의 목적과 과제들을 분석하고 학습자의 학습요구와 학습환경에 대해 분석해야 한다.

3. 거시적 교수설계와 미시적 교수설계

거시적 교수설계와 미시적 교수설계에 대하여 다음 <표 2-1>과 같이 구분하였다(조규락, 김선연, 2006).

이들은 거시적 교수설계와 미시적 교수설계를 교수의 분량과 목적으로 구분하였다. 비교적 많은 분량의 교육과정을 선정하고 개발하는 것이 목적인 교수설계를 거시적 교수설계라고 보았다. 이때 교육과정을 개발할 때에는 적어도 교수목적을 달성할 수 있는 수십 시간의 프로그램이나 한 학기 또는 수년이 지속되는 교육과정를 말한다. 그리고 이러한 광범위한 교수설계는 여러 사람의 협력이 있어야 하며, 교수의 각 요소들의 기능과 목표가 부조화되지 않아야 하고, 공동의 목표를 달성할 수 있도록 하기 위해서는 체제적 접근이 꼭 필요하므로 교수체제설계(Instructional System Design: ISD)라고 한다. 반면에 교사가 이미 정해진 교육내용을 가지고 어떻게 효과적으로 가르칠 것인가에 초점을 두는 교수설계를 미시적 교수설계라고 할 수 있다. 미시적 교수설계는 교사가 혼자서 수업을 준비하고 실행하기 때문에 개별 교사의 교육 철학과 교수 아이디어가 적용되기 마련이다. 그래서 체제적 접근을 굳이 강조하지 않아도 교수자에 의해 일관된 관점이 적용될 수 있어 교수설계(Instructional Design: ID)라고 부른다.

표 2-1 거시적 교수설계와 미시적 교수설계의 비교

구분	거시적 교수설계(ISD)	미시적 교수설계(ID)
대상 및 범위	국가의 교육체제, 교육과정, 교과 전체	소규모 수업, 단위 수업
목적	교과 내용 및 교육내용 선정	수업 실행에 대한 전략 수립
초점	교육훈련 프로그램 및 교육과정	최적의 교수방법 결정

4. 교수설계모형

교수자가 특정 목적을 달성하기 위해 교육과정(교육 프로그램)을 설계하고자 할 때는 필요한 절차적 과정이나 단계를 명시해 놓고, 각 단계에서 교수설계자가 해야 할 과업들을 정리해 놓은 모형이 필요하다. 이 모형을 교수설계모형이라고 한다(김보경, 2018). 여기에서는 가장 빈번하게 활용되는 ADDIE 모형, Dick과 Carey의 체제적 교수모형을 살펴보고자 한다.

1) ADDIE 모형

ADDIE 모형은 가장 일반적이고 범용적인 모형으로 분석(Analysis), 설계(Design), 개발

(Development), 실행(Implementation), 평가(Evaluation)의 초성을 따서 이름이 명명되었으며, 다른 교수설계 모형의 기본이 되는 모형이다. 이 모형은 요구에 입각하여 투입(input)의 최소화와 성과(output)의 최대화를 모색하는 절차적 모형으로 이 다섯 단계로 이루어져 있고 평가의 결과는 모든 과정에 소급되어 적용되며 수정과 보완의 준거가 된다.

(1) 분석

① 학습요구 분석

요구(needs)란 바람직한 상태(what should be: desired states)와 현재의 상태(what is: current states)의 차이(gab)이다. 이 수행상의 차이의 근본 원인이 무엇이며, 그 원인을 해결하는 방안이 무엇인가를 찾아내는 것이 바로 요구분석의 핵심이라고 할 수 있다. 요구분석의 결과로 우리는 어떤 프로그램의 목적(goals)을 도출할 수 있다.

즉, 교육과정(프로그램)에 대한 조직이나 개인의 요구에 대하여 분석한다. 이러한 모든 차원의 요구를 분석하여 결과로 도출하는 것이 필요한데, 결과는 프로그램 설계나 개발에 반영되어야 한다.

요구분석을 할 수 있는 요인들은 매우 많고 그 과정도 다양하다. 예를 들면 요구분석을 하게 될 이유에는 현재의 학습목적이 성취되지 않고 있을 때, 현재의 수업이 비효과적 그리고 비효율적일 경우, 현재의 수업이 학습자들의 흥미를 끌지 못할 경우, 새로운 학습목적이 추가될 경우 그리고 학습집단의 크기에 변화가 올 경우 등이 포함될 수 있다.

요구분석의 절차는 다음과 같다(한정선 외, 2010).

- 관심의 대상이 되는 체제를 정의한다.
- 수행상의 결함을 결정한다.
- 수행문제의 근본 원인이 동기 문제인지, 관리 및 환경의 문제인지, 아니면 지식과 기능의 부족에 있는지를 판단한다.
- 해결해야 할 문제를 진술한다.
- 비용수익을 추정한다.

② 학습자 분석

교육에 참여하는 학습자들의 특징을 분석한다. 즉 본 프로그램에 참여하는 예비 참여자들의 특징을 면밀주도하게 파악한다.

학습자 특성은 교수설계에 있어서 교수설계자가 효과적 · 효율적 교수를 설계하는 데 중요한 측면이다. 학습자의 배경, 지능, 적성, 동기, 인지양식, 선수학습의 정도 등이 학습자 분석의 중요 대상이라고 본다.

③ 학습환경 분석

환경분석은 이용가 능한 자원과 제약사항들을 미리 분석함으로써, 교수설계의 산출물이 실행 가능하도록 하는 데 의의가 있다. 일반적으로 환경분석은 학습환경, 수행환경, 그리고 개발환경에 대하여 고려해야 한다.

학습환경이란 학습자들이 새로운 지식, 기능, 태도를 습득하는 학습 현장의 환경을 의미한다. 여기서는 학습자의 수, 강의실의 수, 책상 수, 이용가 능한 수업 매체, 시설, 학습 시간 등이 포함될 수 있다. 수행환경이란 습득한 지식, 기능, 태도를 활용하는 직무환경을 의미한다. 학습환경과 수행환경이 유사하거나 동일할 때, 학습의 전이도 즉 현업활용도가 높아질 수 있다. 그리고 개발환경은 특정의 교육 프로그램이 설계되고 개발되는 환경을 의미한다. 예를 들어 시간, 돈, 장비, 인적 자원을 포함하는 조직의 자원과 제약, 그리고 가치, 미션, 정책을 포함하는 조직의 문화는 교육 프로그램의 개발 시간, 사용될 교수전략과 매체, 강의가 진행될 시간과 장소에 영향을 미치게 된다. 특히 외부설계자에 의하여 개발될 때는 환경분석이 필수적이다.

④ 과제분석

과제분석 또는 교수분석이란 학습의 결과로 획득하게 되는 수행능력의 다양한 유형들을 확인하고 구조화된 학습내용의 요소들이나 단위들을 계열화하는 절차이다. 적절한 과제분석이 이루어지지 않으면 교사는 학생들에게 무엇을 가르쳐야 할 것인지를 정확하게 파악할 수 없을 뿐만 아니라, 최적의 교수전략도 수립할 수 없게 된다.

학습과제란 학습할 내용이 학생들에 의해 수행되는 것을 말한다. 즉, 학습내용을 학습하기 위해 학생들이 특정 과제를 수행하기 때문에 학습과제(learning tasks)라고 표현한다. 예를 들어 '애국가'가 학습내용이라면, 학습과제는 '애국가 부르기', '애국가 감상하기', '애국가 외우기' 등이 될 것이다. 이때 가네(Gagne), 블룸(Bloom), 메릴(Merill) 등이 분류한 학습과제(목표) 분류법을 활용할 수 있으며, 각 과제 간에 위계나 서열을 밝히는 작업이 필요하다. 일반적으로 학습과제를 지식, 기능, 내도로 분류하기도 한다.

(2) 설계

설계의 단계에서는 분석의 단계에서 조사된 결과들을 반영하여 교육 프로그램을 구체적으로 구성하는 작업을 한다.

① 수행목표 진술

교육과정(프로그램)에서 달성해야 할 목표들을 학습자 수행의 관점에서 진술한다.

② 평가도구 설계

진술한 수행목표 달성 정도를 측정할 수 있는 평가도구를 개발한다. 수행목표 진술 이후에 곧바로 평가도구를 개발하는 이유는, 여기서 개발되는 평가가 교수목표를 평가의 준거로 삼는 준거지향평가의 성격이 강하기 때문이다. 그러므로 앞서 진술한 수행목표가 그대로 평가항목이 될 수 있다.

③ 교수방법과 교수전략 개발

교육 프로그램의 특징을 좌우하게 되는 교수방법과 교수전략을 개발한다. 목표를 달성하는 데 가장 적합한 교수방법과 교수전략을 설정하거나 개발하여 적용해야 한다.

④ 프로그램의 구조화와 계열화

교수방법과 교수전략이 개발되었으면 학습과제들을 이에 맞추어 조직하고 배열하는 작업이 필요하다. 계열화란 가르칠 순서를 정하는 작업으로, 모든 교육을 순차적으로 나열하여 계열화할 수도 있고, 의미 있는 단어로 잘라 몇 시간씩 모듈(module)로 조직할 수도 있다.

⑤ 교수매체 선정

교육에서 사용하게 될 교수매체를 선정한다.

(3) 개발

개발 단계에서는 분석과 설계 단계에서 만들어진 정보나 자료를 가지고 교육 프로그램에 사용될 자료들을 개발하게 된다. 주로 프레젠테이션이나 영상자료와 같은 교수자료와 워크시트, 학습지, 활동지와 같은 학습자료의 개발이 주를 이루게 된다. 자료는 기존의 자료를 선택하여 사용하거나 프로그램에 맞게 수정할 수도 있다. 만일 설계한 내용에 적합한 자료가 없다면 새롭게 개발해야 한다.

① 디지털 자료개발

영상자료나 이미지 자료, 프레젠테이션 자료들이 여기에 속한다.

② 아날로그 자료개발

주로 교육에 사용된 교재나 활동지, 워크시트 등과 같은 인쇄자료가 여기에 속한다.

(4) 실행

이 단계에서는 완성된 교육 프로그램을 시범적으로 실행해보고, 형상평가를 한 후 수정하는 단계이다. 형성평가는 교육과정이나 프로그램의 개선 혹은 향상을 목적으로 정책이나 프로그램의 시행 중에 이루어지는 평가이다. 이를 통해 프로그램 자체에 대한 수정과 보완뿐만 아니라, 조직에서 이 프로그램을 장착시키고 유통·보급하기 위한 방안도 모색할 수 있게 된다. 여러 차례에 걸친 보완작업을 통해 프로그램의 완성도가 높아졌다고 판단되면 실제 대상 학습자들에게 프로그램을 투입하게 된다.

① 프로그램 투입

개발된 프로그램을 시범적으로 투입해 보고 문제점들을 수정해 나간다. 전통적 수업이라면 교수자들이 투입되어 개발된 교육과정이나 프로그램을 계획대로 실행하고, 원격교육이라면, 컴퓨터나 스마트폰에 프로그램이나 앱을 설치하고 실행한다.

② 유지 및 관리

프로그램을 투입하게 되면 문제점이나 보완해야 할 점들이 많이 나타난다. 이것들에 대해서 유지·보수하는 작업이 실행단계에서는 항상 동반되어야 한다.

(5) 평가

평가의 단계에서는 교육 프로그램을 실행한 결과에 대한 자료를 바탕으로 프로그램의 설계와 효과에 대해서 총괄평가를 실시하는 것을 말한다.

① 프로그램의 효과와 효율평가

프로그램이 의도한 목표를 달성하는 데 효과적이고도 효율적이었는지를 평가한다. 즉 교수자가 의도한 학습목표를 학습자가 달성하였는지 평가를 통해 확인한다. 또한, 목표를 달성하였지만, 그 과정의 효율성이 낮았다면 좋은 프로그램이 될 수 없으므로 프로그램의 효율성도 평가해야 한다.

② 프로그램의 가치 평가

학습자의 목표 달성을 평가한 결과는 곧 그 프로그램의 가치를 평가하는 자료가 된다. 이 평가 결과를 바탕으로 프로그램이 지속할 것인지 혹은 수정이나 보완될 것인지 혹은 폐기될 것인지를 결정하게 된다.

2) 딕과 케리의 체제적 교수설계 모형

딕과 케리(Dick & Carey)의 체제적 교수설계 모형은 초기 모형은 행동주의와 인지주의적 학습관에 기반하였으나, 이후 지속적인 보완으로 구성주의적 접근도 포함하여 현재의 모습을 가지게 되었다. 이 모형은 총 10가지 구성 요소를 가지고 있다.

(1) 요구사정(교수목적 확인)

이 모형의 첫째 단계는 수업을 모두 끝마쳤을 때 학습자가 할 수 있기를 바라는 것이 무엇인지, 즉 최종목적(goal)을 설정하는 단계이다. 이 수업목적은 학습자의 요구분석이나 교육과정 분석을 통하여 파악되고 설정된다.

(2) 교수분석(목적분석+하위기능분석)

최종 학습목적을 성취하기 위해 학습자가 배워야 할 학습의 유형을 결정하고, 학습자가 그 학습과제를 학습하는 데 필요한 하위기능 및 그 학습을 하는 데 필요한 학습절차 등이 분석되고 결정된다.

(3) 학습자 및 상황분석

수업이 시작될 때 그 특정학습을 하기 위해 학습자가 반드시 갖추고 있어야 할 선수

지식, 즉 출발점 행동과 교수활동을 설계하는 데 중요하게 고려해야 할 학습자의 특성을 규명한다.

(4) 수행목표 진술하기

학습과제 분석의 결과와 학습자 특성의 분석결과를 기초하여 학습자들이 수업이 끝났을 때 성취해야 할 수행목표들(objectives)을 구체적으로 진술한다.

(5) 평가도구 개발

앞 단계에서 설정된 학습목표 등에 대응하는 평가문항을 개발함으로써 학습자의 성취수준 또는 학습결과를 측정할 수 있도록 준비해야 한다.

(6) 교수전략 개발

수업을 전개할 방법과 절차를 개발하고 교수매체의 활용에 대한 계획을 세우는 단계로써 교수전략에는 동기유발 전략, 학습내용 제시 전략, 연습, 피드백 등이 고려된다. 그리고 교수전략은 그동안의 학습에 관한 연구결과와 학습과정에 대한 현재의 지식 그리고 가르쳐야 할 내용, 수업을 받을 학습자들의 특성에 기초를 두고 개발한다.

(7) 수업자료 개발 및 선정

앞 단계에서 개발한 교수전략에 따라서 교수 프로그램을 실제로 만드는 단계이다. 이 교수 프로그램이란 수업활동에 활용될 모든 자료를 말하며 교사 안내서와 기타 필요한 학습자료 그리고 교수매체도 학습 목표와 내용, 학습자의 특성을 고려하여 선정 또는 개발한다. 새로운 자료의 개발 여부는 목표별 학습유형, 기존의 관련 자료의 이용 가능성 등에 따라 결정된다.

(8) 형성평가

앞 단계까지 개발이 완료된 교수 프로그램은 형성평가를 통해서 그 결과를 검토하고 필요한 곳을 수정 · 보완한다. 이 형설평가는 보통 세 종류의 평가가 이루어지는데, 즉 일대일 평가(one-to-one evaluation), 소집단 평가(small-group evaluation), 그리고 현장평가(field testing) 등이다. 이 형성평가의 목적은 개발된 교수 프로그램의 수정 · 보완에 있다.

(9) 수업프로그램 수정

형성평가 결과에 따라 학습목표를 달성하는 데 있어서 학습자가 곤란을 겪은 점을 확인하여 수업 상의 잘못된 곳을 수정한다. 또한, 이 평가 결과를 기반으로 하여 학습과제 분석의 타당성과 학습자의 출발점 행동 및 학습자 특성에 대한 가정을 재검토하고 학습목표가 적절히 진술되고 평가 문항이 타당하게 개발되었는지 또한 교수전략이 효과적이었는지를 통합적으로 검토하고 수정함으로써 더욱 효과적인 수업프로그램을 이룬다.

(10) 총괄평가

형성평가에 의해 충분히 수정 · 보완된 교수 프로그램은 마지막으로 총괄평가를 실시하게 되는데, 이 총괄평가는 개발된 교수 프로그램의 효과를 검증하는 것이 목적이다. 총괄평가는 보통 교수설계자와 그 팀 구성원 이외의 외부 평가자에 의해서 실시된다. 그러므로 엄격히 말해서 이 총괄평가는 교수설계 전 과정 밖에 있다고 할 수 있다.

3) ADDIE 모형과 딕과 케리의 체제적 교수설계 모형의 비교

ADDIE 모형과 딕과 케리(Dick & Carey)의 두 모형은 매우 유사한 단계로 구성되어 있다. ADDIE 모형의 분석은 딕과 케리 모형에서 교수목표 설정, 교수분석, 학습자/환경 분석과 동일한 기능을 한다. ADDIE 모형의 설계 단계는 수행목표 진술, 준거지향 평가도구의 개발, 교수전략 개발과 동일한 기능을 한다. 또한 개발단계는 교수자료 개발 및 선정, 형성평가 설계 및 실시와 동일한 역할을 한다. 마지막으로 평가는 프로그램 전체에 대한 평가이기 때문에 총괄평가 설계 및 실시에 해당된다.

그러나 ADDIE 모형의 실행단계는 딕과 케리 모형에는 구현되어 있지 않은데, 이는 딕과 케리 모형은 교수 프로그램을 개발하기 위한 것이기 때문에 적용에 대한 부분이 포함되어 있지 않은 것이다. ADDIE 모형이 분석 → 설계 → 개발 → 실행 → 평가와 같이 전체 과정을 포괄하고 있는 것과는 다른 특징이라고 볼 수 있다. 두 모형의 단계를 비교하면 다음 <표 2-2>와 같다.

표 2-2 ADDIE 모형과 Dick & Carey 모형 단계 비교

ADDIE 모형 단계	Dick & Carey 모형 단계
분석 단계	수업목표 설정 및 요구분석 수업 분석 학습자 및 환경분석
설계 단계	수행목표 진술 평가도구 개발 수업전략 개발
개발 단계	수업자료 개발 형성평가 실시 수업 프로그램 수정
실행 단계	-
평가 단계	총괄평가 실시

5. 계열화에 대한 이해

1) 계열화의 정의

계열화(sequence)란 '그룹을 짓고 그것들을 특정한 순서로 배열하는 것'을 말하는데, 교수설계과정에서의 계열화란 "주어진 교육과정에 의해 가르쳐야 할 내용을 어떻게 골라 작은 묶음(수업을 위한 크기)으로 만들고, 이들을 가르치는 순서는 어떻게 되어야 하는가?"라는 물음에 대한 답을 구하는 것이다.

계열화를 구성하기 위한 기본원리는 아래와 같다.

① 단순한 내용에서 복잡한 내용의 순서로

② 쉬운 내용에서 어려운 내용의 순서로

③ 구체적인 내용에서 추상적인 내용의 순서로

④ 대표성이 높은 내용에서 특수한 내용의 순서로

2) 계열화의 방법의 종류

계열화의 근간이 되는 계열화의 방법은, 주제별 계열화와 나선형 계열화로 나눌 수 있다. 주제별 계열화란 한 주제를 완전히 학습한 후 다음 주제를 학습하는 방식이다. 우리 교과서는 보통 이런 식으로 계열화가 되어 있다. 이 주제별 계열화는 학습자가 아무런 혼선 없이 한 주제에 대해 깊이 학습할 수 있다는 것이 장점이지만, 한 주제를 배운 후 다음 주제로 넘어간 후에는 처음의 주제를 다시 학습할 기회가 없어서 쉽게 잊어버릴 수도 있다. 이러한 단점을 극복하기 위해서는 체계적인 복습과 지금까지 배운 내용을 전체적으로 종합하는 활동이 뒤따라야 한다.

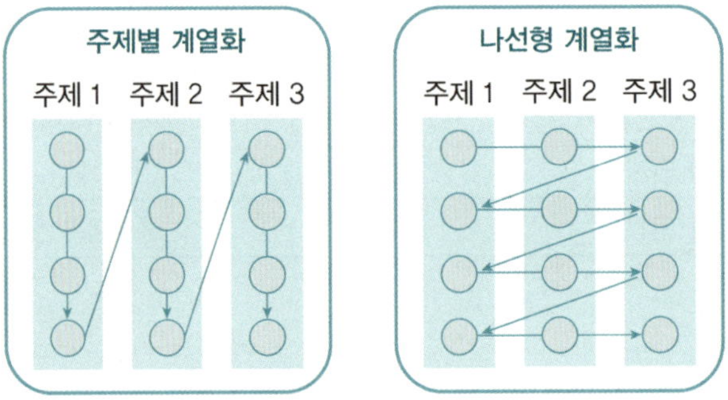

그림 2-1 주제별 계열화와 나선형 계열화(김영환, 1994)

나선형 계열화는 학습자에게 여러 개의 주제를 단순화된 수준에서 소개한 다음, 학습이 진전됨에 따라 그 여러 개의 주제 모두를 점진적으로 심화시키면서 제시하는 방식으로 체계적인 종합과 복습이 가능하다는 것이 장점이다. 즉, 나선형 계열화는 여러 가지 주제 간의 상호 관계를 이해하고 종합하며 과제 전체의 특성을 빠른 시간 내에 이해시킬 수 있다. 또한, 이렇게 다양한 주제를 반복하는 과정에서 이전에 배운 내용을 복습할 기회도 가질 수 있다.

현실적으로 순수한 주제별 계열화와 나선형 계열화는 존재하기 어렵다. 따라서 주제별 계열화와 나선형 계열화의 진정한 차이란 수업설계에서 한 주제에서 다른 주제로 넘어갈 때 그 간격을 얼마나 크게 잡는 것이 좋을 것인가의 문제로 귀결된다.

CHAPTER 03

수업과 수업계획

1. 수업과 수업계획을 위한 원리
2. 수업의 단계와 주요활동
3. 수업지도안의 작성

■ **학습개요**

1. 수업계획을 위한 원리를 학습목표의 제시, 동기유발, 학습결손의 발견과 처치, 학습내용의 제시, 연습 및 응용, 학습과정의 확인과 피드백, 전이 및 일반화로 나누어 살펴본다.
2. 수업은 크게 도입, 전개, 정리의 세 단계로 나눌 수 있고 각 단계마다 반영해야 할 주요활동이 있다.
3. 수업지도안은 거시적으로는 단원의 지도계획, 미시적으로는 한 시간 단위 수업을 어떻게 전개할 것인가에 관한 좀 더 구체적이고 상세한 지도계획을 말한다.

■ **학습목표**

1	수업계획을 위한 원리를 각 단계마다 파악하고 적용할 수 있다.
2	수업의 세 단계를 이해하고 각 단계마다 교사가 취하는 주요 활동을 적용할 수 있다.
3	학습지도안의 구성 요소를 알고 미시적으로 한 단위 시간의 학습지도안을 작성할 수 있다.

■ 읽을거리 : "수업계획서를 써야만 하나요?"

실습을 나온 지 2주째가 되는 이현우 교생선생님은 아침 일찍 학습계획서를 작성하고 있었다. 지난주에 모두 여섯 번의 수업을 하는 동안 이 선생님은 학습계획서의 중요성을 실감하게 되었다. 수업할 때 자세하고 체계적으로 계획서를 작성한 단원과 그렇지 않은 단원에 현저한 차이를 느낄 수 있었다. 우선 단원의 목적을 쓰고 학생들의 기대 성취 수준을 정하였다. 다음으로 수업 시간 동안 진행해야 할 내용을 순서에 맞게 하나하나 적어가기 시작했다.

"일찍 나왔군요."

학습계획서를 거의 끝낼 무렵 누군가가 어깨를 툭 치며 인사를 한다. 물리 담당하는 정 선생님이다. 정 선생님은 이 선생님이 작성하는 계획서를 잠깐 보고는 옆자리에 앉는다.

"옛날 생각나네요. 나도 꼼꼼하게 계획서를 쓰던 시절이 있었지요."

이 선생님은 갑자기 궁금해졌다.

"아 예! 저번 시간에 계획서를 작성하지 않아서 조금 고생했거든요. 저, 그런데 선생님께서는 계획서를 작성하지 않으시나요?"

정 선생님은 가볍게 웃으며 대답한다.

"물론 나도 해요. 하지만 그렇게 자세히는 아니에요. 한 번 보시겠어요?"

정 선생님이 보여주는 계획서엔 몇 글자만이 적혀 있었다.

'운동역학/ pp. 17~21/ 문제풀이 1~5/ 병, 풍선, 커피포트' 이것이 전부였다.

"이 선생님! 계획서를 작성하는 건 분명 효과적이에요. 더구나 가르쳐야 할 내용에 자신이 없을 경우엔 보다 편하게 수업할 수 있도록 도와주죠. 그래서 나도 처음에는 열심히 작성했어요. 하지만 어느 날 내가 지나치게 수업계획에만 신경 쓰고 있다는 걸 알았어요. 내 생각은 이래요. 수업계획을 세울 때 중요한 건 세밀한 절차만은 아닌 것 같아요. 학생들의 관심을 끌어내고 그들의 관심을 유지시키는 방법, 그리고 학생들이 정말로 이해할 수 있도록 이끌어 가는 것 또한 매우 중요하죠. 조금 더 수업해 보면 아시겠지만 배운 내용을 정말로 이해하는 학생들은 그리 많지 않아요."

이 선생님은 도무지 이해가 되지 않았다. 계획서를 쓸 필요가 없다는 말인지 간단히 쓰라는 말인지…… 이 선생님은 갑자기 혼란스러워졌다.

임규혁, 임웅(2007). 학교학습 효과를 위한 교육심리학. 서울: 학지사. p. 265.

■ 생각해보기 / 토론해보기

1. 수업의 도입 부분에서 학습자의 동기유발을 위해서 교사가 할 수 있는 방법에는 어떤 것이 있을까요?
2. 학습계획서(학습지도안)를 잘 작성하기 위하여 교사는 어떠한 준비를 할 수 있을지 옆에 있는 친구나 그룹의 멤버들과 토론해보세요.

1. 수업과 수업계획을 위한 원리

좋은 수업과 수업계획을 위해 필요한 여러 가지 원리가 있다. 여기서는 교수-학습의 과정을 학습목표의 제시, 동기유발, 학습결손의 발견과 처치, 학습내용의 제시, 연습 및 응용, 학습과정의 확인과 피드백, 전이 및 일반화로 나누어 각 과정마다 필요한 원리를 살펴본다.

1) 학습목표의 제시

- 원리 1. 도입단계에서 학습자에게 학습목표를 명확히 알려 준다.

학습목표를 제시하는 방법으로는 수업자의 구두 설명으로 제시, 칠판에 판서를 통한 제시, 유인물로 된 평가 문항의 견본 제시, 완성된 모범작품의 제시, 교사나 조교가 시범 행동의 제시, 학습목표를 의문문으로 바꾸어 질문하기 등 다양한 방법으로 제시할 수 있다.

- 원리 2. 학습자에게 학습목표를 획득하는 절차를 알려 준다.

학습목표를 획득하는 절차를 제시하는 방법으로는 첫째, 각 단계는 학습자가 이해할 수 있는 용어를 사용하여 쉽게 작성한다. 둘째, 복잡한 절차일 경우에는 순서도(flowchart)를 사용하여 제시한다. 셋째, 언어로 설명하기 어려운 절차는 그림과 함께 설명한다. 넷째, 그림으로도 설명하기 어려울 때는 비디오나 동영상으로 설명한다. 다섯째, 발견학습일 경우에는 학습목표 도달 절차를 발견하도록 암시적인 질문을 한다.

- 원리 3. 학습목표가 성취되었을 때 만들어지는 작품 또는 우수과제를 학습자에게 보여주고 장단점을 설명해 준다.

수업자는 학습자에게 명확한 시범 동작이나 작품을 관찰하고 모방할 수 있는 기회를 제공한다. 또 정확한 동작과 부정확한 동작을 변별할 수 있는 기회를 마련하여 준다. 이를 위한 구체적인 방법으로는 첫째, 학생의 모범작품과 잘못된 작품의 제시, 둘째, 교사나 조교에 의한 시범 동작의 제시, 셋째, 흔히 오류를 범하기 쉽거나 잘못하기 쉬운 동작의 제시를 들 수 있다.

2) 학습동기의 유발

학습동기에 관해 학습현장에서 잘 사용할 수 있는 이론 중의 하나는 Keller의 ARCS 모형이다. ARCS는 Attention(주의집중), Relevance(관련성), Confidence(자신감), Satisfaction(만족감)의 이니셜이다.

- 원리 4. 학습자가 학습자극에 주의를 기울이게 한 후 그 주의를 유지하게 한다.

주의집중(attention)을 하게 하는 방법으로는 첫째, 신기한 그림이나 소리, 인상적인 도표, 재미있는 애니메이션, 괴상한 사실, 믿기 어려운 통계 등의 사용과 같은 지각적 전략, 둘째, 학생에게 흔치 않은 비유나 내용과 관련된 연상을 스스로 만들어 보게 하는 것과 같은 탐구적 전략, 셋째, 교수-학습 방법을 수업의 전체 흐름을 깨지 않는 범위 내에서 다양하게 바꾸어 보는 것 등이 있다.

- 원리 5. 학습자가 학습목표와 자신과의 관련성을 깨닫게 한다.

관련성(relevance)이란 '이 학습목표가 나에게 어떤 의미가 있는지?'를 알게 해주는 것으로 세 가지 방법이 있다. 첫째, 친밀성의 원리로 학습자가 이미 알고 있는 사실, 경험, 가치에 바탕을 두고 설명한다. 둘째, 목적지향성으로 학습목표가 실용적으로 어떤 목적과 관련이 되는지를 알게 해준다. 셋째, 성취욕구와 소속감의 욕구충족으로 성취목표를 여러 단계로 제시하고 본인의 능력에 맞는 수준을 선택하도록 한다.

- 원리 6. 학습자가 학습목표에 대해 자신감을 갖도록 지도한다.

자신감(confidence)은 다음 세 가지 방법을 통해 증진된다. 첫째, 학습에 필요한 조건을 분명하게 구조화하여 제시한다. 둘째, 학습목표는 학습자가 재미있어 하면서도 적절한 수준의 어려움을 갖도록 구상한다. 셋째 학습자가 학습을 스스로 조절하고 있다고 느낄 수 있도록 수업을 구상한다.

- 원리 7. 학습자가 본인 노력의 결과에 만족할 경우 학습동기는 유지되며 다음 학습에도 긍정적인 영향을 준다.

만족감(satisfaction)은 확보된 동기를 다음 학습과제로 전이시켜 주는 데 주안점이 있다. 만족감을 높이기 위해서는 첫째, 학습 결과를 사용하면서 만족해할 기회를 제공한다. 둘째, 좋은 결과에 대해서 긍정적 보상이나 피드백을 제공한다. 셋째, 수업내용과 시험의 일치, 공평한 학습 기회의 제공 등 수업이 공정할수록 만족감이 증가한다.

3) 학습결손의 발견과 처치

- 원리 8. 학습자가 선수학습능력에 대한 자신의 결손을 명확히 알 수 있을 때, 본시 학습이 효율적으로 이루어진다.

본시 학습을 하기 전에 간단하게 학습자의 선수학습능력을 진단할 수 있는 퀴즈를 실시하여 어느 부분에 얼마만큼 결손이 있는지를 스스로 파악하게 한다. 발견된 결손에 대해서는 학습자가 무엇을 얼마나 공부해야 하는지를 알려주고 이들에 관해 공부하게 한 후 본시 학습을 제시한다.

4) 학습내용의 제시

- 원리 9. 학습자의 학습능력 수준에 알맞게 학습활동을 개별화시켜 주면 학습목표의 달성은 촉진된다.

학습자의 특성에 맞는 개별화 수업이 가장 좋지만, 현실적으로 가능하지 않은 경우가 많다. 개별화를 위해서는 첫째, 학습자의 학습능력의 수준을 구분할 수 있는 사전학습평가 자료를 만들고, 둘째, 개별적으로 학습할 수 있는 학습자료를 준비하여 제공한다.

- 원리 10. 학습자가 학습활동에 적극적으로 참여하게 되면 학습자의 학습은 촉진된다.

수업자는 수업의 전 과정에서 학습자가 교사, 다른 학습자 혹은 제공된 학습자료와 좀 더 많은 횟수의 상호작용이 일어나도록 해야 한다. 또 수업자는 학습자의 학습동기를 적정한 수준으로 유지하며, 학습자의 학습활동에 참여할 기회를 균등하게 배분하여야 한다. 구체적으로는 첫째, 수시로 학습자에게 질문하고, 둘째, 학습자의 대답이나 발표 등에 칭찬과 격려를 많이 하며, 셋째, 한 시간의 수업 활동을 변화 있게 실시하며, 넷째, 학습목표를 고려하여 토의학습을 권장하며, 다섯째, 학습문제지(work sheet)를 마련하여 학습자들이 학습한 것을 연습 또는 응용해 보는 기회를 제공한다.

- 원리 11. 학습목표의 하위구성요소를 계열적으로 순서화하여 그 순서대로 가르치면, 학습자는 좀 더 용이하게 학습을 하게 된다.

학습목표를 좀 더 손쉽게 달성하기 위해서는 그것을 달성하는 데 단계적으로 학습해야 할 몇 가지 하위요소를 순서에 따라 학습하도록 하는 것이 좋다. 수업자는 학습내용을 몇 가지 묶음(보따리)으로 묶고 그 묶음을 계열화의 원리에 따라 순서대로 정리하여 학습자가 학습하도록 한다. 따라서 수업자는 학습목표의 하위요소를 분석하고 이를 위계화하여 순서에 따라서 수업을 전개하도록 한다.

5) 연습 및 응용

- 원리 12. 연습은 학습을 확고하게 해주고 망각을 방지시켜 준다.

연습이란 단순히 반복이 아니라 배운 것을 실제 상황이나 비슷한 상황에 적용해 보는 것이다. 연습을 통해 학습자는 학습한 것을 좀 더 분명하게 이해할 수 있게 되고 망각할 확률을 줄일 수 있다. 이를 위한 구체적인 방법으로서 첫째, 다양한 연습과제의 제시, 둘째, 학습내용과 유사한 연습문제의 제시, 셋째, 새로운 내용을 학습할 수 있는 자료의 제공, 넷째, 연습 및 복습을 위한 학습기회를 마련하는 일 등이 있다.

- 원리 13. 학습자의 개인차를 고려하여 개인의 능력에 알맞은 연습량을 제공하면 학습의 효과는 높아진다.

수업자는 학습자의 능력 · 적성 · 시간적인 제약조건 등을 고려하여 각 개인에게 알맞은 양의 연습을 시키도록 해야 한다. 그리고 연습 시에 그들이 달성해야 할 목표나 수준을 연습 전에 제시하고 그 학습목표나 수준에 도달했을 경우는 수업자에게 확인을 받도록 하고 다음 단계의 연습으로 나아가도록 한다.

- 원리 14. 동일 과제를 여러 번 반복하여 학습할 기회를 제공하면 학습의 효과는 높아진다.

연습 효과는 단 한 번에 많은 시간을 투입하는 것보다 여러 시간으로 나누어 학습하면 더 높아진다. 즉, 연습에 투입할 시간량을 배분하여 반복 연습할 때가 효과적이다.

6) 학습과정의 확인과 피드백

- 원리 15. 학습 결과에 대한 정보가 즉각적으로 학습자에게 주어지고 그에 따른 강화가 있을 때 학습은 효율적으로 이루어진다.

수업자는 학습자가 올바르게 반응했거나 주어진 목표의 수준에 도달했을 때 강화를 준다. 그리고 학습자가 올바르게 반응하지 못했거나 틀린 답을 했을 때는 즉각적으로 그 오류를 교정해 주어야 한다. 이를 위해 수업자는 평가 준거를 사전에 제시하고 오류의 원인을 학습자가 스스로 찾을 기회를 제공하며, 형성평가 답안지를 재검토할 필요가 있다.

- 원리 16. 학습자 자신이 학습 결과를 평가할 기회가 많으면 학습효과는 높아진다.

수업자는 학습자가 학습목표의 달성 여부를 확인할 수 있도록 평가계획을 마련해야 한다. 평가의 문항을 목표지향적 평가(준거지향적 평가 혹은 절대평가)에 맞추어 만들고 학생들이 어느 정도 해야 주어진 목표에 도달했다고 판정하는지 그 기준을 제시해야 한다. 이를 위한 방법으로는 명확한 평가 기준의 제시, 절대평가 방법에 따른 평가도구의 제작과 제공 등이다.

7) 전이 및 일반화

- 원리 17. 단순한 암기나 공식에 의한 학습보다는 이해가 확실하게 되는 학습을 할 때 학습의 파지와 전이는 높아진다.

수업자는 학습자에게 학습 과제에 내포된 기본적 요소의 관계를 분명히 이해시켜야 한다. 그리고 학습자가 수업자의 설명을 듣고 알아듣는 수준으로 끝내지 말고, 학습한 것을 비슷한 상황에 적용해 보거나 반복적으로 연습하게 하여 확실하게 알도록 해주어야 한다.

- 원리 18. 학습한 행동을 익숙한 생활 주변의 문제에 적용해 보는 경험이 많을수록 학습의 전이와 일반화는 높아진다.

수업자는 학습한 경험을 주변 생활에 다양하게 적용할 기회를 제공한다. 이를 위해서는 시뮬레이션, 역할극, 연습자료 등을 활용할 수 있다.

- 원리 19. 학습 직후에 학습한 내용을 정리하면 학습의 파지 · 전이 및 일반화 수준은 높아진다.

수업자는 학습이 끝난 후 학습자가 학습한 내용을 회상하게 하거나, 주요 내용을 요약하여 설명하거나 혹은 학습자 스스로가 요약하도록 하는 방법으로 매 수업 시간에 학습한 것을 요약하도록 한다. 수업자의 요약, 판서도 학습 내용 정리의 효과적인 방법이다.

2. 수업의 단계와 주요활동

수업 활동은 도입, 전개, 정리라는 세 단계로 구분할 수 있다. 한 수업 시간에 제공될 주요 교수-학습활동을 도입, 전개, 정리의 세 단계로 나누어 요약·정리하면 아래 <표 3-1>과 같다.

표 3-1 단계별 주요 교수-학습활동

단계	도입	전개	정리
주요활동	출석 확인 동기유발 학습목표 제시 선수학습과 관련짓기	학습 내용의 제시 학습자료의 제시 학습자의 참여 다양한 수업기법의 활용 시간과 자료의 관리	요약정리 연습을 통한 강화 형성평가 보충 및 심화 과제의 제시 차시예고

1) 도입단계의 주요 교수-학습활동

도입단계는 수업의 성패를 좌우하는 매우 소중한 시간이다. 대부분 교사는 학생들이 이번 수업 시간을 위하여 기대하며 준비하고 있다고 생각하지만 대부분 그런 경우는 매우 드물다고 할 수 있다. 수업을 시작하고 5분~7분 정도의 시간으로, 출석을 확인하며, 학습자를 주의집중 시키고, 이번 수업을 통하여 달성해야 하는 학습 목표를 제시하며, 전시 학습과 본시 학습을 연결해 주어야 한다.

(1) 출석 확인

출석부에 등록된 학생들이 얼마나 수업에 참여하고 있는지를 파악한다. 일일이 구두를 통하여 확인하는 방법도 있고 참여한 학생 수를 세고 등재된 학생 수와 비교하여 출석 학생 수를 파악할 수도 있다. 이 과정을 통하여 학생들이 수업에 준비되도록 하며 아울러 교실의 청소상태, 학생들의 준비상태(엎드려 있는 학생, 잠자고 있는 학생 파악 등), 책상의 줄 정리 상태 등 교실의 물리적인 환경을 파악하여 최적의 환경 가운데 수업이 진행되도록 한다.

(2) 학습자의 동기유발

수업 자체가 재미있고 흥미롭다면 학습자는 관심을 두고 주의 집중할 것이다. 교사는 수업에 대한 학습자의 동기유발을 위해 다음과 같은 다양한 방법을 사용할 수 있다.

첫째, 학습해야 할 문제 사태를 담고 있는 사진, 필름, 테이프, 멀티미디어 자료, 동영상 자료 등을 보여줌으로써 학습과제에 대한 학습자의 호기심을 자극한다. 예를 들어, 공기 오염의 심각성에 대해 학습할 경우, 교사가 이를 단순히 설명하는 것보다는 사진이나 동영상을 통해 문제 장면을 보여주는 것이 학습자의 동기유발에 훨씬 더 효과적이다.

둘째, 학습과제와 관련이 있는 예화나 교수자의 경험담을 들려주어 학습자의 관심을 유도하는 방법이다. 최근에 뉴스 보도와 신문을 통해서 알려진 사건이나 일상생활에서 경험한 내용을 언급함으로써 학습자의 관심을 불러일으킨 다음, 이것이 학습과제와 어떻게 관련이 있으며 왜 중요한지를 설명한다.

셋째, 학습자에게 주어진 학습목표를 달성했을 때 그들이 할 수 있게 되는 것이 무엇인지 설명한다. 학생은 수업의 도입단계에서 자신이 그 수업을 성공적으로 참여했을 때 무엇을 할 수 있게 되는가를 분명히 알아야만 성취동기가 생긴다.

(3) 학습목표의 제시

학습목표는 학습자가 수업 활동을 통해서 성취할 수 있는 것으로서, 가능한 한 행동적 수준에서 구체적으로 제시한다. 이러한 학습목표는 수업의 성공 여부를 판단하는 평가 기준이 되며 학습자의 학습활동을 촉진하는 요인이 될 수 있다. 학습목표를 학습자에게 분명히 인지시킨 후 수업을 하면 교사와 학습자가 학습목표를 의식하면서 이에 초점을 맞춘 수업을 전개할 수 있다.

(4) 선수학습과 관련짓기

본시 수업에서 다룰 학습 과제와 관련이 있는 과거의 학습경험을 회상시키거나 재생시켜 주는 일은 도입단계에서 반드시 이루어져야 한다. 전시학습(또는 선수학습)과 현재 학습해야 할 과제를 연결해서 학습자에게 그 관계를 분명히 이해하게 하면 새로운 학습 과제의 해결이 매우 쉬워질 수 있다.

2) 전개 단계의 주요 교수-학습활동

전개 단계는 수업의 중심활동으로 도입단계와 정리단계의 활동을 연결한다. 실제 본시 수업 대부분은 주로 이 단계에 해당한다. 전개에서는 학습과제의 내용을 학습자에게 제시하고 다양한 수업 방법을 사용하여 수업의 목표 달성을 위한 교수-학습활동을 하게 된다.

(1) 학습 내용의 제시

학습 내용을 학생들에게 제시하기 위해서 교수자가 생각해야 할 일은 어떤 순서로 제시할 것인가 하는 문제다. 몇 가지 방법을 소개하고자 한다.

첫째, 학습과제의 분석표를 기초로 하여 가장 기본적인 학습과제부터 시작하여 점차 일반적인 학습과제에 이르기까지 순차적으로 제시하는 것이다. 즉, 먼저 단순하고 쉬운 학습과제부터 학습하게 하고, 그다음 이를 토대로 점차 복잡하고 어려운 학습과제를 학습하도록 제시하는 것이다.

둘째, 한 시간에 가르칠 학습 내용을 학습자의 수준과 특성, 수업의 조건과 활동상황 등을 고려하여 적당한 크기로 묶는 것이다. 예를 들어, 수준이 낮은 학습자를 위해 한 단위의 학습활동의 묶음(보따리)은 수준이 높은 학습자의 한 단위의 묶음(보따리)보다 비교적 작아야 하며, 수업상황의 변화도 자주 일어나야 한다. 따라서 학습 내용을 적절한 크기로 나누어 가르칠 때, 수업은 효과적으로 이루어질 수 있다.

셋째, 주어진 학습목표를 성취하기 위해 학습해야 할 내용과 예시를 선정하여 계획하는 일이다. 학습자가 학습 내용을 좀 더 쉽게 이해하게 하도록 가르칠 개념이나 원리에 해당하는 예시를 선정하여 적당한 때에 제시해 주어야 한다.

(2) 학습자료의 제시

학습자료는 학습목표를 달성하는 데 도움이 되는 다양한 프로그램이나 매체를 말한다. 여기에는 읽기 자료 등과 같은 인쇄된 자료, 파워포인트 자료, 멀티미디어 자료, 컴퓨터 보조수업 자료, 웹 자료 등 여러 가지가 있다. 과거의 학습자료는 단순히 수업을 보조하는 수단으로 사용되었으나, 최근에는 학습자료 그 자체가 수업을 주도할 수 있도록 개발되고 있다. 학습자료의 계열성을 고려하지 않은 수업 전개는 자칫 잘못하면 산만해지기 쉬우며, 때로는 수업의 역효과를 초래할 수도 있다는 점에 주의한다.

학습자료 및 매체를 선정하고 활용할 때에는 학습자의 특성을 고려하여야 한다. 예를 들어, 학습자가 어린 아동이라면 보고, 듣고, 조작하는 실제적이고 직접적인 활동을 함으로써 더 효과적인 학습을 할 수 있으며, 성장한 학생이나 성인은 언어적 방법에 따라 더 잘 학습할 수 있다.

(3) 학습자의 참여 유도

교사가 수업의 전 과정을 주도해서는 안 되며, 집단이나 개인별로 학습자의 참여를 유도해야 하며, 충분한 시간을 할애해 주어야 한다. 학습자를 수업에 좀 더 능동적으로 참여시키는 학습자 참여 방법은 다음과 같다(Davies, 1981).

① 학습자가 그들이 학습한 지식, 기술, 경험, 태도 등을 구두로 표현할 수 있도록 질문한다.

② 학습자의 생각과 의견을 교환하는 방식으로 토론의 기회를 마련한다.

③ 학습자에게 적절한 과제를 부여하는 것은 학습자 간에 서로 가르칠 수 있고, 동료학습을 유도할 수 있다.

④ 학습자가 수업 시간 동안 노트필기를 함으로써 핵심적인 학습 내용에 주의를 기울이게 되며, 이는 학습을 강화하는 결과를 가져온다.

(4) 다양한 수업기법의 활용

주어진 학습목표에 달성하도록 하기 위해서는 다양한 수업 방법이 요구된다. 가르칠 학습 목표, 수업상황, 수업자료의 특성, 학습자의 수준 등에 따라서 강의법, 토론학습, 협동학습, 문제중심학습, 발견학습, 탐구학습 등 다양한 수업 방법을 사용할 수 있어야 한다.

(5) 시간과 자원의 관리

도입 부분에 적합한 시간의 할당과 더불어 정리단계에서 시간의 적당한 할당이 중요하다. 그러나 전개 단계는 도입과 정리단계와 비교해서 시간 할당의 비중이 높으므로 몇 개의 하위단위 또는 활동으로 구분(묶음으로 하던지 보따리로 나눔)하여 시간과 자원을 관리하는 것이 효율적인 수업 전개를 위하여 유리하다.

3) 정리단계의 주요 교수-학습활동

(1) 요약과 종합

학습 내용을 살펴보면서 중요한 사항을 요약하고 종합해 준다. 요약이란 중요한 하나하나의 지식을 정리해주는 것이며, 종합이란 학습자가 부분적으로 파악하고 있는 학습 내용을 전체적인 맥락에서 이해시켜 하나의 완성된 학습과제로서 이해하거나 수행하도록 하는 것이다.

(2) 연습을 통한 강화

학습지도를 통해 학습한 내용을 학습자가 실제 상황이나 이와 유사한 상황에서 적용할 수 있도록 연습의 기회를 제공해야 한다. 중요한 개념이나 일반적인 원리, 그리고 새로 학습한 기술과 운동능력 등은 몇 번의 반복만으로는 숙달되지 않는다. 그러므로 학습한 내용을 새롭고 다양한 상황에 직접 적용해 보는 연습을 해야 한다. 연습은 학습한 것을 더욱 분명하게 이해시켜 주며 쉽게 망각하지 않도록 해준다.

(3) 형성평가

형성평가란 학생의 성취 수준을 파악해 그 성취 정도를 분명히 하고 교수학습과정의 개선을 위한 정보로 활용하기 위한 평가이다. 즉 학습의 개선을 위한 평가이다. 학생이 어떻게 학습하는가를 평가하고 그 평가 결과를 학생에게 제공하여 학습의 개선을 돕기 위해 실시한다. 학습을 개선해갈 수 있도록 돕는 것이 형성평가의 궁극적인 목적이다.

형성평가는 교수학습과정과 밀착되어 있는데, 이것은 형성평가의 결과가 교수학습과정에 변화를 주기도 하기 때문이다. 이를 통해 학습자의 현재 성취 수준과 성취목표와의 간격을 줄이고자 한다.

(4) 보충 및 심화

수업 시간 동안 충분히 다루지 못했던 학습 내용이나 학습자가 더 알고 싶어 하는 주제에 관한 보충자료나 참고도서를 언급해서 학습자의 지적 욕구를 충족시켜 준다. 또 수업 시간에 깊이 있게 다루지 못한 학습 부분을 학습자가 스스로 보완하고 심화시키도록 보충자료를 제공하고 학생들의 지적인 욕구를 만족시키도록 한다.

(5) 과제의 제시

본시 학습한 내용을 더 숙달하기 위하여 수업 후에 학생들이 이수해야 하는 부분을 과제로 제시한다. 교사의 의욕이 지나쳐 과다하게 부과된 과제는 학생들의 학습에 대한 의욕을 떨어뜨리고 과목에 대한 흥미에 부정적인 요인으로 작용할 수 있음을 교사는 알아야 한다.

(6) 차시예고

다음 시간에 학습할 내용이나 주제를 이번 수업 시간에 배운 것과 관련지어 제시한다. 이렇게 함으로써 학습의 계열성을 유지하고, 차시 수업에 대한 학습자의 준비와 기대효과를 유도할 수 있다.

3. 수업지도안의 작성

1) 단원의 지도계획

모든 교과의 공통적인 단원지도의 구성 요소는 첫째, 단원명, 둘째, 단원의 개관(단원의 구성 또는 학습 문제, 단원의 설정 이유), 셋째, 단원의 목표, 넷째, 지도상의 유의점, 다섯째, 학습과제 분석(학습 내용의 구조), 여섯째, 출발점 행동의 진단과 처치(진단평가, 보충수업, 심화학습), 일곱째, 단원의 전개 등이 있다.

2) 본시 교수-학습 계획안 작성

교수-학습 계획안은 단원의 전개 계획에 따라 한 시간 단위 수업을 어떻게 전개할 것인가에 관한 좀 더 구체적이고 상세한 지도계획이다. 따라서 한 시간 50분(또는 중학교의 경우 45분, 초등학교의 경우 40분, 유치원의 경우 20분) 등의 수업을 어떻게 시작하여, 어떠한 교수-학습활동을 통하여 그 수업 시간의 수업목표를 달성시킬 수 있을 것인가에 대한 치밀한 계획이 만들어져야 한다. 이 교수-학습 계획안에 반드시 들어가야 할 요소로는 수업목표, 주요 수업 절차, 학습 내용, 교수-학습활동, 수업 매체, 시간 계획 등이다.

자세한 교수-학습 계획안 작성법은 본 교재 제12장을 참조하면 된다.

CHAPTER 04

학습이론에 대한 고찰

1. 학습의 개념
2. 행동주의 학습이론
3. 인지주의 학습이론

■ **학습개요**

• 학습은 '연습과 경험의 결과 일어나는 비교적 영속적인 행동의 변화'로 정의할 수 있다.
• 행동주의 학습이론에는 손다이크(Thorndike)의 시행착오설, 파블로프(Pavlov)의 고전적 조건형성이론, 스키너(Skinner)의 조작적 조건형성이론이 있다.
• 인지주의 학습이론에는 Piaget의 인지발달이론, 정보처리이론이 있다.

■ **학습목표**

1	학습인 것과 학습이 아닌 것을 구분해서 말할 수 있다.
2	행동주의 학습이론에 대하여 이해하고 교육 현장에 적용할 수 있다.
3	인지주의 학습이론에 대하여 이해하고 교육 현장에 적용할 수 있다.

■ **읽을거리 : 공부 자신감**

• 닳아지는 법칙: 쓰면 쓸수록 닳아져 끝내 못 쓰게 되어버리는 건전지처럼, 뜨겁게 타오르는 초가 점점 촛농이 되어 흘러내리는 것처럼 나 또한 공부하면 할수록 '에너지'와 '능력'이 점점 닳아지다가 결국에는 모조리 바닥 나버린다고 보는 법칙

내가 나 자신을 믿지 못하고, 공부를 '닳아지는 법칙'으로 받아들이는 한 나는 내가 닳아질까 봐 걱정돼 공부를 두려워하게 됩니다.

• 단단해지는 법칙: 무거운 물건을 번쩍 들어 올린 팔에 욱신거리는 통증이 그치고 나면 단단한 근육이 돋아나는 것처럼, 망치로 힘껏 두드릴 때마다 점점 더 단단하게 굳어지는 무쇠처럼 나 또한 공부를 하면 할수록 '에너지'와 '능력'이 부쩍부쩍 늘어나다가 결국에는 나 자신이 아주 강하고 단단해진다는 법칙

공부에는 '단단해지는 법칙'이 적용됩니다. 나의 '에너지'와 '능력'의 한계는 전해져 있는 게 아니예요. 닳아지기는커녕, 오히려 쓰면 쓸수록 '에너지'가 늘어나고 '능력'이 불어납니다. 독하게 마음먹고 딱 한 달만 휘몰아치듯 공부해도, 한 달 전의 나와는 아주 다른 사람이 될 정도로요. 공부는 사람을 성장시키거든요. 여기에는 내 '에너지'와 '능력'도 포함돼요. 게다가 실제로 나는 '쓸데없이 걱정했던 것만큼' 나약하고 보잘것없지 않습니다. 나는 강하고, 힘이 세고 단단한 사림이에요. 단지 내가 그 '강하고, 힘이 세고, 단단한 나'에게 기회를 줘본 적 없을 뿐이지요. 마음 좀 붙여보려고 어쩌다 밤늦게까지 공부한대도, 뛰어들었다가 좀 엎어지고 넘어진대도 나는 결코 닳아 없어지지 않습니다.

그러니까 나를 좀 믿어주세요. 나 그렇게 무르고 연약한 사람 이니라고. 깅하고 단단한 사람이라 생각하고 나를 믿어주세요. 믿어 달라고 조르기라도 해보세요. 그래도 못 믿겠다면 '믿을 만한 근거'를 보여 줄 테니, 눈 똑똑히 뜨고 지켜봐달라고 밀어붙이세요.

"내가 이 시간까지 공부할 줄은 몰랐지. 이제 좀 믿음이 생겨?"

"내가 오늘 이렇게 많이 해냈어! 너 이래도 안 믿을래?"

내가 나를 믿을 수 있어야 오래 달릴 수 있어요. '인생이란 나를 믿고 가는 것'이라는 말도 있잖아요. 내가 어디에서 무슨 일을 하든, 어떻게 80년 인생을 '자신에 대한 믿음' 없이 살아갈 수 있겠어요. 공부하는 과정을 통해 나 스스로 자신에 대한 믿음을 회복하세요. 내가 아주 강하고, 힘이 세고, 단단한 사람이라는 걸 경험으로 깨닫고 확신하세요. 이 뜨거운 깨달음만으로도 나는 어디서 무슨 일을 하든지 '반드시 해내는 사람'이 될 수 있을 테니까요.

박성혁(2023). 이토록 공부가 재미있어지는 순간. 서울: 다산북스. pp. 107-110.

■ **생각해보기 / 토론해보기**

1. 당신은 쓰면 쓸수록 '에너지'가 늘어나고 '능력'이 불어난다는 "단단해지는 법칙을 믿습니까?"
2. 공부하면서 자신에 대한 믿음을 회복한 경험이 있다면 곁에 있는 친구와 또는 그룹 멤버들과 나누어 보세요.

학습이론(learning theory)이란 학습이 어떠한 심리적 기제로 이루어지며, 학습을 성립시키는 힘이 무엇인지를 해명해 주는 법칙이나 이론의 체계를 말한다.

학습이론은 행동주의, 인지주의, 구성주의 이론으로 나누어 살펴볼 수 있다.

1. 학습의 개념

학습은 '연습과 경험의 결과 일어나는 비교적 영속적인 행동의 변화'로 정의할 수 있으며, 성숙과 질병에 의한 행동의 변화, 피로, 술, 약품 등에 의한 일시적인 행동은 제외한다.

① 행동의 변화: 어떤 것을 할 수 있다고 하더라도 그것이 늘 외현적으로 표현되는 것은 아니다. 학습은 행동 잠재력의 변화를 가리키며, 수행은 이 잠재력이 행동으로 전환되는 것을 말한다. 따라서 행동의 변화뿐 아니라, 지금 외재적 행동으로 나타나지 않더라도 동기화되면 언제든지 수행될 수 있는 잠재력의 변화도 학습에 포함된다.

② 경험의 결과 : 단순한 반사행동과 성숙에 의한 행동의 변화는 학습에 포함되지 않는다. 경험이나 관찰의 결과에 의한 행동 또는 행동 잠재력의 변화만이 학습에 포함된다.

③ 비교적 영속적 변화 : 약물중독이나 피로에 의한 행동의 변화처럼 상황이 바뀌면 즉시 사라지는 것은 학습에서 제외된다.

2. 행동주의 학습이론

20세기 이전의 인간에 대한 분석이 주로 비과학적 접근에 의존하였다면, 행동주의 심리학자들은 관찰과 측정 가능한 행동에 관심을 두고, 학습자의 외현적 행동 변화에 관심을 가졌다. 행동주의 학습이론은 다윈(Darwin)의 진화론의 영향을 받아 손다이크

(Thorndike)와 파블로프(Pavlov)에 의해 시작되었다.

행동주의 학습이론에서는 학습은 자극(stimulus)과 반응(response)의 연합에 의해 이루어진다고 본다. 자극이란 학습자에게 제시되는 모든 환경을 말하며, 반응은 자극에 의해 학습자가 나타내는 행동을 말한다. 이러한 자극과 반응의 연합이 바로 학습이라고 본다. 이러한 측면에서 연합이론(association theory) 또는 자극-반응(S-R)이론 이라고도 한다.

대표적 이론으로 손다이크(Thorndike)의 시행착오설, 파블로프(Pavlov)의 고전적 조건형성이론, 스키너(Skinner)의 조작적 조건형성이론 등이 있다.

1) 손다이크의 시행착오설

미국의 심리학자 손다이크(Thorndike)는 고양이를 대상으로 실험하여 자신이 이론인 시행착오설과 학습의 법칙을 찾았다.

손다이크는 줄을 당기면 문을 열 수 있게 장치된 상자 속에 굶주린 고양이를 넣고 상자 바깥에 먹이를 두어 탈출을 시도하는 고양이의 행동을 분석하였다. 실험 초기의 고양이는 창살을 할퀴는 등 밖으로 나오려고 발버둥 치는 행동을 보이다 우연히 문과 연결된 줄을 당기게 되고 밖으로 나와 먹이를 먹을 수 있게 되었다(하수연 외, 2019).

이 실험의 횟수가 증가할수록 고양이는 시행착오를 줄이고 상자 밖으로 탈출하는 데 걸리는 시간은 점차 단축되었고, 고양이는 결국 상자에서 즉각 탈출하게 되었다. 고양이는 여러 번의 시행착오 과정을 거쳐 먹이를 얻게 되는 만족스러운 결과를 얻었다.

손다이크는 시행착오 학습과 관련된 세 가지 학습법칙을 발견하였다.

① **준비성의 법칙**(the laws of readiness) : 학습할 준비, 자세가 되어 있을수록 작용과 반응의 결합이 용이하다는 법칙이다. 학습자에게 학습 준비가 되어 있는 학습 내용을 제시하면 효과적 학습이 이루어질 수 있다는 것이다.

② **연습의 법칙**(the laws of exercise) : 연습 횟수가 많을수록 자극과 반응의 결합이 강화된다는 법칙이다. 계속해서 반복 연습하면 자극-반응의 연결이 견고해져 효과적 학습이 이루어질 수 있다는 것이다.

③ **효과의 법칙**(the laws of effect) : 결과에 대한 만족이 클수록 자극과 반응의 결합이 강화된다는 법칙이다. 자극에 대한 반응 이후 만족스러운 보상이 주어지면 효과적인 학습이 이루어질 수 있다는 것이다.

손다이크(Thorndike)의 시행착오 학습이론이 교육 현장에 주는 시사점은 다음과 같다(하수연 외, 2019).

첫째, 교사는 학습자가 새로운 사실과 지식을 습득할 준비가 되었는지를 충분히 고려해야 한다. 인지적 준비도뿐만 아니라 신체적·정신적 발달도 고려해야 한다. 특히 연령이 어린 유아 학습자들은 개인차가 더욱 크므로 발달단계에 미치지 못한다고 판단될 때는 발달 수준에 도달할 때까지 기다려야 한다.

둘째, 우연히 혹은 일시적으로 나타나는 현상 및 성숙에 의한 것을 학습이라 할 수 없다. 학습자가 꾸준한 반복 연습을 통해 목표에 도달할 수 있도록 기회를 주고 기다려 주어야 한다. 이때 어려운 과제보다는 쉬운 과제부터 제시하여 성공적으로 수행하는 경험을 갖게 해주어야 한다.

셋째, 학습자가 바람직한 반응을 보이면 즉시 보상한다. 학습자가 만족할 만한 즉각적 피드백은 학습 의욕을 높일 수 있다. 또한, 보상의 만족감이 클수록 효과적인 학습이 이루어질 수 있으므로 교사는 학습자의 만족과 불만족의 감정을 잘 파악하여야 한다.

2) 파블로프의 고전적 조건형성이론

러시아의 생리학자 파블로프(Pavlov)는 개를 대상으로 실험하며 고전적 조건형성(classical conditioning theory)을 세웠다. 그는 개가 음식을 주지 않았음에도 침을 흘리는 것을 발견하고 개를 데리고 침을 분비하는 여러 상황에 대하여 체계적인 실험을 진행하였다.

파블로프의 실험과정은 조건형성 전, 조건형성 중, 조건형성 후로 나누어 살펴볼 수 있다.

① **조건형성 전**: 무조건 자극인 먹이를 주면 무조건 반응인 침을 흘리지만, 중립 자극인 종소리를 들려주어도 침을 흘리지 않는다.

② **조건형성 중**: 중립 자극인 종소리를 들려주자마자(또는 동시에) 무조건 자극인 음식을 갖다 준다. 이른바 중립 자극(종소리)과 무조건 자극(먹이)을 반복해서 연합시키는 과정이다. 이 반복을 통하여 결국 개는 종소리만 들어도 침을 흘리게 된다.

③ **조건형성 후** : 이제 종소리는 조건자극이 되었으므로 종소리만 들려주어도 개는 조건반응으로 침을 흘리게 된다. 이러한 일련의 과정을 조건화(conditioning)라고 한다.

파블로프의 실험은 학습 또는 자극과 반응의 연결로써 일어나는 것으로, 외부 환경의 속성을 변화시킴에 따라 학습자에게 새로운 조건을 습득시키게 되어 원하는 방향으로 학습을 조장할 수 있음을 시사해 준다.

3) 교실에서 고전적 조건화

박 교사는 2학년 자기 반 학생들이 교실로 들어올 때 매일 아침 따뜻하고 친절하게 맞이한다. 인용이도 같은 반인데 인용이가 교실에 들어올 때도 박 교사는 기분이 좋게 해주려고 친절하게 인사한다. 이제 인용이는 저기 반 교실로 들어갈 때 박 교사가 있지 않아도 편안함을 느끼게 되었다.

인용이는 박 교사의 교실과 따뜻한 태도를 연합하였으며, 그 결과 교실에 들어갈 때 편안함을 느끼도록 학습되었다. 어떤 연구자들은 학생들이 학교에서 느끼는 정서적 반응은 학교 교육의 결과 중 가장 중요한 것이라고 주장한다(Gentile, 1996). 예를 들어, 학생들이 수학을 공부하려 할 때 불안을 느끼면, 그들의 학습은 방해를 받을 것이다. 다른 한편, 학생들은 종종 새로운 학교나 새로운 교실에 대한 불편함을 느끼게 마련이나, 선생님이 학생들에게 존중과 격려를 해준다면, 박 선생님이 인용이에게 하는 것처럼 학생들은 선생님의 태도와 교실을 점진적으로 연합하게 된다. 그렇게 되면 인용이가 그랬던 것처럼 학생들은 교실에서 안정감을 느끼게 된다. 이것은 고전적 조건화를 통해 이룰 수 있는 중요한 목표다. 인용이의 경험에 관한 기제를 <표 4-1>에 정리했다.

표 4-1 고전적 조건화의 예

예		자극과 반응
무조건 자극(박 교사의 태도) 조건자극(교실) 교실은 박 교사의 태도와 연합됨	→	무조건 반응(좋은 느낌, 학습되지 않은) 조건반응(편안함, 학습된) 원래의 좋은 느낌과 비슷한 편안함

파블로프의 고전적 조건형성이론이 교육 현장에 주는 시사점은 다음과 같다(하수연 외, 2018).

첫째, 교사의 수업 방법은 조건자극이 될 수 있다. 교사가 수업 중에 사용하는 언어, 모습과 외모, 태도, 행동이 학생에게 영향을 미칠 수 있다. 따라서 평소 교사가 강압적이며 벌을 사용한다면 학습자는 교사에 대한 불안이 발전하여 학교에 대한 불안이 되고, 마침내는 학교에 대한 공포를 느끼게 된다. 반대로 긍정적 태도를 갖도록 조건화할 수도 있다.

둘째, 똑같은 심부름을 시켜도 교사가 시킬 때와 부모가 시킬 때 반응 행동이 달라질 수 있다. 자극의 원천이 다르기 때문에 반응이 달라졌으므로 학습자가 일관성이 없다고 단정 짓지 말아야 한다.

셋째, 학습자가 바람직한 행동을 익혔다고 하더라도 교사의 칭찬이나 적절한 피드백 등의 강화가 없으면 그러한 행동이 소거될 수 있으므로, 강화계획을 적절히 수립하여야 한다.

4) 스키너의 조작적 조건형성이론

스키너(Skinner)는 학습목표(레버 누르기) 달성을 위해서 학습자(쥐)가 일단 학습목표를 수행하면, 그 후 즉시 강화물(먹이)을 제공하여 다시 그 행동을 할 가능성을 높일 수 있다는 강화이론(reinforcement theory)을 제시하였다. 파블로프가 학습목표(침 흘리기)를 위해서 자극제(먹이)를 침 흘리기 전에 제시한 것과는 차이가 있다. 즉, 같은 먹이라도 기대하는 반응을 하기 전에 제공하는지, 한 후에 제공하는지에 따라 전자는 자극제가 되고 후자는 강화물이 되는 것이다.

이러한 강화의 원리를 어떻게 교수-학습에 작용할 수 있을까? 예를 들어, 문제를 풀면 스티커를 붙여주거나, 학과의 수석을 하면 장학금 지급하는 것, 일찍 등교하는 학생에게 청소를 면제해 주는 것이다. 이러한 강화는 학생들에게 예고하여 기대하는 반응을 하게 할 수 있다. 이때 학생이 좋아하는 것을 제공하는 것은 정적 강화, 학생이 싫어하는 것을 면제(제거)해 주는 것을 부적 강화라고 한다.

강화를 응용한 것으로 벌이 있다. 벌 또한 강화처럼 반응 다음에 제공한다는 면에서는 공통점이 있지만, 그 반응을 할 가능성을 줄이는 데 목적이 있다. 지각하면 화장실 청소를 시킨다든가, 흡연하다가 발각된 경우 벌점을 부여하는 것, 성적이 떨어지면 학생이 좋아하는 게임을 못 하도록 하는 것 등이 그 예이다. 이때 학생이 싫어하는 것을 제공하는 것을 수여성 벌, 학생이 좋아하는 것을 제거(박탈)하는 것은 제거성 벌이라 한다.

3. 인지주의 학습이론

인지주의 학습이론에서는 학습자의 행동보다는 그 행동을 일으키는 정신 활동, 즉 인지 활동에 관심을 두고 있다. 따라서 인지주의 입장에서의 학습은 '이해를 통해서 학습자의 인지구조가 변화하는 것'으로 인식되며, 피아제(Piaget)의 인지발달이론과 인지이론을 설명하기 위해 컴퓨터의 구성 요소를 활용한 정보처리이론이 그 대표적인 예이다.

1) 피아제의 인지발달이론

인지주의 학습이론에서는 학습자의 행동보다는 그 행동을 일으키는 정신 행동, 즉 인지 활동에 관심을 두고 있다. 따라서 인지이론 입장에서의 학습은 "이해를 통해서 학습자의 인지구조가 변하는 것"으로 인식되며, 피아제(Piaget)의 인지발달이론이 그 대표적인 예이다.

피아제의 인지발달이론은 인지발달은 물리적 환경, 성숙, 사회적 영향, 개인의 조절 기능과 같은 요인에 의해 영향을 받으며 동화(assimilation)와 조절(accommodation)을 거쳐 인지구조(schema)의 변형을 통한 발달과정을 갖는다고 본다.

2) 정보처리이론

정보처리이론은 정보가 인간의 뇌에서 어떻게 저장되고 인출되는지에 대한 것을 설명한 이론으로, 컴퓨터 메모리에 정보가 저장되는 원리와 유사하다. 컴퓨터는 입력 장치를 통해 정보를 받아들인 후 처리의 과정을 거쳐 기억장치에 저장된다. 이때 처리과정에서는 정보가 일시적으로 저장되는 메모리가 사용되고, 처리 후에는 영구적으로 정보를 저장할 수 있는 메모리에 저장된다.

인간은 감각기관을 통해 엄청난 양의 정보를 받아들인다. 학생들이 음악을 듣고, 책을 읽고, 간식을 먹으며 필기를 하고 있다면, 시각 · 청각 · 촉각 · 미각을 통해 셀 수 없이 많은 정보가 동시에 입력되고 있는 것이다. 그리고 그 자극의 대부분은 유실되고 특별하게 주의를 집중한 정보들이 단기기억(short-term memory)으로 저장된다(김보경, 2018).

단기기억은 약 15초 정도 기억이 유지되나, 이 또한 대부분 망각되게 되며 일부분만 부호화의 과정을 거쳐 장기기억으로 저장된다. 단기기억의 시간을 늘리기 위하여 머릿속으로 정보를 계속 반복하는 시연(rehearsal)을 하기도 한다. 예를 들어, 전화번호를 잊어버리지 않으려고 머릿속으로 계속 반복하는 것이 그 예이다. 단기기억의 또 다른 특징은 처리 용량이 제한적이라는 점이다. 보통 7개의 항목을 처리하게 되는데, 이보다 많을 경우 학습자들은 인지적 부담을 느끼게 된다. 반면에, 7개의 항목보다 적을 경우에는 학습 내용이 매우 쉽다고 느끼게 된다. 교수설계자가 정보처리이론에 근거한 학습을 설계한다면 학습자에게 제시되는 정보의 용량을 7±2개의 항목으로 줄이기 위해 정보들의 공통점을 찾아 하나의 항목으로 묶는 것을 청킹(chunking)이라고 한다. 예를 들어 단어 run을 기억할 때, 'r' 'u' 'n'을 세 개의 항목으로 따로 기억하지 않고 청킹하여 한 개의 항목인 'run'으로 처리하는 경우가 있다.

단기기억에서 장기기억(long-term memory)으로 저장될 때 부호화의 과정을 거치게 된다. 장기기억은 무한대의 용량을 가지고 있으며, 정보가 저장되는 형태는 그물망처럼 정보들이 연결된 형태이다.

(1) 인간의 정보처리 체계

인간이 정보를 처리하는 체계는 세 가지 기억저장고와 이를 연결하는 네 가지의 통제과정이 있다. 기억저장고는 감각기억, 단기기억, 장기기억으로 나누어볼 수 있으며, 주의집중, 시연, 부호화, 인출의 네 가지 과정이 있다.

① 세 가지 저장고

- **감각기억**(sensory memory, SM) : 외부에서 들어오는 자극이 처음으로 등록되는 감각기 수준의 기억을 말한다.
- **단기기억**(short term memory, STM) : 감각기억에 등록된 기억 중 주의집중 과정을 통하여 선택된 것을 말하며, 과제를 수행할 때 사용되는 기억이기 때문에 작업기억(작동기억, working memory)이라고 하기도 함. 단기기억의 용량은 7±2청크(chunk)로써 시연(rehearsal)을 통하여 유지되며, 시연이 없는 경우 30초 정도 지속된다.
- **장기기억**(long term memory, LTM) : 단기기억에 등록된 재료 중 부호화(encoding) 과정을 거쳐 장기적으로 보존된 것을 말한다.

② 네 가지 통제과정

- **주의집중** : 주의집중이란 자극에 반응하는 것이다. 감각기억에서 단기기억으로 정보가 옮겨져 가는 것이기 때문에 학습을 하려는 것에 대하여 관심을 가지고 주의를 기울이느냐, 그리고 주의를 기울인다면 어떤 것에 집중하는가가 중요하다.
- **시연** : 단기기억(작동기억)에서 정보가 사라지지 않게 하기 위한 것으로 정보를 소리 내어 읽든지 속으로 되풀이하든지 그것의 형태와 관계없이 계속해서 반복하는 것을 말한다.
- **부호화** : 단기기억에 있는 정보를 장기기억으로 전이하는 과정으로 장기기억 속에 존재하고 있는 기존의 정보에 새로운 정보를 연결하거나 연합하는 것을 말한다. 새로운 정보가 장기기억 속으로 부호화될 때 가장 중요한 것은 유의미한 부호화가 이루어져야 한다는 것이다. 정보가 유의미하지 않게 단순히 암기로 부호화되는 경우에는 새로운 정보가 기존의 정보와 연결되지 못하고 각각 떨어져 있게 된다. 그러나 새로운 정보와 기존의 정보가 연결된다면 그 정보는 더욱 유의미해지고 장기기억 속에 담기는 일이 매우 수월해질 수 있다.
- **인출** : 이미 장기기억의 정보를 활성화시켜 단기기억으로 끌어내는 것을 말한다.

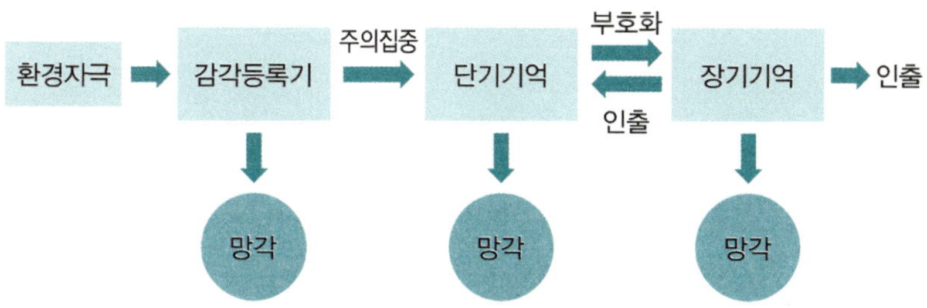

그림 4-1 인간의 정보처리 체계

(2) 부호화의 처리과정을 촉진시키는 방법 네 가지

① 능동성 : 학문적 내용에 대하여 학습자가 능동적으로 참여할 때 학습이 더욱 촉진됨.

② 조직화 : 개별적인 정보를 관련 있는 것끼리 묶어 범주나 집단으로 분류하는 것.

예 목록 1: 배, 성냥, 망치, 외투, 풀 코, 연필, 개, 컵, 꽃

목록 2: 칼, 셔츠, 자동차, 포크, 배, 바지, 양말, 트럭, 숟가락, 접시

이 단어를 외울 때 목록2의 경우에는 의복, 탈것, 식기로 나누면 훨씬 외우기 쉬움

③ 정교화 : 개별적인 정보 간에 연합의 수를 증가시켜 가는 과정.

예 물고기와 파이프의 관계를 연관시킬 때 파이프 담배를 피우는 물고기라든가, 개와 자동차의 관계를 맺을 때 자동차를 소유한 개나, 개와 자동차가 경주를 한다고 연결시킨다.

④ 기억술 : 학습 내용에 존재하지 않는 연합을 만들어 부호화하는 것, 즉 새로운 것과 기존의 것 사이에 인위적 고리를 만들어 주는 것.

이외에 초인지(또는 메타 인지, meta-cognition)라는 것이 있는데 초인지란 자신의 인지과정을 통제하고 조절하는 것을 의미한다. 즉, 자신의 인지상태와 인지과정에 대한 정신적인 작용의 총합이라고 정의할 수 있다.

CHAPTER 05

교수이론

1. 교수의 의미
2. 교수이론과 학습이론의 비교
3. 교수학습 지도원리
4. 교수모형

■ **학습개요**

- 교수란 학생의 지적, 정의적, 기능적 목표를 달성할 수 있도록 촉진하기 위해 학습경험을 조정하는 과정이다.
- 학습 이론가들의 관심은 지식을 이용하여 학습자에게 최적의 학습이 이루어지도록 해주는 데 있다.
- 교수학습 지도원리에는 자발성의 원리, 개별화의 원리, 직관의 원리, 통합의 원리, 목적의 원리, 사회화의 원리가 있다.
- 교수모형에는 Glaser의 교수모형, Carroll의 학교학습 모형, Bloom의 완전학습 수업모형, Gagné의 학습위계모형이 있다.

■ **학습목표**

1	교수의 개념을 이해하고 학생이 지적, 정의적, 기능적 영역의 목표 달성을 하도록 목표를 설정할 수 있다.
2	교수이론과 학습이론을 비교하여 설명할 수 있다.
3	교수학습의 지도원리를 이해하고 각 지도원리에 따라 만들어진 교수법을 분석할 수 있다.
4	교수모형에 대하여 이해하고 실제 수업에 적용할 수 있다.

■ **읽을거리 : 구상의 '꽃자리'**

반갑고 고맙고 기쁘다.
앉은 자리가 꽃자리니라
네가 시방 가시방석처럼 여기는
너의 앉은 자리가 바로 꽃자리니라

앉은 자리가 꽃자리니라
앉은 자리가 꽃자리니라
네가 시방 가시방석처럼 여기는
너의 앉은 자리가 바로 꽃자리니라

나는 내가 지은 감옥 속에 갇혀 있고
너는 네가 만든 쇠사슬에 매여 있고
그는 그가 엮은 동아줄에 묶여 있다.

스스로의 굴레에서 벗어났을 때
그제사 세상이 바로 보이고
삶의 보람과 기쁨을 맛본다
앉은 자리가 꽃자리니라
네가 시방 가시방석처럼 여기는
너의 앉은 자리가 바로 꽃자리니라

– 구상, 「꽃자리」

내게 주어진 환경, 주변, 조건을 '꽃자리'로 받아들여 보세요. 그리하여 불평불만을 멈춰 보세요. 그제야 비로소 보입니다. 그럼에도 불구하고 '되게 할 방법' 말입니다. 조건을 따지다 보면 '안 되는 이유'만 자꾸 보입니다. 그러나 마음을 다스리다 보면 '되게 할 방법'이 보여요.

공부는 '조건'으로 하는 게 아니라 '마음'으로 하는 겁니다. 막상 조건이 완벽하게 갖춰지면 오히려 마음은 흐트러지기 쉬워요. 뭔가 좀 아쉽고 부족한 듯 싶을 때, 더 악착같이 마음을 돌보게 되고 공부도 가장 잘 되더군요. 불평불만은 인생 낭비에 지나지 않아요. 그러니 '안 되는 이유' 찾는답시고 환경 탓, 주변 탓, 조건 탓만 늘어놓던 저는 얼마나 어리석었던 것입니까?

박성혁(2023). 이토록 공부가 재미있어지는 순간. 서울: 다산북스. pp. 244–246.

■ **생각해보기 / 토론해보기**

1. 조건을 따지다 보면 '안 되는 이유'만 자꾸 보인다. 그러나 마음을 다스리다 보면 '되게 할 방법'이 보여요. 이 말에 대하여 어떻게 생각하십니까?
2. 공부는 '조건'으로 하는 게 아니라 '마음'으로 하는 겁니다. 이 말에 대하여 어떻게 생각하십니까?

1. 교수의 의미

일반적으로 교수라는 말은 '가르쳐 주는 것'을 뜻하고 있다. 우리나라에서는 교수 또는 교수법, 학습지도법 등으로 불리고 있으며, 외국어로는 Teaching 또는 Instruction으로 불리고 있는데, 이것은 교사의 가르침을 받아들이는 학생들에게 필요한 지식과 기능을 되도록 많이 가르치는 것을 의미하는 것이다.

그러나 교수라는 것이 '가르쳐 주는 것'이라 해서 그것이 그리 용이한 것은 아니다(Yamamoto, 1969). 단편적인 지식을 전달하여 기억시킬 때도 있으며, 여러 자료를 소개하여 전달할 때도 있고 또 설명과 토의와 여러 자료를 동원하여 이해시키는 등 여러 가지 방법이 있을 수 있다.

교수의 개념에 관한 여러 학자의 견해를 살펴보면 다음과 같다.

가네(Gagné)는 '교수란 학습자의 내적 능력과 적절히 상호작용을 하는 학습 장면에 대한 외적 조건의 통제이다.'라고 하였으며, 마일즈(Milse)와 로빈슨(Robinson)에 의하면 교수란 학생의 지적, 정의적, 기능적 목표를 달성할 수 있도록 촉진하기 위해 학습경험을 조정하는 과정이다.

교사가 교수한 것은 학생이 학습할 것을 전제로 하지만 학습은 반드시 이처럼 의도성을 띤 수업에서만 얻어지는 것이 아니라 비의도적 장면에서도 이루어진다. 이상적으로는 교수된 것이 모두 학습돼야 하나 대개 교수의 일부분만 학습된다.

교수와 학습의 관계를 그림으로 나타내면 아래 <그림 5-1>과 같다.

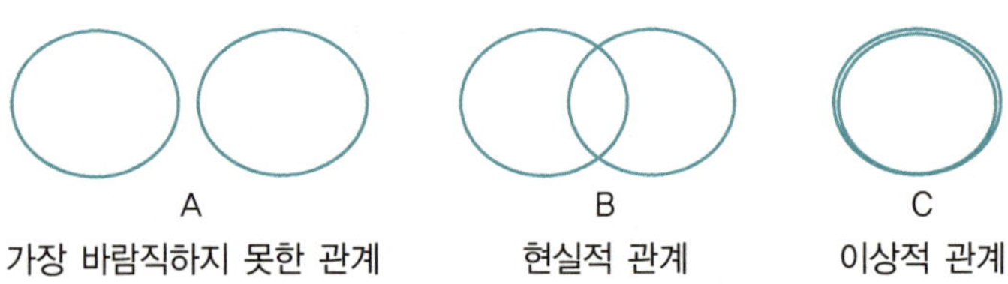

그림 5-1 **교수와 학습의 관계**

학습은 획득하는 것이고 교수는 제공하는 것이다. 그러나 교사는 학생에게 지식전달자의 역할에 머물러서는 안 되며, 학생 스스로 여러 가지 자료를 이용할 수 있도록 도와주고, 지식을 획득하는 방법에 대해서도 가르쳐야 한다. 결국, 교수와 학습은 상호의존관계를 형성하는 것이다. 이러한 관점에서 볼 때 교수란 학습자의 모든 능력을 극대화하기 위하여 의도적으로 학습자의 내적 조건과 환경을 체계적으로 형성하는 일체의 활동이라 할 수 있다.

2. 교수이론과 학습이론의 비교

1) 관심의 초점

학습심리학자들의 주된 관심은 유기체의 학습에 대한 포괄적인 기초이론을 수립하는 데 있다. 원리의 적용이나 적용 절차의 개발은 이들의 관심사가 아니었다. 반면에, 수업이론가들의 주된 관심은 교육 실제의 개선에 있다. 이들은 학습자가 왜 어떻게 학습하는가에 대한 지식도 필요하지만, 더 큰 관심은 이 지식을 이용하여 학습자에게 최적의 학습이 이루어지도록 해주는 데 있다.

2) 이론이 성립되는 상황

학습이론이 연구되는 실험실 상황과 수업이 이루어지는 교실 상황은 다르다.

3) 이론의 성격

학습이론은 근본적으로 기술적이다. 즉, 유기체가 학습하는 과정을 그대로 나타내는 것이 학습이론의 성격인 반면, 수업이론은 단순히 학습 과정을 기술한 것이 아니라 학습과제를 어떻게 하면 학습자가 가장 잘 배울 수 있을 것인가에 관심을 갖는다. 따라서 수업이론은 최적의 수업 방법이 무엇인가를 가르쳐 주는 처방적인 성격을 가진다.

이상과 같이 학습이론과 교수이론의 차이는 이론과 응용의 차이에 있다. 이론과 응용은 서로 완전히 분리해서 생각될 수 없는 일이다. 오히려 상호보완적이고 의존적인 관계로 생각하는 것이 타당하다. 유기체의 학습이 어떻게 이루어지는가에 대한 학습이론의 설명은 교사가 어떻게 가르쳐야 할 것인가를 다루는 교수이론의 기초가 되기 때문이다.

3. 교수학습 지도원리

교수의 원리는 학습활동을 지도할 때에 기준이 되고, 또 학습지도를 바람직한 방향으로 이끌어 나가기 위한 교육방법의 기준이 된다. 즉 학습지도에서 전개되는 교사의 여러 가지 활동을 규제하는 원칙적인 기준을 말한다.

교수원리는 내용이 학자에 따라서 약간씩 다르나 몇 가지의 기본원리는 다음과 같이 일반화되어 있다.

1) 자발성의 원리

교육이나 지도라는 말의 어감은 학습자의 활동이 소극적이고 교육자의 활동이 적극적인 것같이 생각되기 쉽다. 특히 구교육에서는 모든 교육 활동이 성인인 교사 중심이었다. 그러나 현대의 교육 사조는 경험적인 입장과 학습자 중심의 입장을 강조하고 있다. 따라서 교사의 책임은 자발성에 의해서 자라나며 발달해 가는 학습자 중심의 입장을 강조하고 있다. 따라서 교사의 책임은 자발성에 의해서 자라나며 발달해 가는 학습자를 옆에서 도와주는 학습의 보조자가 되어야 한다. 이처럼 학습자 중심에 서게 될 때 학습자 그 자체가 갖고 있는 본래의 특성을 발견하여 그 특성이 최대한으로 발달할 수 있도록 지도해 나가지 않으면 안 된다. 학습자의 제 특성 중 자발성의 원리야말로 가장 중요한 원리이다.

자발성이란 인간 내부에서부터 모든 방면으로 자라나려는 능력, 충동 또는 가능성을 교육자는 이해하고 최대한으로 발전시킬 수 있도록 항상 노력해야 한다. 인간의 성장 발달은 인간 내부에서부터 모든 방면으로 자라나려고 하는 자발성에 의해서 성장하는 것이며 이것이 외부적인 환경의 영향을 받아서 인격이 완성되는 것이다.

학습지도는 학습자 스스로가 배우고자 하는 자발적인 의욕을 가지고 있을 때 이루어진다. 즉 동기가 내재된 학습을 하는 것이 지극히 중요한 학습지도의 원리로 되어 있으며 이것을 자발성의 원리라고 한다.

이처럼 자기 활동을 촉진시키는 것이 '동기부여'이며 그러기 위해서는 어떻게 해야 하나 하는 방법(동기부여의 방법)이 문제가 된다. 먼저 학습자 자신이 목적을 가질 수 있도록 지도하는 데 성공하거나 또는 학습자가 흥미를 갖도록 지도하는 데 성공하면 학습자의 학습은 자발적으로 되는 것이다.

학습자가 학습하고 있는 것은 장차 어른이 된 다음에 필요한 것이며, 그것이 장래의 생활을 행복하게 하는 데 필요한 것이라고 설명하여 납득시키고자 하는 방법을 쓰는 경우가 있다. 미래에 대한 목적을 가지고 자율적인 학습을 시키고자 하는 것이다. 그러나 학습자는 현재의 당면한 생활에 관심을 가지면서도 먼 장래에 대한 현재의 고통스러운 일을 즐겨 하려고 하지 않는 것이 보통이다.

학습을 유도하기 위해 상벌을 주거나 경쟁심을 끌도록 하는 방법 등을 때때로 사용한다. 그리고 크게 교육적 효과를 올릴 수 있는 사례도 많다. 그러나 그것이 학습자의 노력 대가로 교사가 인정해 주고 다른 학생에게도 하나의 자극으로 받아들여졌을 때 비로소 적절한 효과를 발휘할 수 있다.

요약하면 자발성의 원리는 학생이 학습활동에 높은 동기를 가지고 적극적으로 참여하게 하는 원리로서, 내발적인 동기유발과 학습의 지속력을 유지하는 데 효과적이며 학생 중심 자발 전개 원리이며, 열린 수업 원리요 민주적 수업 원리, 아동 중심 수업원리라고 볼 수 있다. 학습자의 내적 동기의 가장 큰 유발점이 되며 경험 중심 교육과정, 진보주의 교육 사조와 관련된다. 말을 물가로 데려갈 수는 있어도 강제로 먹일 수는 없는 것과 마찬가지로 학습자를 교실에 잡아 둘 수는 있어도 억지로 공부하게는 못한다는 의미한다. 이 원리와 관련된 학습으로는 구안법, 문제해결학습, 발견학습, program학습 등을 들 수 있다.

2) 개별화의 원리

학습은 학습자의 발달과 이해의 정도에 따라서 이루어진다. 학생 각 개인은 지능, 특성, 흥미, 가정적 배경 등 모든 면에서 차이가 있으므로 교육은 먼저 학습자의 이와 같은 개인차를 이해하고 이것을 교육목표 달성에 유기적으로 통합하여 가능한 데까지 그 능력을 충분히 발전시켜야 한다. 학습지도에 있어서 개별화는 학습자의 개인차와 교재의 성질 파악, 교사의 기능과 한계의 자각 및 당면한 교육목적 또는 목표의 명확한 파악 등이 유기적으로 통합되어 비로소 행해지는 것이다.

교육이 개별화되어야 한다는 원리는 목적적인 원리인 동시에 방법적인 원리이다. 복적적인 원리가 되는 것은 민주주의적인 인간관에서 나온 것이다. 민주주의는 무엇보다도 개인을 존중하는 사회개념이다. 그러므로 집단적인 교육체제를 갖추고 있는 학교에서도 소중한 것은 집단이 아니고 집단을 형성하고 있는 개개인이므로, 개인을 존중하는 교육이어야 한다.

한편 개별화의 원리가 방법적인 원리가 된다는 것은 민주교육의 기본이념인 개성에 따른 교육을 통해서만 개성적인 자기실현이 가능하기 때문이다.

20세기 초부터 심리학의 발달과 개인차의 발견 및 개인주의의 고조에 따라 개인차의 존중은 능력별 학습의 강화란 형식으로 나타났다.

개별화의 원리를 요약하면 학습자가 지닌 각자의 요구와 능력에 알맞은 학생활동의 기회를 마련해 주어야 한다는 원리로써, 학생의 능력, 소질, 적성, 가치관, 흥미 등과 같은 개인차를 최대한 고려해야 한다는 원리이다. 이와 관련된 학습으로는 IPI(Individually Prescribed Instruction), ATI(Aptitude-Treatment Interaction), TTTI(Task, Trait, Treatment Interaction), PSI(Personalized System of Instruction)-Keller Plan, Dalton plan, Programmed learning, CAI(Computer-Assisted Instruction) 등을 들 수 있다.

3) 직관의 원리

직접 경험의 원리라고도 하며 서적 중심의 교육방법을 지양하고 감각을 통해서 지식의 기억만을 존중하는 언어주의에서 탈피하는 교육의 원리로 사물, 실물에 대한 직접 관찰을 통한 교육을 말한다.

어떤 사물에 대한 개념을 인식시키는 데 있어서 언어로써 설명하는 것보다는 구체적인 사물을 직접 제시하거나 경험시킴으로써 효과를 볼 수 있다는 원리로써 오늘날 시청각교육이 강조되고 있는 근본 입장이 바로 여기에 근거한다. 이 직관교육은 근대 교수이론의 원조라고 볼 수 있는 코메니우스(Comenius)의 교수론에서 대두된 것이다. 즉 직관의 원리를 구체화하여 코메니우스의 교수론이 이루어진 것이며 교육사상에 매우 큰 비중을 차지하고 있다. 코메니우스 이후 페스탈로치(Pestalozzi)에 의해서 직관의 개념은 더욱 크게 강조되어 언어주의 교육에서 구체적인 실물이나 그림, 모형 등을 교구로 이용하는 직관교수를 실시하게 된 것이다. 그러나 직관교육이 현실적인 여건으로는 완전무결하게 이루어지기는 거의 불가능한 것이다. 그래서 사진, 모형, 표본, Slide 등 여러 가지 시청각 교구에 의한 대리 경험을 주어 직관교육을 실시하거나 가능한 범위 내에서 현장학습을 실시하여 교육의 효과를 거두고 있다.

직관의 원리는 앞에서 말한 자발성의 원리와 상관되는 점이 많은데, 양자가 모두 추상적인 언어가 아닌 구체적인 직접 경험, 또는 그에 가까운 대리 경험을 할 수 있다는 점에서 상관성이 높고 그 방법적인 면에서 약간의 차이가 있을 뿐이다. 그래서 직관의 원리와 자기 활동의 원리를 일원화하여 경험의 원리라고 부르기도 한다.

직관의 원리를 요약하면 구체적인 사물을 직접 제시하거나 경험하게 함으로써 큰 효과를 볼 수 있다는 원리로써 실물교수, 시청각교육을 중시하는 원리이다. 관련 학습으로는 에라스무스의 '실물교육이론', 코메니우스의 '세계도회', 루소의 '인간 자연 사물 조화', 페스탈로치의 '감각교육', 프뢰벨의 '감각교육'이 있으며 직접 경험을 시켜서 지도하려는 전형적인 학습 형태로서는 시청각교육, 실험 실습, 관찰학습, 견학, 토의학습 등이 있다.

4) 통합의 원리

오늘날의 교육은 지식이나 기능보다도 그것을 포함한 전인교육 전체로써 환경에 적응할 수 있는 내재적인 모든 능력을 조화적으로 발달시킬 것을 요구하고 있다. 현대의 교육은 학습자가 경험한 사실을 구체화하고 적절하게 재구성함으로써 자기가 속하는 사회에 참가하여 사회적 활동을 할 수 있게 지도할 것을 요구하는데, 이 지도원리는 요즘 강조되는 지역성의 원리와도 상통된다. 따라서 학습지도에 임하는 교사는 사회문제에 민감해야 하겠고, 또 사회를 보는 통찰력도 지니고 있어야 하며, 사회문제에 대한 견해에 올바른 방향을 가지고 사회문제를 다루어야 한다. 달리 생각해 보면 앞에서 살펴본 개별화의 원리와 사회화의 원리와는 상호 모순되는 것 같으나 개별화의 방향이 사회적인 공헌을 전제로 하는 것이기 때문에 모순이 아니고 상보적인 관계를 이루고 있다. 즉 개개인의 사회적 공헌은 자기의 개성을 통하여 이룩되며 개성의 가치 또한 사회과정에서 인정받게 되는 불가분의 관계가 있는 것이다.

교수 원리로서의 통합성은 다음과 같은 세 가지 의미를 지니고 있다(박인학, 1995).

① 교재의 통합성 : 학교학습은 이론적으로 분석되어 이루어진 교과를 학습재(學習材)로 하여 교과별로 학습을 전개하고 있다. 그리니 이론직인 계통이 그대로 심리적

인 질서가 되지는 않는다. 이와 같은 견지에서 교과를 통합하여 교육과정을 편성하는 상관 교육과정, 중핵교육과정 등이 이루어지고 있다.

② **지도 방법의 통일** : 교과 지도와 생활지도의 상호 밀접한 관련을 도모하여 문제해결의 진행 방식을 통합적으로 지도할 필요가 있다.

③ **지도목표의 통합 및 일관성** : 동일 학생에게 교사마다 상이한 생활의 방향을 제시하는 것은 학생들에게 생활 태도와 행동양식에 혼란과 갈등을 야기할 수 있다. 또 같은 교사가 때에 따라서 상이한 방향을 제시할 경우도 마찬가지이다.

통합의 원리를 요약하면 지 · 덕 · 체와 같은 학생의 행동을 골고루 발전시켜야 한다는 원리요 지적 기능과 정의적 기능을 결합해야 한다는 원리이다. 또, 교과의 기본을 유지한 상태에서 교과 간의 상호 관련성 맺어야 하는 원리로써 교육목표·내용·방향이 하나로 통합하며 전인 양성을 위한 수업의 원리요, 한 개인의 생활 전체를 하나로 통합해야 한다는 원리이다.

5) 목적의 원리

인간의 모든 행동에는 반드시 원인이 있으며, 이는 다른 말로 목적이 있다고 말할 수 있는 것이다. 목적이 없는 행동은 의의가 없는 활동이며 적극성과 발전을 기대할 수 없는 활동이다. 자기 나름대로 목적이 있을 때 그 행동이나 활동이 민첩하고 활발하며 활동의 결과를 자기가 평가하려고 하며 그 결과에 따라서 자기 행동에 수정을 가하여 의도한 바의 목적에 도달하는 것이다.

학습지도는 일정한 목적을 달성하기 위하여 의도적으로 활동하는 것이다. 교육은 목적을 가진 의식적인 활동이며 학습지도는 그 목적을 실현하기 위한 구체적인 방법이다. 그런데 학습지도에 있어서 목적의 원리는 학습자의 입장과 교사의 입장 등 양면에서 고찰할 수 있게 되는 것이다(박인학, 1995).

① 학습자의 입장에서는 학습목표가 분명히 인식되었을 때에 그들은 적극적으로 학습활동을 하게 된다. 인간의 모든 행동에는 반드시 목적이 있는 것이라고 말할 수 있다. 학습 장면에서 학습자가 분명한 목적의식하에서 자기의 행동목표를 지향하여 스스로 통제하고 학습의 성과를 목표에 비추어 자기를 평가하여 다시 자기 행동을 수정하는 계속적인 탐구활동으로 자율적인 목표 추구 활동을 갖도록

하여야 한다. 자기 활동에 관한 투철하고 분명한 목표 의식은 학습의 자발성을 추구하게 되고 학습 성과를 높이게 된다.

② 교사에게 목적의 원리는 교수목표 내지 교육목표의 설정에 있어서 그 설정 기준과 설정 지침을 제시해 줄 뿐만 아니라 목적에 합당한 교육내용의 선정, 조직의 타당성과 과학성의 준거를 제공하는 것이다. 교육의 과정은 일정한 목적하에 학습자의 바람직한 행동 변화를 기도하기 위한 의도적, 계획적, 유목적적인 교육행위이다.

요약하면 교수목표가 분명할 때 학습자의 적극적인 학습활동이 이루어지고 교사의 입장에서 그 목표를 달성시킬 수 있는 제반 교수 활동이 이루어진다는 원리라고 할 수 있다.

6) 사회화의 원리

학생의 학습은 사회를 떠나서는 존재할 수 없다. 사람은 자기가 속해 있는 집단의 사상이나 행동에 의하여 크게 영향을 받고 있기 때문이다.

사회화 원리는 학습 내용을 현실 사회의 사상과 문제에 기반을 두어 선정하고, 학교에서 경험한 것과 학교 밖에서 경험한 것을 교류시키며, 이것을 공동 학습을 통하여 협력적이고 우호적인 학습 상태로 꾸며 진행하는 원리이다.

이 원리는 학습자가 자기 활동을 전개하려고 할 때 개별화의 문제도 중요하지만, 동료들과 같이 협력하는 사회성도 중요하다고 본다. 이 원리는 학습이란 개인의 인격 완성을 목적으로 하는 의도적 활동인 동시에 개인을 사회화하는 동화작용이며, 사회인으로 형성하는 사회 작용의 하나로 보고 있다. 학습자가 하나의 독립된 인간으로서 그들이 소속한 각종 사회에 참가하여 원만한 인간관계를 맺어 가면서 개인적으로 발전하고 사회적으로 유용한 일원이 되도록 학습을 지도해야 한다는 전제에 입각한 원리이다. 그러므로 아동의 교육은 한 독립된 인간으로서 그들이 소속한 사회에 참가하여 사회적 활동을 원만히 할 수 있도록 지도하여야 한다.

개별화의 원리와 사회화의 원리는 서로 모순되는 것 같지만, 개별화 또는 개성화의 방향이 사회적인 공헌을 전제로 하는 것이기 때문에 모순이 아니고 상보적인 관계를 이루고 있다. 즉, 개개인의 사회적 공헌은 자기의 개성을 통하여 이룩되며 개성의 위치는 사회과정에서 인정받게 되는 불가분의 관계가 있는 것이다.

학습지도에서 사회화의 원리를 구현하는 방법은 다음과 같다(한방교 외, 2002).

① 전인적인 지도의 관점에서 학습의 개별화와 사회화의 균형을 유지해야 하며, 두 원리의 조화를 이루어야 한다. 지나치게 사회화에 중심을 두어 획일적인 지도가 되어서는 안 된다.

② 학교에서의 지도와 가정에서의 지도 사이에 간격이 벌어져서는 안 된다.

③ 사회화의 원리를 실천함에 있어 어떠한 학습 형태를 취하든지 학생 상호 간의 인간관계를 잘 조정해야 한다.

사회화의 학습을 가능하게 하는 학습지도 형태로는 토의법, 분단학습(group study), Buzz학습, 협동학습, 문제해결법, 구안학습법(project method), 자치활동, 동아리 활동 등이 있다.

4. 교수모형

1) 글레이저의 교수모형

글레이저(Glaser, 1962)는 교수의 과정을 하나의 체계적이고 조직적인 체계로 보고 처음으로 교수·학습 과정의 모형을 체계적으로 개발하였다. 그는 교수·학습의 단계를 네 단계로 구분하여 설명하였는데 [그림 5-2]와 같다.

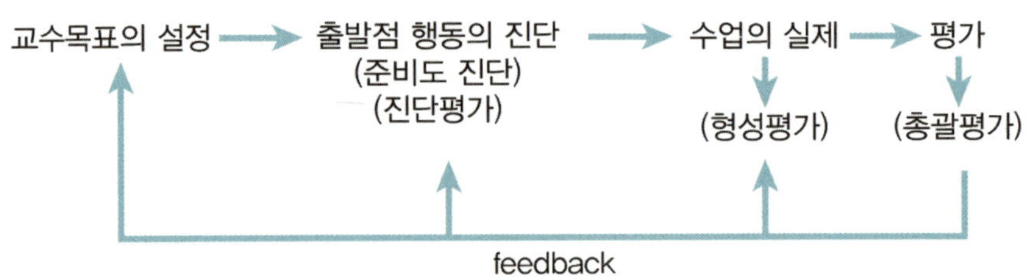

그림 5-2 교수–학습의 단계

이 수업모형의 특징을 살펴보면 ① 개별화 원리, ② 학습자 스스로 알맞게 조정 가능, ③ 자발성의 원리, ④ 수업목표 내용 사실을 구체적 세분 조직화, ⑤ 4가지 과정이 상호작용할 때 큰 학습성취 효과 습득 가능으로 볼 수 있다.

각 수업단계를 살펴보면 아래와 같다.

(1) 수업목표 설정(specification of learning outcomes)

교수-학습 과정을 통하여 학습자가 달성해야 할 것을 구체적으로 세분해 놓은 것을 말한다.

① 교사가 설정

② 학생 수준에 알맞게

③ 수업을 통해서 변화된 학생의 행동 특성 상태

④ 구체적으로 명확히 설정되어야 함

(2) 출발점 행동(entry behavior)

학습에 임하는 학습자의 현 상태를 말한다. 학습자의 지능 · 적성 · 흥미 · 이전 학습에서 어느 정도를 성취했는가, 지금 배울 내용에 대해서는 얼마나 아는가에 대한 것이다.

① 학습의 경향성, 준비성 고려

② 선수학습의 성취 상태 파악

③ 학습성취의 가능성, 자신, 흥미감, 동기유발 촉진

④ 학습의 장애나 결손요인 파악 적절 제거 보충

(3) 수업의 실제(instructional alternatives)

수업목표를 학습자에게 어떤 순서에 따라서 어떤 방법으로 가르칠 것인가의 문제를 다룬다.

① 구체적 수업목표 달성을 위해 구체적 교수 활동 전개

② 학생에게 적극적 학습 동기유발 촉진

③ 완전학습을 위해 가장 중요한 단계

④ 성취도 평가

⑤ 수업 전개 과정의 일부로서 교육목표 달성도를 파악

(4) 평가(evaluation)

교수-학습이 바르게 진행되었는가를 확인하는 것으로, 최초에 설정된 교수목표가 교수 활동을 통해서 어느 정도 달성되었는가를 결정하는 것이다. 이 단계의 평가 활동을 형성평가와 구별하기 위해서 총합평가라고 부르는 것이 보통이다. 총합평가는 학생들에게 최종적인 성적을 내주고 교사들은 스스로 수업의 효율성을 최종적으로 확인하는 단계이다.

이러한 성취도 평가는 feedback 되어 앞선 각 단계의 적정성 여부에 대한 정보를 제공하며 한편으로 다음 단계의 교수과정 설계에 대한 중요한 자료를 제공해 준다. 성취도 평가와 교수 목표는 가장 밀접한 관계를 맺고 있으나 이는 또한 출발점 행동의 제 변인이 올바르게 평가되었는지의 그 적합성에 대한 정보를 제공해 줄 뿐만 아니라 교수 절차와 교수 자료의 적합성에 대해서도 중요한 정보를 제공해 준다.

2) 캐롤의 수업모형 : 학교학습 모형이론

캐롤(Carroll, 1963)의 학교학습모형은 학교 교육 과정에서 행해지고 있는 다양한 형태의 학습 가운데 특히 지적학습과 관련된 중요 변인들을 추출한 다음, 그들 변인 간의 상호관계를 기초로 하여 학교학습의 방안을 조직적으로 체계화시킨 것이다. 그리고 이 학교학습의 모형은 학습의 정도에 대하여 그가 설정한 독특한 명제에서 출발하고 있다. 한 학습자가 달성한 학습의 정도는 그가 주어진 과제를 학습하는 데 필요한 시간을 분모로 하고, 그 과제를 학습하기 위하여 그가 실제로 사용한 시간을 분자로 한 시간 비율에 따라 결정된다는 것이다.

여기서 말하는 학습의 정도란 이미 수업목표에서 설정한 도달기준에 비추어 실제로 성취된 학습 정도를 의미한다. 학습에 필요한 시간은 주어진 학습 과제를 완전히 학습하여 진술된 수업목표까지 도달하는 데 필요한 시간을 의미하며, 학습에 사용한 시간은 학습자가 학습과제에 능동적으로 주의를 집중시켜 학습에 열중한 시간을 가리키며, 학습하는 동안 수동적으로 보낸 시간은 학습에 사용된 시간에 포함하지 않는다.

또한, 그는 분모에 해당하는 학습에 필요한 시간을 결정하는 변인은 적성, 교수이해력, 교수의 질이라 하였고, 분자에 해당하는 학습에 사용한 시간을 결정하는 변인은 학습기회와 지구력이라고 하였다.

$$\text{학습정도(학습성취상태, 교육목적달성상태)}$$
$$= f\left(\frac{\text{학습 사용된 시간}}{\text{학습 필요 시간}}\right)$$
$$= f(\text{교사변인} \cdot \text{학생변인}) = f\left(\frac{\text{분자변인}}{\text{분모변인}}\right)$$
$$= f\left(\frac{\text{학습기회}}{\text{교수의질}} \times \frac{\text{지구력}}{\text{적성} \cdot \text{교수이해력}}\right)$$

그림 5-3 Carroll의 학교학습모형

이와 같은 캐롤의 수업모형을 방정식으로 나타내면 [그림 5-3]과 같다.

캐롤의 학교학습모형에 관계되는 5개 요인을 좀 더 상세히 설명하면 다음과 같다.

(1) 학습 기회

학습 기회란 특정 과제를 학습할 때 학습자에게 실제로 주어지는 시간을 말한다. 교육 평등, 민주성 이념 따라 균등한 학습 참여 기회가 제공되어야 한다. 학습 기회란 교사가 학생들에게 주는 학습할 기회, 학습과제의 학습을 위해 허용되는 시간을 말한다.

(2) 교수의 질

주어진 학습과제를 가장 빠른 속도로, 즉 가장 효율적으로 학습할 수 있도록 제시하는 적절성을 의미하는데 교사가 사용하는 언어의 적절성, 즉 학습자들이 무엇을 어떻게 해야 하는지를 이해할 수 있도록 적절히 설명해 주는 언어의 적절성 그리고 학습자 개개인의 학습자료와 적절히 접촉할 수 있게 하는 것, 즉 학습자료를 포함한 수업 매체들에 적절한 순서로 제시해 주는 것, 그리고 전 수업 과정이 학습자들이 특정한 욕구와 성격에 적절히 조절되는 것을 들고 있다.

이 교수의 질이야말로 학습에 필요한 시간량을 최소화하는 데 있어서 당장 교사가 할 수 있는 유일한 길이다.

(3) 학습지구력(수업에 대한 주의 집중력)

학습지구력이란 학습자가 얼마만큼의 시간을 학습에 투입하기를 원하느냐와 관계된다. 즉 일정학습성취를 위해서 학습활동 전개하는 데 있어 오직 학습성취만을 위해서 전력투구한 시간으로 학습성취 효과를 크게 좌우하는 변인이다.

(4) 적성

적성이란 최적의 수업 조건으로 주어진 과제를 완전히 학습하는 데 필요한 시간을 뜻한다. 어떤 과제를 학습하는 데 적성이 높으면 주어진 과제를 좀 더 빨리 학습해 낼 수 있고 반대로 적성이 낮으면 그만큼 학습하는 데 소요 시간이 길어진다. 즉 학습자가 최상의 학습조건에서 학습과제를 학습하는 데 걸리는 시간으로 교사는 학생의 인지 능력에 따라서 알맞은 속도로 수업을 전개해야 한다.

(5) 교수이해력

학습자가 교사의 교수 내용이나 설명을 이해하는 능력을 교수이해력이라 한다. 다시 말하면, 교사가 수업한 내용을 부담 없이 소화 가능한 능력을 말한다. 이는 학생 수준에 맞는 언어 구사로 교과 내용의 이해를 도와야 한다는 시사점을 제공한다.

캐롤의 학교학습모형에서 다음과 같은 교육적 시사점을 찾을 수 있다. 즉, 수업의 질이 좋으면 그만큼 학습자의 수업 이해력이 높아질 것이며, 수업의 질은 주어진 과제에 대한 학습자의 지속력에 상당한 영향을 미칠 것이다. 한편, 학습 기회와 지속력이 다소 낮다고 할지라도 적성이 높으면 주어진 과제를 일정한 시간 내에 학습해 낼 수 있을 것이다. 그러나 적성이 낮은 학습자에게 주어진 과제를 다른 학습자들과 마찬가지로 일정한 시간 내에 학습해 낼 수 있도록 하려면, 수업의 질을 적절히 조정하여 수업 이해력을 촉진해야 할 뿐만 아니라 학습 기회와 학습에 대한 지속력을 증대시켜야 할 것이다.

3) 블룸의 수업모형 : 완전학습이론(숙달학습이론)

완전학습(숙달학습)이란 한 마디로 학급 내의 약 95%의 학생들이 주어진 학습과제의 약 90% 이상을 완전히 학습해 내는 학습이라고 정의할 수 있다. 블룸(Bloom)은 지금까지 학교 수업에서 약 3분의 1은 충분한 학습을 할 것이고, 또 약 3분의 1은 배우기는 배우지만 충분히 배우지는 못할 것이고 그 나머지는 실패하거나 실패를 모면할 것이라고 기대한다. 또 이러한 기대는 학기가 끝났을 때 불완전학습이 이루어질 것이라는 이상과 같은 기대가 거의 적중된다고 본다. 이러한 결과는 교육의 가장 큰 낭비이며 교사의 사기와 포부를 저하시키고 종래에는 많은 학생에게 부정적인 자아개념을 형성하게 된다.

블룸은 캐롤의 학교학습의 모형을 기본모형으로 하여 완전학습을 위한 수업 전개의 절차를 크게 수업 전 단계, 본 수업단계, 수업 후 단계의 3단계로 구분하고 이를 다시 세분하여 모두 10단계로 구분하였다.

(1) 수업 전 단계

1단계 : 진단평가의 단계로 기초학력의 진단평가단계
2단계 : 기초학습 결함의 보충지도 단계

(2) 본 수업단계

3단계 : 수업목표의 명시 단계
4단계 : 수업 활동이 활발하게 진행되는 수업단계
5단계 : 수업 활동을 위한 보조 활동단계로 여러 가지 자료의 제시
6단계 : 형성평가의 단계
7단계 : 형성평가의 결과에 따라 feedback이 이루어지는 보충학습단계
8단계 : 심화학습과정의 단계
9단계 : 제2차 학습 기회의 단계로 자율적, 협력학습의 기회

(3) 수업 후 단계

10단계 : 총괄평가의 단계로 수업이 종결된 후에 학습의 진전도를 평가한다.

완전학습의 수업과정은 학습결손처리 단계에서 학생들에게 중요한 학습결함이 발견되었을 경우, 이 학생들에게 학습결함의 제거를 위한 적절한 학습 기회가 주어져야 할 것이다. 그러나 학교의 전체 수업 시간 수에 한정이 있기 때문에 일률적인 집단수업을 통해서 학급의 전원을 대상으로 한 학습결함의 교정을 실시한다는 것은 비효율적이거

나 불가능한 경우가 많을 것이다. 따라서 원칙적으로 이런 결함교정을 위한 학습은 자율적인 가정 학습을 통하는 방법을 주로 채택하는 것이 좋을 것으로 짐작된다. 그리고 심화학습과 보충학습 단계에서는 일부의 학생들은 잘 학습하고 있는 반면에 일부의 학생들만이 학습 곤란을 겪고 있는 것으로 판명되면 전자의 학생들에게는 심화·확충 과정을, 후자의 학생들에게는 보충 과정을 주어 각각 상이한 처치를 가하는 것이 이상적이다. 여기서, 보충 과정은 학교의 전체 수업 시간 수에 비추어 부진 학생만을 위한 과외 보충수업이나 적절한 프로그램 교재를 통한 자율적인 가정 학습으로 시행할 수 있다. 이 부진 학생 분단이 보충 과정을 받아 나가는 동안 다른 분단 학생은 다양한 심화, 확충 과정을 받아 나갈 수 있게 함으로써 학습 시간의 낭비가 없도록 해야 한다.

4) 가네의 수업모형 : 학습위계모형

가네(Gagné, 1970)는 그의 저서 '학습의 조건(The Conditions of Learning)'에서 학습법칙과 원리를 분류하고 종합하는 데 네 가지 전제를 제시하고 있다. 첫째, 선행단계 성취될 때 후행 단계 성취 가능, 둘째 모든 학습과제를 구체적으로 세분화하고 조직화, 셋째 하나의 목표가 성취되면 다음 목표 성취, 넷째 학습자의 능력 따라 적절한 교수처방을 해야 한다는 것을 가정하였다.

이상에서 제기된 가정에서 출발한 가네는 학습유형을 각각 신호학습(signal learning), 자극반응 학습(stimulus response learning), 운동 연쇄(motor chaining) 학습, 언어 연합(verbal association)학습, 변별학습(multiple discrimination), 개념학습(concept learning), 규칙학습(rule learning), 문제해결 학습(problem solving learning) 등 여덟 가지로 분류하였다. 이들 유형은 위계가 낮은 것부터 차례로 열거된 것이며 아래 [그림 5-4]에 제시되어 있다.

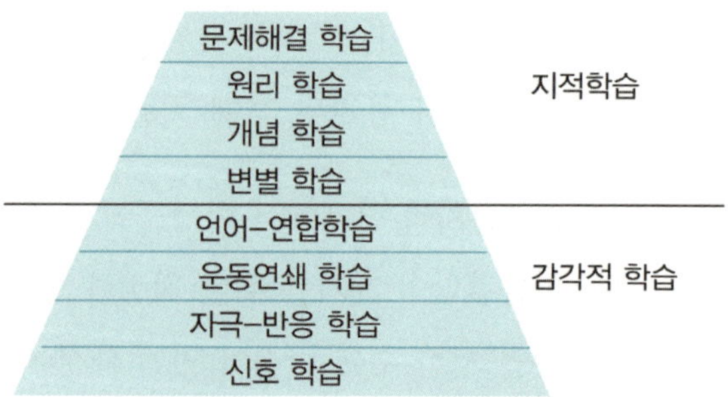

그림 5-4 Gagné의 학습유형

가네(Gagné)에 의하면, 학습과제는 위계적으로 구성되어 있고, 위계 순위가 다른 학습과제는 유형이 다른 학습 형태를 요구하기 때문에 주어진 학습과제를 효과적으로 학습시키려면 무엇보다 먼저 그 학습과제를 면밀히 분석하여 그것을 학습하는 데 필요한 학습유형을 밝히고, 그다음 그것을 위계적 순서에 맞추어 정리해야 한다는 것이다. 또한, 가네는 여러 종류의 학습된 능력을 축적하기 위해서는 각기 다른 학습조건이 수업을 통해 제공되어야 하며, 이러한 수업이 행해지기 위해서는 각 학습 단계에서 학습자를 자극하고 지원해 주는 내적 및 외적 조건이 선행되어야 한다고 주장한다.

여기서 내적 조건이란 선행학습, 학습 동기, 자아개념, 주의집중 등을 말하며, 외적 조건은 자극과 반응의 연결 및 제시 방법, 반복과 연습, 강화계획 등을 가리킨다. 특히 가네는 학습의 결과로 획득된 능력을 학습된 능력이라 하고, 이를 언어적 정보(verbal information), 지적 기능(intellectual skill), 운동 기능(psycho-motor skill), 태도(attitude), 인지 전략(cognitive strategy) 등 다섯 가지 영역으로 분류하였는데, 그 구체적 내용은 다음과 같다.

(1) 언어적 정보

언어적 정보는 자신의 생각을 말할 수 있는 학습된 능력이다. 언어로 표현될 수 있는 정보들로서, 사물의 이름이나 사실에 대한 진위를 언급하는 단일 명제와 그러한 명제들이 유의미하게 조직된 지식을 의미하며, 그 형태는 명제적 지식 또는 선언적 지식으로 표현된다. 이러한 능력은 한 교과 내에서의 계속적인 학습 및 일반적 사고의 발달을 위해서 필요하다.

(2) 지적 기능

지적 기능은 문자나 숫자와 같은 상징적 부호를 이용할 수 있게 되는 개인 내부의 지적 작용을 말한다. 방법적 지식 또는 절차적 지식이라 할 수 있으며, 여러 기호나 상징을 사용하여 환경과 상호작용할 수 있는 능력을 의미한다.

(3) 운동기능

운동 기능은 비교적 단순한 운동 반응 계열이 보다 복잡한 운동으로 통합된 신체적 기능이다. 동그라미 그리기, 네모 그리기 등과 같은 단순한 수준에서 자전거 타기나 피아노 치기 등과 같은 복잡한 수준에까지 이르게 되는 능력을 말하며, 이러한 기능은 장기간의 반복적 연습을 통해서 학습이 잘 이루어질 수 있다.

(4) 태도

태도는 특정한 사물이나 인물에 대한 개인의 반응에 영향을 미치는 학습된 내재적 상태를 말한다. 즉, 여러 종류의 활동 중 어느 것 하나를 선택하는 데 영향을 주는 능력으로서, 대상에 대한 찬성 혹은 반대, 선호 혹은 불호 등 개인의 반응 경향을 말한다. 이것은 연습이나 유의미한 언어적 설명으로 학습되는 것이 아니며, 행동에 대한 보상이나 대리적 강화의 방법이 이러한 능력을 획득하는 데 유효하다.

(5) 인지 전략

인지 전략은 개념이나 원리를 이용하는 지적 기능의 특수한 영역으로 개인 자신의 행동을 지배하는 전략적인 지적 기능이다. 즉, 개인의 학습, 기억, 사고, 행동을 지배하는 내적으로 조직된 기능으로 다시 말하면 '자신의 머리를 활용하는 방법'을 터득하는 것이라 할 수 있다.

여러 종류의 성취 행동은 이 다섯 가지 형태의 학습된 능력의 범주 속에 포함할 수 있으며, 이미 설명한 바 있는 여덟 가지 학습유형은 지적 기능영역의 과제를 학습하는 데 주로 적용된다. 이처럼 인간의 학습된 능력을 다섯 종류로 나눌 때 학습된 능력에 따라 학습조건 또는 수업 사상이 달라져야 한다는 것은 물론이고, 학습 결과 역시 다섯 가지 유형으로 구별될 수 있다는 것이다.

따라서 효과적인 교수를 위해서는 무엇보다도 주어진 학습 과제를 학습위계에 따라 하위 학습과제들로 분석하고, 학습자가 그 과제를 학습하는 데 필요한 선행학습력, 즉 내적 조건을 어느 정도 갖추고 있으며, 이를 새로운 과제의 해결에 얼마나 재생하여 활용할 수 있는지를 파악하여, 이를 토대로 적절한 외적 조건을 마련하여 제시해 주어야 한다.

가네(Gagné, 1977)는 자신의 교수이론을 다음과 같이 제시하고 있다.

교수의 첫 단계에서 교사가 할 일은 학생의 주의를 환기시키고 통제하는 것이다. 다음 단계는 학습자에게 학습과제의 목표, 즉 교수목표를 알려주고 학습자의 호기심을 자극하거나 동기를 유발해 학습에 대한 기대감을 높이도록 해야 한다. 이때 교사는 학습자와 언어적 대화를 통하여 학습자가 학습한 후에 할 수 있는 성취 행동을 말해 줄 필요가 있다. 왜냐하면, 교사의 이러한 행동은 학습자에게 자신이 새로운 능력을 습득할 수 있고 그것이 자기 효율성에 기여할 수 있다는 기대(expectancy)를 확립해 주기 때문이다. 학습자가 주의를 집중하고 적당한 기대감을 갖게 되면 교사는 학습자가 새롭게 학습할 내용과 관련된 기존의 지식을 상기할 수 있도록 자극한다. 그리고 학습자의 기존지식과 관련하여 학습할 성취 행동의 방향을 결정하는 데 도움이 되는 자극으로서의 다양한 교수 자료를 제시한다. 즉, 새로운 학습과제에 내재한 자극을 학습자에게 제시하는 것이다.

교사는 기존지식 중에서 중요한 부분을 요약하여 제시한다. 이때 새로운 정보가 학습자의 단기기억이나 작동 기억 속에 받아들여진 상태이므로 장기기억에 저장하기가 용이해진다. 이 시점에서 교사는 적절한 학습지도를 수행한다. 학습지도를 수행한 후 제공한 정보를 학습자가 올바르게 이해하고 있는지를 확인하기 위해 학생들의 반응을 점검한다. 학습자의 반응에 대해 교사는 학습자의 이해 정도를 점검하고, 강화를 주거나, 교정을 해주는 등 결과에 대한 피드백 활동을 수행한다. 피드백을 제공한 후 성취 행동을 다시 평가하고 분석한다. 평가한 후에는 평가 결과를 기초로 하여 전이력 또는 일반화 능력을 높이기 위한 활동을 제공한다. 끝으로, 교사는 학습자가 새로운 상황에서 학습한 지식을 적용하고 인출할 수 있도록 다양한 상황에서 연습시켜야 한다. 즉, 과제의 소단원이나 대단원이 끝나면 교사는 그 자료를 다시 복습시켜야 한다. 학습 내용의 전이나 파지는 연습이나 복습에 의해 촉진될 수 있기 때문이다.

CHAPTER 06

강의식 수업

1. 강의법이란?
2. 강의 순서
3. 강의법의 장 · 단점
4. 강의식 수업 보충 방안으로서의 판서

■ **학습개요**

- 강의법은 좀 더 지식이 많은 사람이 지식이 적은 사람에게 지식을 전달해 주는 교수 방법 중의 하나이다.
- 강의 순서는 준비, 전달, 마무리 단계로 나눌 수 있다.
- 강의법은 장점이 많은 반면 단점도 많기에 단점을 잘 극복할 수 있어야 한다.
- 강의법의 효과를 최대화하기 위해 판서를 잘 활용한다.

■ **학습목표**

1	강의법에 대하여 정의하고 강의법이 적합한 경우를 설명할 수 있다.
2	강의의 3단계를 이해하고 적용할 수 있다.
3	강의법의 장점을 이해하고 단점을 분석할 수 있다.
4	강의식 수업 보충방안으로서의 판서에 대하여 이해하고 현장에서 적용할 수 있다.

■ **읽을거리 : 내가 만난 훌륭한 교사**

훌륭한 교사란 정말 대단하거나 거창한 자가 되는 것이 아니다. 유명한 대학을 졸업하여 좋은 학벌을 가졌다고 되는 것이 아니요, 돈이 많다고 되는 것도 아니요, 외모가 잘 생겨서 되는 것도 아니요, 학생들에게 인기가 많다고 되는 것도 아니다.

나의 학창 시절을 떠올려보면 가장 기억에 남는 선생님 두 분이 계신다. 한 분은 중1 때 영어 선생님이시다. 난 초등학교에서 중학교로 올라올 때 심한 사춘기와 환경의 변화로 학교에 적응을 잘하지 못하였다. 영어란 과목은 더욱더 심했다. 다른 아이들은 초등학교 때 이미 영어를 공부하고 올라왔는데, 난 중학교 올라와서 처음으로 배우는 거라서 따라잡기가 더 어려웠다. 선생님의 수업은 대부분 활동적이었다. 일어나서 발표하고, 발표를 많이 하면 상을 주고, 조별로 게임도 하고, 팝송도 부르고, 연극도 하였다. 영어란 과목이 정말 재미있었다. 선생님은 나를 비롯해 잘못 따라가는 아이들을 모아서 보충수업도 해주시고, 뒤에서 많이 챙겨 주셨다. 그분으로 인해 학교 가는 것이 즐거웠고, 영어 공부가 재미있었다. 2학년 올라가면서 영어로 편지를 써서 선생님께 드렸다. 비록 말도 잘 안 되고 문법도 맞지 않았지만, 선생님께서는 감동하시고, 나를 꼬옥 안아 주셨다. 그리고 답장을 받았는데 밑에 "Love Bo-ram, Excellent!!!"라고 쓰여 있었다. 선생님은 항상 칭찬해주셨다. 내가 잘하든 못하든 상관없이 언제나 칭찬을 해주시고 용기를 주셨다. 그때 나는 영어가 좋기보다 선생님께 칭찬받고 싶어서 더 열심히 공부했었다.

다른 한 분은 고1 때 수학 선생님이시다. 새 학기가 시작되고 봄 햇살이 따뜻하게 비추던 날, 나는 수학 시간에 졸았다. 선생님은 화나셔서 나의 손바닥을 때리고 뒤에 가서 수업을

듣게 했다. 며칠 뒤 난 수학 선생님께 또 혼났다. 그 이유는 고등학교 1학년 입학선물로 핸드폰을 선물로 받은 나는 너무 좋아서 수업 시간에 핸드폰을 갖고 놀다가 걸린 것이었다. 역시 또 맞고, 반성문을 빽빽하게 써서 제출해야만 했다. 방과 후에 선생님께서 방으로 오라고 해서 갔는데, 선생님이 약을 발라주시면서 "많이 아팠지?"라고 말하면서 나를 위로해 주셨다.

그런데 선생님이 그 이후로 수업 시간에 나만 시키시는 것이었다. 칠판에 주어진 문제를 앞에 나와서 푸는 것이었다. 난 아이들에게 창피하지 않도록 밤을 새워서 수학 공부를 하고, 모르는 것은 선생님을 찾아가서 배우고 해서 수학 시험에서 100점을 받게 되었다. 선생님은 나보다 더 좋아해 주시고, 기뻐해 주셨다.

두 분은 내가 힘들 때, 어려워할 때 그 문제를 해결해주시고, 도와주시고, 힘을 주셨다. 그리고 나를 변화시켜 주시고, 나의 잠재력을 발견하고 끌어낼 수 있도록 도와주셨다. 영어와 수학은 나에게 어려운 과목이었지만, 그분들 덕분에 가장 재미있고, 좋아하는 과목이 되었다. 언제나 칭찬을 아끼지 않으시고 '너도 할 수 있다'라는 용기를 주시고 밀어주셨다. 나는 이분들이 진정 훌륭한 교사가 아닌가 생각한다.

박완성(2012). 신세대 교사를 위한 교직실무의 이론과 실제. 서울: 학지사. PP. 52-53.

■ **생각해보기 / 토론해보기**

1. 내가 생각하는 훌륭한 교사는 어떤 선생님인가?
2. '수업 시간에 잘 가르치는 선생님은 어떤 선생님인가?'에 대하여 친구들이나 그룹원들과 내 생각을 나눠보자.

1. 강의법이란?

정보화 시대에 있어서, 학생들이 더 많은 지식을 갖는 것은 매우 중요하다. 강의법은 학생들에게 지식을 전해 주는 가장 보편적인 한 방법이다. 강의법은 좀 더 지식이 많은 사람이 지식이 적은 사람에게 지식을 전달해 주는 교수방법 중의 하나이다. 강의법은 교사가 주로 설명하고 학생들은 듣고 노트를 하는 수업을 방법을 말한다. 정도의 차이는 있지만, 대학생이나 고등학생의 경우는 학생들의 참여가 거의 없이 교수 주도적으로 강의가 진행되기도 하고 초등학교 저학년의 경우에는 토론, 질문 등의 방법과 함께 강의가 진행될 수도 있다.

강의법은 작은 집단뿐만 아니라 큰 집단에도 사용할 수 있으며, 특별한 교육기자재가 필요하지 않아 경제적이다. 강의에 따라 다르지만 다른 교수방법에 비해 비교적 준비가 덜 필요하여 가장 일반적으로 많이 사용되고 있다.

그러나 강의법이 편의성과 경제성에서 큰 이점이 있지만, 교사 학생 간의 상호작용이 없어 수업을 지루하게 만들 수 있다. 학생이 교사의 설명을 한번 놓친 경우에는 다시 따라잡기가 쉽지 않다. 특히 주의집중 시간이 짧은 학생들의 경우에는 더욱 학습효과가 떨어질 수 있다.

강의는 주로 언어적 설명으로 이루어지나 강의 중 교수자료를 보여주면서 설명을 하면 더욱 효과적이다. 예를 들어, '계절이 왜 변하는지?'에 대해 강의를 할 때, 사계절에 대한 사진을 보여주기도 하고, 또는 지구본을 보여 주면서 설명을 할 수도 있다. 게이지와 벌리너(Gage & Berliner, 1998)는 강의법이 적합한 경우를 다음과 같이 정리하고 있다.

- 정보를 전달하는 것이 주목적일 경우
- 정보를 접하기가 쉽지 않은 경우
- 정보를 특정 집단에게 전해야 할 경우
- 한 주제에 대한 흥미를 불러일으켜야 할 경우
- 짧은 기간 동안 정보를 기억해야 할 경우
- 다른 학습과제를 설명해야 하는 경우

2. 강의순서

1) 준비

강의는 준비, 전달, 마무리의 세 부분으로 나눌 수 있다. 강의를 시작하기 전에 먼저 주제와 교수목표를 설정한다. 이렇게 한 다음, 여러 교수 방법 중 강의법이 가장 좋은 방법이라고 생각이 되면, 강의할 내용에 대한 교수 자료를 수집하여 구조화하여야 한다. 또한, 학생들이 정보를 이해하기 쉽게 전달하기 위해서 다음과 같은 시청각 자료들을 언제 어떻게 사용할 것인지에 대한 계획도 세워야 한다.

1. 유인물
2. Over Head Project(OHP)
3. 그림, 포스터, 사진
4. 비디오
5. 지도, 도표, 지구본
6. 실물
7. PPT와 빔프로젝터

위와 같이 교수 목표 설정, 교수 내용 구조화, 시청각 자료 활용 계획 등이 결정되면, 학생들에 대해 준비를 해야 한다. 학생들은 흥미, 성격, 지적 능력 등이 다양하다. 이런 학생들에게 새로운 개념을 어떻게 가르칠 그것인가에 대해 준비도 해야 한다.

2) 전달

학생들에게 교과 내용을 전달하기 위해서는 (1) 학생들의 주의를 끌고, (2) 어떤 내용을 배우게 될 것인지, (3) 무엇을 하게 될 것인지, (4) 수업이 끝난 후 무엇을 할 수 있게 될 것인지를 알려주고, (5) 중요한 내용을 강조하고, (6) 학생들이 이해했는지를 점검하고, (7) 복습을 위한 질문을 하고, (8) 요점을 정리해주는 순서를 따를 수 있다.

예를 들어가면서 좀 더 상세하게 전달하기 위해서는 다음과 같은 절차를 따를 수도 있다 : (1) 학습 목표를 제시, (2) 선행조직자를 사용(새로운 정보를 학생들이 이미 알고 있는 내용과 연결), (3) 정보를 체계적으로 제시, (4) 질문을 통해 학생들과 활발한 상호작용, (5) 일반적인 아이디어에서 구체적인 아이디어로 옮겨감, (6) 새로운 개념이나 아이디어를 가르칠 때, 예나 비예(틀린 예)를 들어가면서 설명, (7) 학생들에게 배운 것을 활용할 수 있는 기회를 제공한다.

교실 현장에서 실제로 강의가 이루어지는 과정을 좀 더 구체적으로 설명해 본다.

(1) 학생들과 라포(rapport) 형성

학생들 앞에서 강의를 시작하기 전에 라포를 형성해야 한다. 간단한 이야기나 농담은 학생들의 흥미나 라포를 형성하는 데 도움이 된다. 학생들은 먼저 인간적인 관계로 교사를 대하다 차츰 교수하고 학습하는 관계로 옮겨가므로 라포의 형성은 매우 중요하다.

(2) 주요 교육 활동 미리 생각

미리 강의 중 활용할 교육 활동에 대해 생각해 둔다. 수업 중 어느 시점에 어떤 활동을 하고 어떤 교육 기자재를 제시할 것인지를 생각한다. 특별한 경우를 제외하고 강의노트를 보지 않고 강의를 하여야 하며, 학생들의 흥미나 필요에 따라 임기응변적으로 교수 자료를 자연스럽게 잘 사용해야 한다.

(3) 강의 시간 통제

예외는 있지만, 교사가 적게 말을 할수록, 학생들이 말을 많이 하고 강의도 더욱 효과적으로 될 수 있다. 교사가 말을 많이 하므로 학생들이 수동적으로 되어 결국은 그들이 지루함을 느끼게 된다. 초등학생들은 3~5분, 중학생들은 5~10분, 고등학생들은 10~15분의 설명이 적합하다. 설명 시간을 짧게 하고, 질문, 토론, 학생활동, 교수자료 제시 등의 방법을 활용한다.

(4) 학생 동기부여

학생과 관련이 있는 강의는 학생들에게 동기를 부여한다. 따라서 관련성을 확보하기 위해서, 학생의 나이, 능력, 교육 경험, 환경, 흥미, 요구, 장래 목표, 희망 직업 등을 고려해야 한다. 학생들이 강의가 자신들과 관계가 있다고 생각하고 흥미가 있을 때, 내적 동기를 가지게 되고 성공할 가능성이 커진다.

(5) 교수 구조와 계열 구성

설명을 두서없이 하게 되면 학생들은 혼란스러워한다. 주요 개념이나 어려운 아이디어들을 논리적인 순서로 학생들에게 설명해 준다. 이때 예나 질문들을 사용하면 더욱 더 효과적이다. 수업내용이 전체적으로 일관성이 있도록 구체적인 내용을 설명해 준다. 교사가 잘 구조화된 수업을 진행하려면 구체적인 내용이 논리적으로 연결하게 하고, 그 내용을 단순하고 명확하게 학생들에게 설명해 주어야 한다.

(6) 선행조직자(advanced organizer) 활용

교사는 학생들이 수업 중에 배우게 될 내용에 대한 선행조직자를 미리 제시해 준다. 학생들은 이 선행조직자를 통해 배울 내용에 대한 윤곽을 파악하고 어느 부분에 주의를 기울일 것인지, 어떻게 학습할 것인지에 대한 학습전략을 생각하게 된다.

(7) 명확한 설명

명확한 설명은 학생들이 쉽게 이해할 수 있도록 도와준다. 교사가 강의 중 피해야 모호한 표현은 다음과 같다.

- 애매한 방향 제시: 저쪽 어딘가
- 개략적인 수 표현: 약, 거의, 대충
- 허세 부리는 표현: 여러분도 알다시피, 어쨌든
- 추측하는 표현: 분명하지는 않지만, 아마도
- 불분명한 양 표현: 두서너 개, 서너 개, 몇몇

(8) 교수자료 활용

교과 내용과 관련된 시청각 자료는 강의를 더욱 효과적으로 만들고, 학생들의 이해를 돕는다. 특히 어린 학생일수록 시청각 교수 자료들이 더욱 효과적이다.

(9) 노트하기

고등학생과 대학생의 경우 4대1의 비율로 노트를 한 학생들의 성적이 우수했다. 노트하기는 기억을 보충해 주고 효율적으로 복습하는 것을 도와준다. 따라서 교사의 설명을 놓치지 않고 효과적으로 중요한 부분을 노트하는 방법을 학생들에게 가르쳐 주어야 한다. 노트하느라 교사의 설명을 소홀히 해서는 안 된다는 것을 학생들에게 설명해 주어야 한다.

(10) 정리

교수 내용을 요약하여 설명하여 주고, 학생들에게 주요한 내용에 관해 설명하거나 예를 들거나 관련 문제를 풀도록 요구하여 학생들 스스로 내용을 정리할 기회를 준다. 마지막으로 배운 내용과 관련한 과제를 내어주므로 수업을 마친다.

3) 마무리

수업을 시작하기 전에 제시했던 학습 목표를 중심으로 학생들이 수업 시간에 배운 내용을 요약하여 설명해 준다. 학생들이 반드시 이해해야 하는 개념, 사실, 전체적인 개요 등을 간략하게 설명한다. 그런 다음 학생들이 이미 알고 있는 내용과 이번 수업 시간에 배운 내용을 연결시켜 설명한다.

마지막으로 학생들이 얼마나 이해했는지를 점검한다. 학생들이 수업 시간에 배운 내용을 적용, 분석, 종합, 평가 등의 고차원 인지 수준에서 활용할 수 있는지를 확인한다.

훌륭한 강의의 조건들을 요약하면 <도표 6-1>과 같다.

도표 6-1 훌륭한 강의 조건

1. 준비
   - 주제 선정
   - 일반적 목표설정
   - 구체적 학습 목표설정
   - 학습 내용 수집하여 연구
   - 교자재 사용 계획
   - 강의계획

2. 전달
- 학생들의 주의를 끈다.
- 학생들에게 학습목표를 말한다.
- 수업 후에 학생들이 무엇을 할 수 있게 될 것인지를 말한다.
- 학생들의 장기기억 속의 정보와 새로운 정보를 연결하게 한다.
- 정보를 차근차근 제시한다.
- 일반적인 내용에서 구체적인 내용으로 설명한다.
- 중요한 내용은 강조하여 설명한다.
- 적절한 예나 그림을 될 수 있는 대로 많이 사용한다.
- 다양한 시청각 교재를 많이 사용한다.
- 학생들에게 질문을 하여 학생들의 이해 정도를 점검한다.

3. 마무리
- 중요한 내용을 복습하거나 요약해 준다.
- 기존의 지식에 새로 배운 지식을 첨가하도록 도와준다.
- 새로 배운 지식을 고차원의 인지 수준에서 사용할 수 있는가를 점검한다.

3. 강의법의 장·단점

강의법은 교육 활동의 역사와 함께 시작되었다. 많은 교수 방법 중에서 가장 편리하기 때문에 오늘날에도 가장 많이 사용되고 있는 방법이다. 이 강의법의 장·단점을 살펴보면 다음과 같다(오성삼 외, 1998).

1) 장점

- 학습 내용의 사건이나 사실을 입으로 전할 수 있다.
- 문자, 어구, 문장 등의 해석을 통하여 전달할 수 있다.
- 새로운 제재(단원)를 도입하는 데 효과적이다.
- 학습 흥미를 환기시키고 학습 동기를 유발시키는 데 효과적이다.
- 강의법을 잘 활용하면 사실이나 사건을 생생하게 표현하여 학생들이 쉽게 이해할 수 있는 심리적인 교육 효과를 얻을 수 있다.
- 시간이 절약되므로 학습경제상 유리하다.
- 학습 보조 자료를 제시하는 데 유리하다.

- 전체적인 전망을 제시하는 데 유리하다.
- 교과서 사용을 통하여 교과서의 결함을 명백히 알 수 있으므로 교과서를 재조직하고 보충하는 기회와 수단으로 활용할 수 있다.

2) 단점

- 교과서의 설명에 그치면 시간만 낭비하게 된다.
- 학습 과제의 주제에서 유리되어 학습 문제의 지엽, 말단의 문제에 구애될 염려가 있다.
- 수업 진행에서 지나치게 받아쓰기 연습에 치중된다. 이것은 하급 학교 학생이나 지능이 낮은 학생에게 상당한 부담을 준다.
- 학습자가 강의의 내용을 분석할 수 없고, 또 강의내용에 대한 중점을 요약하지 못하는 경우가 많아진다.
- 학습자의 능동적인 활동의 기회를 빼앗고 수동적인 학습 형태로 이끄는 경향이 많다.
- 학습자가 문제해결에 대한 능력을 연마하는 데 필요한 기회를 충분히 줄 수 없다.

4. 강의식 수업 보충 방안으로서의 판서

강의 속에서 판서는 교수-학습하는 과정에서 강의내용 자체를 구조화시키고 통합시킨 흔적이라고 볼 수 있다. 강의 시간 중 많은 학습자는 강의하는 사람의 판서 내용을 주의 깊게 보고 또 필기한다. 이러한 과정에서 학습자는 강사가 설명하고 이야기하는 강의의 핵심을 시각 활동을 통하여 자신이 머릿속에 정착시키게 된다. 따라서 강의법의 효과를 최대화하기 위해 판서를 잘 활용한다면 교수-학습의 결과는 좀 더 증대되리라 여겨진다.

판사의 일반적인 요령과 기법을 살펴보면 다음과 같다(변영계 외, 2007).

1) 판서는 사전에 미리 계획을 세워서 시행하여야 한다.

2) 판서는 강의의 내용을 쉽게 이해할 수 있도록 간략하게 요약하여 제시하는 것이

좋다.

3) 글자는 학습자가 알아볼 수 있도록 크고 바르게 적는 것이 좋다.

4) 강의내용을 한꺼번에 너무 많이 적지 않는다.

5) 판서하는 중에도 가끔 돌아서서 학습자와 한 번씩 눈을 맞추면서 적는다.

6) 색분필을 적절하게 사용한다.

7) 강의내용 중 어떤 내용을 칠판에 쓸 것인지 위치를 미리 정해 둔다.

8) 판서하면서 학습자에게서 너무 오랫동안 등을 돌린 채로 있지 않는다.

9) 판서를 하기에 앞서 학습자에게 노트할 시간을 줄 것임을 미리 이야기하고 강의 종결 5~10분 전에 반드시 필기할 시간을 따로 준다.

10) 판서는 가급적 지우지 않고 한 칠판에 강의내용을 다 기록할 수 있도록 하는 것이 좋다.

CHAPTER 07

토의 · 토론법

■ **학습개요**

- 토의 · 토론은 합리적, 창의적 의사결정을 하기 위해 꼭 필요하며, 어떤 문제에 대하여 각자의 의견을 제시하고, 협의하여 의견의 일치나 결정을 하는 활동이다.
- 토의 · 토론에는 규칙과 금기가 있으며, 본질적 성격에는 9가지(호의, 참여, 주의, 겸손, 상호의존성, 숙고, 감사, 희망, 자율)가 있다.
- 토의 · 토론의 원리에는 합리성, 화목과 질서, 진실성, 자유, 행동, 타인에 대한 존중이 있으며, 단계로는 토의 전 단계, 토의 중 단계, 토의 후 단계로 나눌 수 있다.
- 토의 · 토론 수업은 학생들의 논리적 사고력, 문제해결력을 증진해 줌은 물론, 자기 표현력을 향상시키고, 타인의 의사를 존중하는 민주시민의 태도를 함양할 수 있다.
- 토의 · 토론의 유형에는 원탁토의, 배심토의, 공개토의, 심포지엄, 대담토의, 세미나, 버즈토의, 브레인스토밍 등이 있다. 토의 · 토론을 활용하여 수업하는 방식에는 브레인스토밍/포스트업, 희망열거법, 유사성 도표, 브레인라이팅, 월드카페 등이 있다.

■ **학습목표**

1	토의 · 토론의 개념을 알고 수업의 필요성 이해한다.
2	토의 · 토론의 규칙과 금기에 대하여 알하고 본질적 성격 9가지를 이해한다.
3	토의 · 토론의 원리와 과정을 알고 그 진행단계를 이해한다.
4	토의 · 토론 수업의 교육적 가치에 대하여 이해하고 공감한다.
5	토의 · 토론의 다양한 유형에 대하여 이해하고, 실제로 수업에 활용할 수 있다.

■ 읽을거리 : 다양성이 능력을 이긴다(diversity trumps ability)

어쩌면 지식의 발전은 생각이 부족한 사람들과 무지한 사람들을 지속해서 유입하는 데 달려 있는지도 모른다. 반드시 적절한 교육을 받은 사람들만 경쟁에서 승리하는 건 아니다. 미국 조직이론가 제임스 마치(James March, 1928~)의 말이다. 미국 저널리스트 제임스 서로위키(James Surowiecki)는 『대중의 지혜(The Wisdom of Crowds)』라는 책에서 마치의 주장에 기대어 다양성의 장점을 다음과 같이 역설했다.

"너무 유사한 집단은 새로운 정보를 논의하지 않기 때문에 새로운 것을 배우기 어렵다. 동질적인 집단은 구성원들이 잘하는 일에는 뛰어나지만, 대안을 탐색하는 능력은 점차 떨어지게 된다. 그런 그룹은 구성원들이 가진 것을 활용하는 데 너무 시간을 많이 쓰는 반면 다른 것을 탐색하는 데는 충분히 시간을 쏟지 않는다. 비록 경험이 부족하고 덜 유능한 사람이라 하더라도 새 구성원을 조직에 포함하면 조직이 더 현명해질 수 있다."

하버드 비즈니스 스쿨 졸업생들은 지독한 실패작이다. 미국은 세계에서 가장 다양성이 강한 나라인데도 하버드 비즈니스 스쿨은 엘리트주의적이고 동질적인 미국을 대변하고 있기 때문이다). 이상은 1980년대 말 피터 드러커가 다양성의 가치를 강조하면서 한 말이다. 각기 다르면서도 최상의 조화를 이루는 심포니 오케스트라가 가장 이상적인 조직 모델인데 반해, 하버드 비즈니스 스쿨은 학생들의 출신 배경에서부터 스쿨의 의식 · 행태에 이르기까지 너무 획일적이라는 것이다. 2009년 3월 블룸버그통신은 아이비리그 MBA 출신들의 터무니없는 자신감이 최악의 금융위기를 키웠다고 지적했다.

기술자이자 기업인이면서 음악가인 스콧 페이지(Scott Page)는 『차이(The Difference)』(2007)에서 온라인과 오프라인 모두에서 "다양성이 능력을 이긴다(Diversity trumps ability)."며 다음과 같이 말한다. "최고의 문제 해결자들에게는 비슷한 성향이 있다. 따라서 그들이 집단으로 모여 있을 때나 문제해결 능력에서는 거의 차이가 나지 않는다. 하지만 무작위로 모아놓았을 때 문제 해결자 집단은 다양한 성향을 띠게 된다. 이런 다양성은 그들을 집단으로 더 뛰어나게 만들어준다."

자료: 강준만(2015). 재미있는 영어 인문학 이야기 3. 서울: 인물과 사상사.

■ 생각해보기 / 토론해보기

1. 나의 성격의 장점(강점)은 무엇인가?
2. 토의 · 토론에서 다양성은 문제해결을 위한 장점인가, 아니면 장애물인가?

인간은 사회적 동물이다. 따라서 의견이 다른 타인과 의견을 조율하며 살아가게 된다. 이때 사용되는 방법이 토의와 토론이다. 이처럼 토의(토론)는 인간 사회가 존재한 이래로 계속 사용되어 왔다. 집단의 의견을 창출할 수 있고 학생들의 자발적, 능동적 참여를 높여 주는 효과적인 교수 방법의 하나다. 그러나 교사가 준비해야 일들이 많고 학생들이 아직 토의(토론)에 익숙하지 않아 교육 현장에서 기피되어 왔다. 교사들이 토의(토론)를 통한 교수 방법을 교실 현장에 적절히 잘 활용하므로 학습효과를 높일 수 있을 뿐만 아니라 학생들이 사회생활을 할 때 타인과 의견을 조율하며 살아가는 삶의 지혜도 얻게 될 것이다.

토의(토론)는 사람들이 서로 간의 말을 주고받는 집단적 상호작용의 한 형태이다. 각자 한 주제에 대해 다른 관점을 가지고 있다. 이런 다양한 관점들을 타인과 공유함으로 의문을 제기하고 수정하면서 자신의 관점을 발전시켜 나가게 된다.

사람들은 타인들과 의견을 나누는 과정을 통해서 의문에 대해 더 만족스럽고 새로운 답을 얻게 된다. 타인들의 관점이나 질문에 의해 더 깊이 사고하게 되고, 자신의 관점을 새롭게 평가하여, 결국 더 현명한 결론에 도달하게 된다.

김영우(1991)는 토론이란 견문이 넓은 사람 간에 의견을 상호 교환하는 하나의 규칙적 협의 수단으로, 상호 관심을 갖는 문제에 접근하여 적절한 해결책을 모색하기 위해 협력적 체제 속에서 활동하는 둘 또는 둘 이상의 사람이 각자의 사상과 감정, 의지, 정보, 아이디어 등을 조직적으로 공유하는 것이라고 했다.

사람들은 자신들이 이미 알고 있는 주제에 관해서는 토론을 하지 않는다. 자신의 관점이 불분명하거나 아직 결정되지 않았을 때 토론을 하게 된다. 따라서 토론은 공통적인 의문에 대한 집단적인 문제 제기다. 구성원들은 함께 공통 관심사에 대해 의문을 제기하고 답을 얻기 위해 서로 다른 관점들을 교환함으로써 논점이 되는 문제들에 대한 지식이나 이해, 평가나 판단, 그리고 결정, 결의, 행동 등을 조장하는 것을 말한다(Dillon, 1997).

1. 토의 · 토론 수업의 필요성

토의 · 토론 수업의 필요성에 대하여 정문성(2021)은 다음과 같이 말하고 있다.

첫째, 민주시민의 필수 조건으로 합리적, 창의적 의사결정과 사회적 행동을 해야 한다.

둘째, 사고력을 신장시킬 수 있는데 다양한 관점의 지지를 받는 방법이다. 인지론(인지발달론, 인지정교화론), 탐구공동체론(자발적 학습이 일어나는데 상호작용으로 인지와 정의적 피드백을 가져오며 이는 객관적 사고로 발전할 수 있다.), 사회적 구성주의와 협동학습론(토의 토론으로 지식 구성, 긍정적 상호의존성 활용), 집단 사고의 효율성(정확성, 합리성, 창의성), 고급 · 저급 사고 모두에 교육적 효과가 있다.

셋째, 도덕 발달과 태도 변화를 가져올 수 있다. 도덕적 딜레마에 대한 토의와 토론으로 도덕적 상위단계로 발달할 수 있으며, 정의적 피드백을 통한 태도와 실천에 기여할 수 있다.

넷째, 수업 참여도가 증가한다. 외로운 수행자(교사)와 수동적 청자(학습자)에서 몰입하는 참여자(학생)로 변화한다. 또한, 수업에서 몰입 시간이 증가한다.

2. 토의 · 토론의 개념

토의(Discussion)란 여러 사람이 정보와 의견을 교환하여 결론을 얻는 방법이다('주의 깊게 검사하다'라는 의미임). 즉, 토의는 어떤 문제에 대하여 각자의 의견을 제시하고 협의하여 의견의 일치나 결정을 하는 활동이다. 나눔의 과정을 통하여 창의력을 향상시킬 수 있다.

토론(Debate)이란 서로 다른 주장을 논증과 실증으로 정당화하여 상대를 설득하는 방법이다('분리되어 싸운다'는 의미임). 즉 토론이란 어떤 문제에 대하여 각자의 의견을 내세워 그것의 정당함을 논하되, 의견의 일치나 결정은 하지 않는 활동이다. 설득의 과정을 통하여 논리력을 향상시킬 수 있다.

토의와 토론을 비교하면 다음 <표 7-1>과 같다.

표 7-1 토의와 토론의 비교

토의	구분	토론
합의가 필요한 주제	주제의 성격	선택이 필요한 주제
최선의 결과 도출	목적	대안의 우열을 가림
주장이 같아도 됨	참석자(2명 이상)	주장이 달라야 함
정보나 의견 교환	상호작용	논증과 실증
규칙이 없거나 느슨함	규칙	엄격한 토론 규칙
특별한 제한 없음	말하기와 듣기	공평성을 위해 제안
창의성	필요한 능력	논리성

3. 토의 · 토론의 규칙과 금기

(1) 토의 · 토론의 규칙

- 모든 사람에게 말할 기회가 주어진다.
- 모든 사람에게 차례로 의견을 물어볼 수 있다.
- 모든 사람은 의견을 공유한다.
- 다른 사람의 발표를 잘 들어야 한다.
- 다른 사람의 의견을 존중한다.
- 누구나 대안을 낼 수 있다.
- 자신의 의견을 수정할 수 있다.
- 같은 팀이라고 생각하고 토의 · 토론을 한다.
- 왜 그렇습니까? 찬성합니까? 어떻게 생각합니까? 당신의 의견은 무엇입니까? 등 분명한 질문을 해야 한다.

(2) 토의 · 토론의 금기

- 논리보다 감정에 호소한다.
- 내용보다 사람을 비판한다.

- 사견을 전체 의견처럼 말한다.
- 토론의 규칙과 질서를 경시한다.
- 논리보다 개인적 권위의 영향력을 사용한다.
- 타당성과 신뢰성이 떨어지는 논거를 사용한다.

4. 토의·토론의 본질적 성격 9가지

토의·토론의 본질적 성격 9가지는 다음과 같다(Brookfield & Preskill, 2005).

(1) 호의(Hospitality)

토의·토론에 초청받았다는 느낌을 말한다. 주로 토의·토론의 시작 시간에 중요한 역할을 한다. 참여자가 서로의 아이디어나 관점을 서로 수용할 뿐만 아니라 자유롭게 비판하는 분위기를 조성하게 한다.

(2) 참여(Participation)

민주적 토의·토론의 가장 강력한 힘은 많은 사람의 참여이다. 이는 참가자들이 다양한 아이디어나 관점의 도전을 받을 수 있기 때문으로 이로써 학습자들은 풍부하고 의미 있는 학습경험을 하게 된다.

(3) 주의(Mindfulness)

토론자의 말에 주의집중을 하지 않는다면 토의·토론은 무의미한 활동이 된다.

(4) 겸손(Humility)

발표자에게 주의하는 것과 밀접한 관계가 있다. 겸손해야 주의해서 발표를 경청할 수 있기 때문이다. 겸손은 자신의 지식과 경험이 제한적이라는 것을 인정하고, 다른 사람을 통해 배우겠다는 자시이며, 겸손은 진리를 발견하기 위한 첫 발걸음이 된다.

(5) 상호의존성(Mutuality)

적극적 토의 · 토론 참여가 서로에게 유익하다는 태도를 보이기 위해서는 긍정적 상호의존성이 있어야 한다. 즉 학습공동체가 되어 나만 학습하는 것이 아니라 다른 구성원의 학습도 책임지는 사회적 책임도 함께 가진다.

(6) 숙고(Deliberation)

증거, 자료, 논리 등 확실한 근거가 있는 논의를 해야 함을 의미한다. 그래야 논의들이 수정되고, 보완되고, 발전될 수 있다.

(7) 감사(Appreciation)

토의 · 토론을 통해서 많은 것을 얻는다. 다른 사람의 현명한 관찰이 문제의 핵심을 지적해주고, 자극적 질문이 호기심을 불러일으키며, 다른 관점을 보면서 통찰력을 배운다. 감사의 마음과 표현이 토의 · 토론에서 가장 중요한 정서적 요소이다.

(8) 희망(Hope)

개념 이해, 새로운 관점, 갈등 해결 등의 희망이 없다면 토의 · 토론을 해야 할 이유가 없다. 이러한 희망이 토의 · 토론에 시간을 투자하고, 말하고, 경청하고, 정리하는 등의 작업을 하는 이유이다.

(9) 자율(Autonomy)

모든 개인은 다수의 의견과 배치되더라도 잠정적으로는 자신의 주장을 소신 있게 펼칠 수 있어야 한다. 이를 보장하지 않는다면 민주주의는 사라지고 말 것이다. 다만 자신의 주장에 대한 책임을 져야 하고, 언제든지 반대되는 근거가 있다면 수정할 태도도 갖추어야 한다.

5. 토의(토론)의 원리

토의(토론)는 강의처럼 일방적으로 진행되지 않고 집단적으로 상호작용이 일어나기 때문에 복잡하게 진행된다. 따라서 수업을 진행하기 위한 기본 조건들이 충족되어야만 수업목표를 달성할 수 있다. Dillon(1997)은 토론 수업을 위한 6가지의 기본 조건을 다음과 같이 주장하고 있다.

(1) 합리성: 토론자들은 기꺼이 이유에 대해서 들으려고 하고, 증거에 입각해서 기꺼이 이해관계와 관점들을 수용하려고 한다. 그들은 독단적이지 않고, 요지부동하게 자신의 의견을 고집하지도 않는다. 또한, 근거나 증거, 논의의 영향을 받아들인다.

(2) 화목과 질서: 토론자들은 의사 교환을 촉진하는 규칙들, 예를 들면, '한 번에 한 사람씩 이야기하기' 등을 준수한다. 끼어들거나, 싫어하는 의견에 대해 소리 질러 반대하지 않는다.

(3) 진실성: 토론자들은 신중히 숙고하여 그들이 사실이라고 믿는 것에 대해서 말하고, 고의로는 허위를 말하지 않는다. 또한, 그들은 침묵하거나 말을 삼가거나 숨기지 않는다.

(4) 자유: 참여자들은 자신들의 의견을 나타내는 것에 방해받지 않는다. 그들은 구속받지 않고, 또한 비웃음이나 당혹스러움 때문에 자유롭고 진지하게 이야기하는 것이 방해받지 않아야 한다.

(5) 평등: 모든 참여자는 각자의 이해관계나 의견이 있을 것으로 추정한다. 그들은 자신의 의견을 평등하게 표현할 수 있는 편안한 분위기를 느낄 수 있어야 한다.

(6) 타인에 대한 존중 : 참여자들은 상호보완적인 배려라는 기준과, 인간애와 보살핌의 관계를 공유한다. 그들은 어떤 희생을 치르더라도 특정인의 의견을 관철해야 한다는 욕망을 지니거나 그렇게 행동하지 않는다.

토의(토론) 수업을 진행할 때 교사나 학생은 다음과 같은 태도를 보여야 한다.

① 타인의 의견 존중하여야 한다.
② 토론 수업에 제시되는 모든 의견은, 특히 자신의 의견은 수정될 수 있다는 개연성을 인정한다.
③ 토론 수업에서 제시되는 모든 다양한 의견을 수용하는 열린 마음을 가진다.
④ 타인의 의견을 잘 경청하고 즉흥적으로 받아들이거나 거절하지 않아야 한다.
⑤ 자신의 의견을 정확한 증거에 근거하여 명확하게 표현해야 한다.
⑥ 자신의 의견을 간결하며 일관성 있게 표현해야 한다.

6. 토의(토론) 과정

토의(토론) 수업을 실행하기 전에 교사는 많은 준비를 해야 한다. 교사는 토의(토론)를 위한 질문과 개요를 신중히 구성하여 수업이 산만하지 않도록 하여야 한다. 교사는 또한 학생들이 토의(토론)에 대한 준비를 하여 수업에 적극적으로 참여할 수 있도록 지도하여야 한다.

토의(토론) 수업은 교사가 사전에 학생들에게 질문을 던짐으로 시작된다. 이 질문은 단편적인 정보를 찾아내는 것이 아니라 총체적인 답을 찾아내어야 하는 포괄적인 질문이어야 한다. 이런 질문이 되기 위해서는 오랜 시간 검토를 해 보아야 하며 수업의 내용과의 관련성, 학생들의 인지적 수준, 학생들의 흥미 등을 고려하여 결정돼야 한다.

토의(토론)의 주 질문이 던진 후 토의(토론)를 진행해 가면서 상황에 적합하게 임기응변적으로 부가질문, 후속 질문, 관련질문 등의 후속 질문들을 하여야 한다. 토의(토론) 수업을 원만히 잘 이끌어 나가기 위해서는 교사의 역할이 중요하다. 그러나 수업이 더욱 효과적으로 되기 위해서는 학습자인 학생들도 준비를 철저히 해야 한다. 학습자가 토의(토론) 수업을 위해 준비해야 하는 내용을 정리하면 다음과 같다(Dillon, 1997).

(1) 학습자들은 토의(토론) 주제를 토의(토론)의 개요와 자신의 견해를 정리해 본다.
(2) 읽을거리가 주어졌을 때는 그것을 충분히 읽고 자신의 반응을 기록하고, 그와 관련되어 떠오르는 질문들을 적어 놓는다.
(3) 학습자는 토의(토론)가 진행되어 나가는 과정에 떠오르는 부가질문, 후속 질문, 관

련 질문들을 적절히 표현한다.

일단 개요질문을 제시한 후 학생들의 의견을 듣는다. 학생들이 개요질문과 관련이 없는 내용에 대해 응답을 하거나 단정적으로 답하지 않도록 유도하면서 토론을 진행해 나간다. 토의(토론)가 진행되는 동안 집단적 이해가 형성되기 시작하면 다시 한번 정리하여 이야기해 주거나 칠판에 판서하여 토의(토론)가 후퇴하는 것을 방지하여야 한다.

질문에 대한 의사 교환이 일어나는 동안 교사는 토의(토론)가 도달해 있는 위치를 파악하고 토의(토론)가 산만해지는 경향이 있으면 중간 요약을 해주어 학생들의 이해를 도와야 한다. 또한, 학생들이 토의(토론) 주제에서 벗어나는 것을 저지하고 중요한 부분에는 시간을 더 할애하고 지엽적인 내용의 응답은 시간 제약을 줌으로 토의(토론)의 속도를 조절해야 한다.

토의(토론)를 끝마치게 될 때는 교사가 간결하고 정확하게 토의(토론)의 개요를 정리하여야 한다. 이때 학생들이 스스로 요약을 하게 하여 결론을 맺는 것도 한 방법이다. 교사는 이 요약을 통해서 학생들이 토론 수업을 통해서 무엇을 이해하게 되었고, 그 주제에 대해 어떤 문제를 해결할 수 있게 되었는지를 설명해 준다. 토론을 통해 해결되지 않은 문제에 대해서는 어떤 점이 해결되지 않았는지를 명확히 설명하고 이를 토대로 새로운 질문을 갖게 한다. 더 나아가 이 새로운 질문을 해결하는 방법을 제시해 주어야 한다.

7. 토의(토론)의 단계

토의(토론)법의 단계를 토의 전 단계, 토의 중 단계, 토의 후 단계 등 3단계로 구분해서 시술하고자 한다(윤광보 외, 2008).

첫째, 토의 전 단계는 다음 사항에 주의해야 한다.

(1) 토의가 시작되기 전에 교사는 토의에 적절한 주제를 선정해야 한다.

(2) 토론하기 전에 교사는 학습자들이 공통의 학습 배경을 갖추도록 해야 한다. 만약 소수만이 그 내용을 알고 있으면 그들이 발언을 주도하여 진정한 토의가 일어나

지 못한다.

(3) 토의 전에 교사는 토의의 목표를 정해야 한다.

(4) 원만한 의사소통을 위해 교사는 적절한 좌석 배치를 하여야 한다. 좌석 배치는 서로 마주 보는 것이 가능하고, 발언권이 참여자에게 골고루 분배될 수 있는 원형 형태가 적절하다.

둘째, 토의 중 단계에서의 유의사항을 소개하면 다음과 같다.

(1) 토의 진행 중 학생과 교사의 역할 측면을 살펴보면, 학생은 토의의 주제에 대해 각자 자기의 입장을 제시한다. 그리고 자신의 입장에 대한 이유와 근거를 자세히 밝힌다. 또한, 자신의 의견에 대한 타 학생의 비판에 대해서도 적절한 이유와 근거를 들어 방어한다. 한편 교사의 역할은 토의의 의장, 안내자, 요약자, 심판, 중개인으로서 많은 숨은 역할이 부여되어 있다. 하지만 토의를 이끌어갈 때 교사는 자기도 모르는 사이에 빠지기 쉬운 함정이 있다. 이 함정은 지적 측면의 함정과 사회 정서적 측면의 함정으로 나누어볼 수 있다.

(2) 지적 측면의 함정에는 ① 편견이 있다. 이는 교사가 토의의 주제에 대한 답을 자기도 모르게 은근히 말해 버리는 경우이다. 결국, 진정한 토의가 이루어지지 않는다. ② 양보 현상이 있다. 이것은 학습자가 동료 학습자의 의견에 동조해 버리는 것이다. ③ 취소 현상이 있다. 이는 토의에 필수적인 중요한 정보를 빠뜨리거나 일부러 주지 않은 경우이다. ④ 교착 현상이 있다. 토의 중에 작은 주장이 반복되거나 너무 긴 후식이 계속되거나, 주제에 무관한 주장들이 제시되거나 토의에 싫증을 느끼거나, 주의 집중하지 않는 경우를 말한다.

(3) 사회 정서적 함정에는 ① 참여의 문제가 있다. 토의할 때 여학생보다는 남학생, 어린 학생보다는 나이가 많은 학생, 공부 못하는 학생보다는 공부 잘하는 학생들이 발언권을 독점하는 경우가 많다. 이런 상황에도 진정한 의미의 토론은 일어나지 않으므로 교사는 주의해야 한다. ② 감정의 손상 문제가 있다. 토의 도중 동료의 의견에 비웃거나 조롱을 하거나 은근히 적대감을 나타내는 경우가 발생하곤 한다. ③ 집단 구성이 잘못된 경우가 있다. 평소에 서로 적대감을 느끼는 학생들을 한 토의집단에 두면, 상대방의 의사에 대해 반대를 위한 반대를 하는 경우가 생겨 진정한 토론이 이루어지지 않는다.

셋째, 토의 후 단계에서 유의사항은 다음과 같다.

이 단계에서는 노트를 정리하거나 기록으로 남겨야 할 점이 있다. 기대하지 않았던 아이디어나 좋은 점, 문제점, 오류 등을 기록해 두면 다음 토의에 많은 도움이 된다. 그리고 토의에 대한 전반적인 평가를 해 보고, 학생들의 평가를 들어본다거나 질문지를 통해 반응을 알아보고 전체적인 평가를 한다.

8. 토의(토론) 수업의 교육적 가치

토의(토론) 수업이 가지고 있는 교육적 가치를 살펴보면 다음과 같다.

첫째, 인지적인 측면에서 능동적인 참여를 통해 학생들의 논리적 사고력, 문제해결력을 증진시켜 준다.

토의(토론)학습을 통해 학생들은 주제에 대해 사고하는 방법을 학습하게 된다. 특히 다른 학생들의 논점과 자신의 논점을 비교함으로 자신을 사고력을 발전시켜 나간다. 또한, 학습 과정이 자발적이고 능동적으로 이루어지기 때문에 자유롭고 편안한 분위기 속에서 학습이 이루어질 수 있어 인지적 부담도 덜 받게 된다.

둘째, 도의(토론) 수업은 교사 중심의 교수 방법에서는 얻기 힘든 자기 표현력을 향상하게 시킬 수 있다.

교사 중심 교육에서는 교사가 대부분 설명을 하게 되어 학생들이 자신의 의견을 정리하여 표현할 기회가 부족하다. 그러나 토의(토론) 교수법에서는 다른 학생들의 의견을 통해 기존의 자기 의견을 수정하고 정리하여 표현할 수 있다.

셋째, 토의(토론) 수업은 타인의 의사를 존중하는 민주 시민의 태도를 함양할 수 있다(성원경 외, 1999).

민주주의에서는 여론이 중요하다. 여론은 다양한 의견이 존중되며 통합되는 과정에서 형성된다. 자신과 다른 의견을 수용하고 그 의견과 자신의 의견을 절충하여 수정하여 나가거나, 또는 자신의 의견을 잘 정리하여 타인을 설득시키는 능력이 중요하다. 토론 수업은 이런 협동적인 의견 조율 과정을 통해 타인과 더불어 살아가는 민주 시민 정신을 함양시키는 데 도움을 준다. 특히 사회적으로 논쟁이 되는 빈부격차, 수입개방,

과소비, 환경오염, 입시 문제, 통일문제, 지역 갈등, 핵 사용, 전쟁과 반전, 노사문제, 과외, 성차별, 피임과 낙태, 자살과 안락사, 유전공학의 발전, 교통 문제 등의 사회적 쟁점들을 주제로 하여 수업을 진행할 경우 수업이 매우 효과적이다(노경주 외, 2001).

9. 토의(토론)법의 장·단점

토의(토론)법의 교육적 가치가 크다는 것은 누구나 인정하고 있다. 그러나 교사들이 수업에 토의(토론)법을 활발히 활용하고 있지는 못하고 있다. 전통적인 교사 위주의 강의법에 익숙한 우리 교육 풍토에서는 남다른 노력과 연구 없이는 토의(토론)법을 교실 현장에 도입한다는 것은 매우 힘든 상황이다. 토의(토론)법의 장점과 단점을 정확히 이해하고 교사 자신이 가르칠 교과 내용과 잘 접목할 때 토의(토론)법의 효과를 극대화할 수 있다. 토의(토론)법의 장점과 단점은 다음과 같이 정리할 수 있다(김광자, 1993).

1) 토의(토론)법의 장점

(1) 자기의 의견을 적절히 표현하는 능력을 기름과 동시에 자발성과 창의적 사고능력을 기를 수 있다.

(2) 타인의 의견을 존중하는 것을 배움과 동시에 타인을 이해할 기회가 된다.

(3) 토의(토론) 구성원 모두가 자기의 중요성 및 존엄성을 재확인할 기회가 된다.

(4) 자기 생각에 대한 타당성을 재검증하여 확신을 가질 기회가 되며 이로 인해 자아확립과 자아발전에 도움이 된다.

(5) 타인의 의견을 듣고 정보를 습득함으로써 자기 생각을 심화 보충 확대시킬 수 있는 연구적인 태도를 배울 수 있다.

(6) 자기 의견이 채택되지 않거나 불가능하다고 인정될 경우 집단의 의견을 따르는 민주적 질서 의식을 배울 수 있다.

(7) 자기 의견을 주장할 때 필요한 설득력 및 타협 등 합의기술을 배움으로써 공동생활하는 방법을 터득하게 된다.

(8) 토의(토론)를 통해 소속집단에 대한 유대관계 및 긍정적 태도를 갖게 한다.
(9) 타인의 의견을 경청하는 일이 발표하는 것과 동등하게 중요하다는 사실을 토의(토론) 경험을 통해 배울 수 있다.

2) 토의(토론)의 단점

(1) 토의(토론)법은 계획하고, 준비하고, 진행하는 과정에서 예상 외로 시간과 노력이 많이 드는 데 비해 특별한 결과 없이 논쟁으로 끝날 수 있다. 특히, 토의(토론)법은 진도가 느리기 때문에 많은 양의 지식이나 기술을 가르치는 데는 부적합하다.
(2) 교사나 학생들이 토의(토론)법에 익숙지 않은 경우 투자한 시간과 노력에 비해 특별한 효과 없이 수업이 끝날 수 있다. 특히 토의(토론)가 단기적인 교육 효과를 기대하기 어려우므로 토의(토론)법으로 수업을 시행한 교과 내용에 대해 시험을 보면 성적이 좋지 않게 나올 가능성이 크다.
(3) 토의(토론)법은 학생 위주로 진행되기 때문에, 교사는 특별한 역할을 없이 학생들이 토의(토론)하는 모습만을 관찰하는 소극적인 자세만을 취할 가능성이 크다.
(4) 우리 학생들은 수동적으로 교사의 지시를 따르는 수업방식이 익숙해져 있으므로 이들을 능동적으로 토의(토론)에 참여하도록 동기 부여하기가 쉽지 않다.

10. 토의(토론)의 유형

1) 원탁토의

원탁토의(round table discussion)는 토의의 가장 기본적인 형태로, 참가인원은 보통 5~10명 정도로 소규모 집단 구성을 이룬다. 참가자 전원이 상호 대등한 관계 속에서 정해진 주제에 대해 자유롭게 서로의 의견을 교환하는 좌담형식이다. 원탁토의의 궁극적인 목적은 의사결정이나 목표설정이라기보다는 역시 활발한 아이디어의 상호 교환에 있다.

원탁토의는 충분한 경험을 지닌 사회자와 기록자, 그리고 전문지식을 갖춘 청중 또는 관찰자(관찰자는 있어도 되고 없어도 됨)와 함께 대화하는 비형식적 집단의 성격을 띤다.

원탁토의에서 가장 주의해야 할 점은 참가자 모두가 발언할 수 있도록 기회를 적절히 제공해야 한다는 점이다. 원활한 토의를 위해서는 집단 구성원 간에 충분한 협조와 개방적인 자세, 그리고 공동체 의식이 형성되어야 하는데, 만약 그렇지 못할 때 토의를 위한 토의 내지는 심각한 언쟁이나 반목의 상태로 악화할 우려가 있다.

2) 배심토의

배심토의(panel)는 토의에 참가하는 서수의 선정된 배심원과 다수의 일반 청중으로 구성되어 특정 주제에 대해 상반되는 견해를 대표하는 몇몇 사람이 사회자의 진행에 따라 토의하는 형태이다. 청중은 주로 듣기만 하는데, 경우에 따라서는 질문이나 발언권을 주기도 한다. 배심원은 토의할 주제에 대해 관심을 갖고 관련된 내용을 조사해야 하며, 필요한 경우에는 전문적인 연구도 해야 한다.

3) 공개토의

공개토의(forum)는 1~3인 정도의 전문가나 자원 인사가 10~20분 정도의 공개적인 연설을 한 다음 그 내용을 중심으로 발표자와 청중 사이에 질의응답의 과정을 통하여 토의를 진행한다. 이때 사회자는 연설 및 질의 시간이나 발언 횟수를 조절해야 하며, 활발한 토의 진행을 위해 청중에게 질의를 유발시켜야 한다.

4) 심포지엄

심포지엄(symposium)은 강연식 토의라고도 한다. 이는 배심토의보다는 좀 더 형식적이고 자유로움이 억제되는 방식으로, 준비된 회의장이나 동일한 문제에 대하여 2명 또는 그 이상의 강연자가 논점이나 문제점에 대하여 여러 가지 측면에서 의견을 발표하며, 강연지가 결론을 내리면 사회자 또는 청중이 이에 질문하고 강연자가 대답하는 형식이다. 발표내용이나 필요한 자료는 미리 배부하여 토의 진행에 도움이 되도록 한다. 그리고 심포지엄은 일반적으로 사회자나 발표자, 참석자가 전문적인 지식을 갖는다는 특징이 있다.

5) 대담토의

대담토의에 참여하는 인원은 보통 6~8명 정도로, 이 가운데 3~4명은 청중 대표이고, 나머지 3~4명은 전문가나 자원 인사로 구성된다. 대담토의(colloquy)는 주로 청중 대표와 전문가 집단에 의해서 이루어지나, 사회자의 진행에 의해 일반 청중이 직접 토의 과정에 참가할 수도 있다. 토의 시간은 청중 대표, 전문가와 일반 청중이 비슷하게 안배되어야 하며, 서로 간에 의사소통이 원활하게 이루어질 수 있도록 배려해야 한다.

6) 세미나

참가자 모두가 토의 주제 분야에 권위 있는 전문가나 연구가들로 구성된 소수집단 형태이다. 세미나(seminar)를 주도해 나갈 주제 발표자의 공식적인 발표에 대해 참가자들이 사전에 준비된 의견을 개진하거나 질의하는 방식으로 토의가 이루어진다.

세미나는 참가자들에게 특정 주제에 대한 전문적인 연수나 훈련의 기회를 제공해주는 데 목적이 있다. 따라서 참가자 전원은 보고서 형식의 간단한 자료들을 상호 교환할 수 있어야 한다. 이 토의방식은 참가자 전원이 해당 주제에 관련된 지식이나 정보를 체계적이고도 깊이 있게 토의할 수 있게 되는데, 이는 사전에 철저한 연구와 순비를 전제하는 것이다.

7) 버즈토의

3~6명으로 편성된 집단이 주어진 주제에 대해 6분가량 토의를 하는 6×6의 형태다. 처음에는 3명씩 짝지어 토의한 다음, 어느 정도 토의가 진행되면 다른 3명의 집단을 만나 6명씩 토의하고, 또 얼마 지난 다음에는 다른 6명의 집단과 모여 12명의 집단 구성원으로 토의한다. 이때 각 집단의 사회자나 기록자는 토론한 내용을 의장에게 보고하며, 전체 사회자는 그 보고를 순차적으로 정리하여 이란 토의로 유도한다. 즉, 소집단으로 분과토의를 한 후 최종적으로 전체 집단이 다 함께 모여 토의 결과를 집결시켜 결론을 맺게 함으로써 대집단의 종합토의의 효과를 얻게 된다.

버즈토의는 소수 인원으로 집단을 구성함으로써 참가자가 서로 친근감을 느끼게 하고 각자가 자유롭게 발언하는 기회를 가진다는 점에서 적극적인 토의를 유도하게 된다.

8) 브레인스토밍

브레인스토밍(brainstorming)이란 폭풍우가 내리는 날 번개가 치는 것처럼 떠오르는 기발한 멋진 생각을 잘 포착해낸다는 의미를 담고 있다. 학습상황에서 학습자의 창의력을 촉진시키고 학습 참여도를 높여 주는 교수방법으로 사전에 어떤 것을 계획하고자 할 경우에 활용된다. 이 학습법을 팝 콘(Pop corn) 회의라고도 하는데, 옥수수를 튀길 때 어느 정도 열이 가해지면 알이 튀겨지는 현상을 학생이 의견을 발표하는 모습에 빗댄 명칭으로 단기간에 화끈하게 토의하는 브레인스토밍의 특징을 설명하고 있다.

브레인스토밍의 기본원리는 전체 인원이 12~15명 정도이며, 주제 및 문제는 구체적이어야 한다. 또한, 문제 해결 방법은 다양해야 하며, 우선적으로 다양한 아이디어를 개발해야 한다. 비판은 허용되지 않으나 토론의 분위기는 자유로워야 한다. 참석자들은 다른 참석자의 생각을 참고로 하여 자신의 생각을 보완하거나 종합해야 함과 동시에 문제에 대해서 정통해야 할 것이다. 그리고 가능한 한 브레인스토밍 방식의 토론법에 익숙한 사람을 참여시키는 것이 좋을 것이다.

브레인스토밍의 효과적인 방법은 세밀한 사전계획이 필요하며, 참여 인원은 12~15명 정도가 좋고, 시간은 10~15분이 적당하다. 그리고 진행 과정에서 진행자와 기록자가 있어야 하며, 이때 진행자를 교사로 할 필요는 없으나, 진행자로 선정될 경우 교사는 반드시 시작 전에 선정된 주제를 설명해 주어야 한다. 또한, 주제는 구체적이어야 좋다. 여기서 교사가 유의해야 할 사항은 진행 도중에 학생의 거리낌 없는 발표를 유도하기 위해서 평가 및 비판을 금해야 한다.

11. 토의·토론 교수법을 활용하여 수업하기

토의·토론 진행 순서 예시를 보면 첫째, 발산 및 공유, 둘째, 수렴, 셋째, 의사결정이라고 볼 수 있다. 첫째, 발산 및 공유단계에서 사용할 수 있는 방법으로는 브레인스토밍, 희망열거법 등이 있으며, 아이디어를 공유하는 것이다. 둘째, 수렴 단계에서는 유사성 도표와 같은 방법을 사용하며, 아이디어들을 유사성 도표를 이용하여 정리한다. 셋째, 의사결정 단계에서는 2×2과 같은 방법을 사용하며, 노력 대비 큰 성과를 가지고 올 수 있는 문제점 또는 해결방안을 도출한다.

1) 브레인스토밍/ 포스트업

자유로운 분위기에서 아이디어를 발산하는 기본적인 방법이다. 단시간 내에 많은 아이디어를 취합해야 하는 경우나 다양한 아이디어를 만들어야 할 때 사용한다. 규모는 소, 중 규모로 1명에서 50명 정도까지 활용할 수 있으며, 소요 시간은 10분~1시간이다.

진행 방법은 첫째, 수업 주제를 화이트보드 또는 플립차트에 적는다. 둘째, 한 사람이 하나씩 화이트보드에 붙이고 간단히 설명한다. 셋째, 발표가 끝난 후에 어떤 영감을 받아 새로 찾은 아이디어가 있으면 또 적어 붙인다.

이때 유의할 점은 첫째, 하나의 포스트잇에 하나의 키워드만 쓰도록 한다. 둘째, 일반 펜이 아닌 멀리서도 보일 수 있도록 마커펜 등 두꺼운 펜으로 쓰도록 한다. 셋째, 브레인스토밍을 통해 나온 아이디어를 카테고리나 주제에 따라 분류한다. 넷째, '자신의 아이디어가 황당하거나 바보 같다는 생각이 들면 좋은 신호다.'라는 메시지를 강조하면 더욱더 적극적인 아이디어 제안을 유도할 수 있다.

2) 희망열거법

브레인스토밍 기법의 하나로서 현재의 만족스러운 상황에 대해 개선점을 찾고자 하는 경우와 참가자가 자기 의견을 내세우기 꺼리는 경우에 사용할 수 있다. 규모는 소, 중 규모로 활용할 수 있으며, 소요 시간은 20분~1시간이다.

진행 방법은 첫째, 교수자는 미리 준비한 워크시트를 나눠 준다(빈 A4 용지나, 번호가 적혀 있는 A4 용지를 사용한다). 둘째, '이런 것이 있으면 좋겠다.' 등의 희망을 개인별로 생각하는 시간을 갖는다. 셋째, 팀별 논의를 통해 아이디어를 발전시켜 나간다.

이때 유의할 점은 첫째, 팀 브레인스토밍 과정에서 나온 아이디어에 번호를 매기도록 안내한다. 둘째, 새로운 관점을 발견하는 것이 목적인 경우 '결점열거법' 대신 사용하는 것이 좋다. 셋째, 매우 필요, 필요, 관심으로 구성된 진단 항목을 워크시트에 추가하여 우선순위에 대한 논의를 추가할 수 있다. 넷째, 구체적으로 문제를 파악하길 원하는 경우 '결점열거법'을 사용하자.

3) 관련성 찾기(유사성 도표)

유사성 도표는 브레인스토밍 후에 아이디어를 분류하는 기법이다. 활용할 수 있는 상황은 첫째, 브레인스토밍을 통해 얻은 수많은 아이디어를 분류, 선별해야 할 때, 둘째, 정보 사이의 관계와 숨겨진 규칙을 찾을 필요가 있을 때, 셋째, 다수의 생각이나 의견을 알고자 할 때 사용한다. 규모는 소, 중 규모로 최대 20명 정도까지 활용할 수 있으며, 소요 시간은 참가인원에 따라 최대 1시간 30분까지 가능하다.

진행 방법은 첫째, 플립차트에 해결해야 하는 문제 또는 질문을 쓴다. 둘째, 해결방안을 생각하고 5~10분 동안 포스트잇에 적는다. 셋째, 참가자들이 볼 수 있도록 모든 포스트잇을 플립차트에 붙인다. 넷째, 아이디어 사이의 관계에 따라 포스트잇을 세로로 분류한다. 가능하면 참가자들이 직접 분류하도록 안내한다. 다섯째, 반복적으로 나오는 아이디어라도 전부 붙여서 얼마나 많은 사람이 같은 생각을 하고 있는지 판단할 수 있도록 한다. 여섯째, 마지막으로 분류된 포스트잇을 묶을 수 있는 명칭(카테고리)을 작성한다.

이때 유의해야 할 점은, 첫째, 참가자들이 적어도 20가지 이상의 정보를 만들어 내야 분류 작업이 의미가 있다. 둘째, 적당히 분류하기 힘든 아이디어는 '주차장' 구역을 만들어 따로 모아 놓는다. 셋째, 분류 단계에서는 카테고리 명칭을 정확하게 찾아내려고 하지 말고, 각 정보의 속성에 따라 분류하는 것에 집중한다.

4) 브레인라이팅

브레인라이팅은 6 · 3 · 5기법을 사용한다. 즉, 6명이 참가하여 각자 한 번에 3개 아이디어를 5분 이내에 발상한다. 단시간 내에 많은 아이디어를 취합해야 하는 경우나 참가자들이 자신의 의견을 발표하길 꺼리는 경우에 사용한다. 규모는 소규모로 5명에서 15명 정도까지 활용할 수 있으며, 소요 시간은 30분 정도이다.

진행 방법은 첫째, 참가자들은 워크시트의 첫 번째 줄의 각 칸에 자신의 아이디어를 적는다. 둘째, 정해진 시간(약 5분)이 지나면 워크시트 왼쪽편에 있는 사람에게 전달한다. 셋째, 자신이 받은 워크시트의 2번째 줄의 각 칸에 자신의 아이디어를 적는다. 새로운 아이디어 및 의견을 적거나 기존 아이디어를 발전시킨다. 넷째, 자신의 워크시트가 다시 자기 앞으로 오면, 주제를 적어 놓은 플립차트 위에 테이프로 붙인다. 다섯째, 마지막으로 다 함께 모여 아이디어를 평가한다. 탁월한 아이디어에는 별 모양으로 표시하고, 많은 별을 얻은 아이디어에 대해서는 함께 토의하는 시간을 갖는다.

이때 유의해야 할 점은 해결책을 강구하기 위해 이 기법을 사용하는 것도 가능하며, 이때는 전 아이디어를 발전시키는 것으로만 제한하는 것이 효과적이다. 또 인원에 따라 워크시트의 항목 수를 조정하되 조별 8명이 넘어가지 않도록 한다.

5) 월드카페

월드카페는 대규모 인원을 대상으로 토의를 촉진하는 기법이다. 참가자 간 활발한 의견 교환이 필요하지만 인원수가 많아서 다양한 의견 공유가 어려운 경우와 모든 참가자가 교류하길 원하는 경우 활용한다.

진행 방법은 첫째, 대화를 나누기 위해 필요한 질문을 선정한다(사전에 각 테이블에는 포스트잇과 필기도구를 준비하여 올려놓는다.). 둘째, 4~6명의 소규모 그룹을 구성한다. 셋째, 테이블별로 호스트(진행자) 1인을 선정한다. 넷째, 테이블별 대화를 진행한다. 다섯째, 회마다 호스트를 제외한 사람들은 자리를 옮겨 다니며 의견을 공유한다. 여섯째, 테이블 이동이 이루어질 때마다 호스트는 새로운 사람을 맞이하고, 앞선 테이블에서 나누었던 대화 내용을 간략하게 소개한다. 일곱째, 모든 테이블 대화가 끝난 후에는 각 호스트가 논의내용을 소개하는 시간을 갖도록 한다.

이때 유의할 점은 첫째, 이동 시에는 최대한 앞선 테이블에서 만난 사람이 아닌 새로운 사람이 만날 수 있도록 한다. 둘째, 한 회당 최소 15분의 토의 시간을 보장한다. 셋째, 효율적인 토론회 진행을 위해서 사전에 호스트를 지정하고 이들에게 규칙을 설명해 주는 것이 좋다. 넷째, 발제 세션 후에 참가자 간의 대화를 월드카페 방식으로 진행할 수 있다. 다섯째, 버튼 기법(모두가 동등하게 발언하도록 하는 장치로 처음 발표한 사람에게 버튼을 주고 발표 후에 다음 발표자를 선택하고 버튼을 전달하는 방식을 말하며 버튼 대신, 색인카드, 동전, 바둑알 사용)과 같이 사용할 수 있다.

토의활동 /제목: 누구를 태울 것인가?

제3차 세계대전이 발발했다. 그야말로 제3차 세계대전은 핵전쟁이다. 아브라함 박사는 핵전쟁에 대비하여 지하에 핵으로부터 안전한 벙커를 구축해 놓았다. 그런데 그 벙커에는 다섯 사람만이 들어갈 수 있다. 여러분은 지금부터 제한 시간 안에 이 벙커에 태울 사람을 결정해야 한다. 물론 전쟁이 마치면 이 지구를 유지한다는 조건이다. 열(10) 사람 중 남 · 여 구분이 없거나 나이가 설정되지 않은 사람은 마음대로 정할 수 있다. 여러분은 토의를 통하여 태울 사람을 결정해야 한다. 누구를 태울 것인가?

① 임신한 23세의 여성
② 총을 휴대한 경찰관
③ 농부
④ 모든 운동에 능한 여자 육상선수
⑤ 의과대학생
⑥ 소설가
⑦ 60대의 교육학자
⑧ 생화학자
⑨ 목사
⑩ 개그우먼

CHAPTER 08

협동학습

1. 협동학습의 개념
2. 협동학습의 원리
3. 협동학습의 장 · 단점
4. 협동학습의 모형
5. 협동학습을 촉진하는 방법

■ **학습개요**

- 협동학습(Cooperative Learning)이란 학습능력이 다른 학생들이 동일한 학습목표를 향하여 소집단 내에서 함께 활동하는 수업 방법이다.
- 협동학습의 원리로는 긍정적 상호의존, 개별적 책무성, 동등한 참여 기회, 동시적인 상호작용이 있다.
- 협동학습은 여러 장점이 있는 교수학습 방법이지만 단점도 또한 갖고 있어 교사가 전문적인 지식과 실행력을 가지고 수행하여야 한다.
- 협동학습은 다양한 모형이 있어 과목의 특성과 상황에 맞게 적절한 모형을 활용하여 교수-학습의 극대화를 추구하여야 한다.

■ **학습목표**

1	협동학습의 개념을 이해하고 다양한 그룹에 적용할 수 있다.
2	협동학습의 원리를 숙지할 수 있다.
3	협동학습의 장단점을 이해하고 장점은 키우고 단점은 극복할 수 있다.
4	협동 학습의 모형과 절차를 잘 이해하고 교수-학습 현장에서 적절하게 활용할 수 있다.

■ 읽을거리 : "금이 아름답다는 것을 알게 되면 별이 아름답다는 것을 잊어버린다!"

피사(PISA)가 밝혀낸 사실은 수준별 수업이 학습 동기에 악영향을 준다는 것이었다. 피사 보고서는 학생들에게 동등한 기회를 주는 교육이 효율적이라고 한다. 수준별 수업이 학생들이 학습에 좋은 영향을 주리라는 기대는 사실이 아님을 증명하는 보고서를 세상에 내놓은 샘이다.

이 보고서를 보면 우리나라 학생들의 학습에 대한 동기는 전체적으로 낮은 편이라는 것과 그 이유 중 하나가 경쟁을 통한 학습 방법이라는 것을 알 수 있다. 많은 학교에서 학생들의 성취도를 올린다는 명분으로 수준별 수업을 진행한다. 학원에서도 수준별 분반 수업을 당연하게 여긴다. 어른들은 더 높은 반으로 들어가기 위해 열심히 공부할 것이라고 기대하지만 실제로 아이들은 그렇지 않다는 것을 보여 주는 결과다. 오히려 그런 경쟁이 아니라 함께 협력하며 공부할 때 더 높은 학습 동기를 가지게 된다고 말한다.

우리는 경쟁을 통해 더 많이 성장할 수 있다고 믿어왔고, 일정 부분 성장을 이룬 것도 사실이다. 하지만 이제 세상은 경쟁의 시대를 넘어섰다. 함께 하는 것을 실천할 수 있는 사람이 어울리는 세상으로 바뀌고 있는 것이다. 이러한 세상으로 변화되도록 가장 밑바닥부터 시작해야 하는 곳이 학교다. 그리고 그러한 생각으로 이루어져야 하는 것이 교육이다. 우리가 그동안 금지옥엽처럼 여겨오던 경쟁에 대한 신뢰와 신화를 버리는 것이 앞으로의 교육의 목적이 될 것이다.

다시 "금이 아름답다는 것을 알게 되면 별이 아름답다는 것을 잊어버린다!"로 돌아가 보자. 아무리 아름다운 별을 알고 있더라도 세상 속 '금'을 만나는 순간 '별'을 잊어버리고 만다는 슬픈 내용의 속담이다. 이 속담이 말하고 싶은 것은 금이 아무리 아름다워도 별의 아름다움을 잊지 말자는 이야기일 것이다. 마찬가지다. 우리 사회가 아무리 경쟁적이고, 경쟁이 필수인 사회라 하더라도 협력이 가진 아름다움을 잊지 않기를 바라는 마음이다. 그리고 이러한 협력의 아름다움을 끝없이 경험하고 생각하도록 만드는 곳이 '학교'여야 한다. 협력의 경험을 아이들 속에서 함께하는 사람이 '교사'여야 한다. 이러한 학교와 교사를 만나 협력의 아름다움을 느낀 아이들이 세상에 나갔을 땐 분명 세상이 조금씩 달라질 것이라고 믿는다. 경쟁적인 세상에 아름다움을 부여하는 새로운 존재로 살아갈 수 있을 것이라 믿는다. 난 이런 교육을 원한다. 아주 간절하게!

이경원(2018). 교사의 탄생. 서울: 행복한 미래. pp. 25-26.

■ 생각해보기 / 토론해보기

1. 교육에서 경쟁과 협동은 동시에 존재할 수 있는가? 존재한다면 이 두 가지를 어떻게 학교 현장에서 구현할 수 있을지 토론해보자.
2. 팀별 과제에서 적극적으로 기여하지 못한 동료(팀원) 때문에 속상하거나 불편했던 경험이 있으면 나눠보자.

1. 협동학습의 개념

이제까지 교육의 개념이 대체로 개인 각자가 소유하고 있는 다양한 적성과 능력을 발견하여 이를 최대한으로 신장시켜 주는 것으로 규정되어 왔기에 수업 방법 면에서도 이러한 개인주의를 토대로 경쟁 학습이나 개별학습이 강조됐다. 경쟁 학습은 학습자들을 서로 대립적으로 활동하도록 유도하며 집단의 소수만이 목표에 도달할 수 있는 학습 조직 형태이다.

또 경쟁 학습은 학습 동기 측면에서 보면 부정적인 측면이 많다. 즉 만성적으로 실패를 경험하는 학습자들은 실패 회피의 경향을 띠게 되고 그리하여 학습에 소극적으로 된다. 또한, 지나친 경쟁적 상황은 학습자에게 불안을 일으켜 지적 욕구를 상대적으로 약화한다.

오늘날 학교 교육은 경쟁적인 평가를 통해 우수한 학습자와 열등한 학습자를 분류하는 데 관심을 둘 뿐이지 각 개인에게 동등한 기회를 부여하지 못하고 있다. 또한, 경쟁적이고 비인간적인 관계가 만연된 학교 교육의 현실에 비춰볼 때, 경쟁 학습이나 개별학습은 이를 해결하기 위한 방법이 되기 어렵다. 그러므로 수업에서 경쟁적 학습 구조를 협동적 구조로 전환할 필요성이 요구된다.

협동학습은 전통적인 소집단학습과 구별되는 협동학습의 기본 요소에 따라 다양한 개념을 가진다. 협동학습(Cooperative Learning)이란 학습능력이 다른 학생들이 동일한 학습목표를 향하여 소집단 내에서 함께 활동하는 수업 방법이다(Slavin, 1987). 또한 Cohen(1994)은 협동학습을 모든 학습자가 명확하게 할당된 공동 과제(collective task)에 참여할 수 있는 소집단에서 함께 학습하는 것이라고 하였다. 따라서 협동학습은 소집단의 구성원들이 공동으로 노력하여 주어진 학습과제나 학습 목표에 도달하는 수업 방법이라고 정의할 수 있다(변영계, 1994).

일반적으로 협동학습은 개별학습이나 전통적 수업보다 학업 성취도를 향상하는 데 효과적이다. 또한, 경쟁 학습에서는 일부 학습자만이 성공 경험을 갖게 되지만 협동학습에서는 대부분의 학습자가 성공 경험을 갖게 된다. 학습 과제에 대하여 긍정적인 감정을 지니게 되어 학습 태도 개선 및 학습 동기유발에 이바지한다는 점도 협동학습의 의의라 할 수 있다. 또한, 협동학습은 모든 학습자에게 동등한 학습 참여의 기회를 보장함으로써 수업 방법의 민주화라는 측면에서도 의의가 있다.

2. 협동학습의 원리

케이건(Kagan, 1994)은 협동학습을 설계하기 위해서는 긍정적 상호의존, 개별적 책무성, 동등한 참여 기회, 동시적인 상호작용이 충족되어야 한다고 하였다.

1) 긍정적 상호의존(positive interdependence)

협동학습을 하는 동료학습자가 과제를 성실하게 수행하고 좋은 보상을 잘 받으면 자신의 과제수행과 보상에도 긍정적인 영향을 미치도록 설계해야 협동이 잘 일어날 수 있다는 것이다. 반대로 자신이 과제수행을 성실하게 하고 좋은 보상을 받으면 동료학습자에게도 긍정적 영향을 미치도록 협동의 구조를 설계해야 한다. 그리고 동료학습자 간에 긍정적인 상호의존성이 강할수록 협동은 잘 일어나게 된다.

2) 개별적 책무성(individual accountability)

비록 협동학습이지만, 개인이 공동의 목표를 달성하기 위해 개인이 분담한 과제를 얼마나 성실하게 수행했는지를 평가하고 그에 따른 책임이나 보상을 받도록 설계해야 한다. 만일 개별적 책무성을 간과하여 개인이 협동학습에 얼마나 기여하였는지를 평가하지 않고, 모든 구성원에게 같은 점수를 부여하면, 무임승차자(free rider)가 발생하게 된다.

3) 동등한 참여 기회(equal participation)

협동학습 구성원이 협동학습에 이바지할 기회를 동등하게 부여받아야 한다는 것이다. 특정 학습자가 능력이 있다고 하여 그가 학습 과제수행의 대부분을 맡아서 하는 것은 다른 동료 학습자들의 학습권을 침해하거나 무임승차자를 발생시킬 수 있다.

4) 동시적인 상호작용(simultaneous interaction)

협동은 동시에 이어날 때 비로소 의미 있는 학습이 일어난다. 간혹 구성원들이 학습

과제를 1/n로 분담한 후 다시 조합하는 것을 협동학습으로 오해하는 경우가 있다. 그러나 이것은 일의 분업일 뿐 진정한 협동학습이라고 볼 수 없다. 진정한 협동은 학습자들이 각자 분담한 과제를 수행하는 과정에서 동시에 서로 도움을 주고받을 때 일어나기 때문이다.

3. 협동학습의 장·단점

1) 협동학습의 장점

협동학습의 장점을 구체적으로 정리해 보면 다음과 같다(변영계 외, 2007).

① 학교에서 협동학습을 행하는 과제가 사회에서 요청되는 과제와 성격이 흡사하여 협동학습을 많이 한 경우 사회에 적응하거나 문제의 해결에 많은 도움을 받을 수 있다.

② 혼자서 학습하는 경우보다 더 많은 것을 학습할 수 있다.

③ 혼자서는 시도하기 어렵다 싶은 일도 여럿이 해내다 보면 자신감이 생기게 되어 주어진 과제에 대해 도전을 하는 데 필요한 적절한 기질, 성향, 태도 등이 개발된다.

④ 다른 학습자가 가지고 있는 학습 방법을 관찰하고 배울 기회가 주어진다.

⑤ 학습자는 동료에게서 도움을 받는 과정에서 다른 사람의 힘을 빌릴 수 있는 능력을 갖추게 된다. 즉, 어떻게 도움을 요청하고 정보를 얻어 내며 활용하는 데 필요한 어휘력, 친화력, 분석력 등 다양한 하위기술을 배우게 된다.

⑥ 무슨 일이든 서로 나누어 함께 해결하고 그 결과에 대해 보람을 갖는 협력적 태도를 형성할 수 있다.

⑦ 소집단 활동을 통해 자기 자신에 대한 이해를 넓힐 수 있으며 나아가 타인에 대한 이해를 확장하게 된다.

⑧ 소집단 학습활동은 학습자가 각기 자신의 자원(시간, 에너지, 능력, 성격, 기질) 등을 스스로 관리하고 통제하는 방법을 배우게 된다.

2) 협동학습의 단점

협동학습의 단점을 정리하면 다음과 같다.

① 어떤 일을 수행할 때 과정보다는 결과를 중시하는 버릇이 생길 수 있다.

② 소집단 내에서 특정 학습자나 리더가 어떤 것을 잘못 이해하고 있을 때 다른 사람이 그것을 그대로 따라갈 우려가 있으며 이럴 때 잘못된 이해가 더욱 강화되는 경향이 있다.

③ 학습 과정이나 학습 목표보다는 그저 집단과정만을 더 소중히 생각하는 경향을 초래할 수 있다. 이럴 때 놀이집단으로 변질될 우려가 있다.

④ 학습자가 교사에게 의존하는 경향이 감소하는 대신 또래에게 의존하는 경향이 커질 우려가 있다.

⑤ 부익부 현상이 발생할 수 있다. 부익부 현상이란 학습능력이 높은 학생이 다른 학생보다 도움을 많이 주고받으며, 긍정적이든 부정적이든 많은 반응을 보임으로써 학업성취가 향상될 뿐만 아니라 소집단을 장악하는 현상을 말한다.

⑥ 부익부 현상과는 반대로 소집단 내에서 또래들과 비교해 능력이 다소 떨어진 학습자의 경우에는 상호작용의 기회를 상실하게 되어 자기는 일할 필요나 가치가 없다는 자아존중감의 손상을 입을 수 있다.

⑦ 위의 사례가 악화된 경우 소외된 학습자는 심리적으로 모멸감이나 수치감을 가지게 되는데, 결국 집단활동 속에서 그저 자신을 방어하고 보호하는 전략과 기능만을 키울 우려도 있다.

⑧ 아주 유능한 학습자의 경우 모든 것을 알면서도 일부러 집단활동에 동참하지 않거나 기억하지 않는 경우도 있다. 이는 자신이 유능하다는 것을 알리기 싫어서, 과중한 책임이 올 것을 알기 때문에 피하려고, 시험에도 나오지 않고 성적에도 반영되지 않는다는 것을 알기에 적당히 하기 위해서, 또는 다른 사람이 참여할 기회를 주려는 배려에서 등 다양하다. 그러나 이런 행동은 집단활동을 실패로 이끌게 되는 문제점이 있다.

⑨ 협동학습에서 가장 문제가 되는 것은 집단 간 편파로서, 상대 집단이나 다른 집단의 구성원에게 적대감을 가지는 반면에 자기가 속한 집단의 구성원에게는 더 호감을 느낀다.

4. 협동학습의 모형

1) STAD(성취과제 분담 모형)

STAD(성취과제 분담 모형: student teams achievement division)는 슬라빈(Slavin, 1990)에 의해 개발된 팀 학습(student team learning)의 형태로서 팀 전체의 학업 성취도는 팀 구성원 각자의 학업 성취도에 의해 영향을 받게 됨으로써 팀 구성원 간의 협동을 요구하는 학습 형태이다. 5단계로 진행되는데, 첫째, 학급 전체에게 학습과제를 제시한다. 둘째, 주어진 정보를 충분히 이해시키기 위해 동료 교사 형태에 의한 분단학습을 한다. 셋째, 개인별 성취 정도를 측정하기 위해 쪽지 시험(quiz)을 본다. 넷째, 개별 학생의 성취 정도를 점검한다. 대개는 지난 시간의 성취 점수와의 차이를 낸다. 팀 내의 개인별 성취 정도를 평균하여 그 팀의 성취 정도가 결정된다. 다섯째, 가장 높은 성취를 나타낸 팀이 표창을 받는다.

2) TGT(Teams games tournaments)

TGT는 STAD와 거의 유사하다. 단지 다른 점이 있다면 STAD에서는 쪽지 시험을 사용했지만, TGT에서는 쪽지 시험 대신 주어진 과제에 대한 지식의 정도를 게임을 통해 알아보는 것이다. 예를 들어, 세 사람이 앉을 수 있는 테이블 2개에 6개 분단에서 각각 1명씩 나와 앉아서 게임에 임한다. 각 테이블에서 교사의 질문에 가장 잘 응답한 학생은 3점, 그 사람 다음은 2점, 그리고 맨 마지막 사람은 1점을 받게 되고(상대평가), 이들은 자기 소속 팀으로 자신의 점수를 가지고 되돌아간다. 가장 높은 점수를 얻은 팀이 승리 팀이 되는 것이다. TGT에서는 소속 팀 구성원들은 동료 교사 또는 코치 역할을 한다.

3) Jigsaw I

Jigsaw I 은 아론슨(Aronson)과 그의 동료들(1978)에 의해 개발된 것으로 동료들 간에 높은 수준의 상호의존체계를 요구하는 것이다. Jigsaw는 과제 중심 협동학습의 일종으로,

하나의 대주제(topic)를 소주제(subtopic)로 나눈 후 소주제를 개별 학생이 맡아 학습한 후 다른 동료를 가르치는 구조로 되어 있다. Jigsaw 운영 절차는 다음과 같다(김보경, 2018).

① 먼저 교사는 A라는 주제를 n개의 소주제(a_1, a_2, a_3, ⋯, a_n)로 나누고 n명의 구성원으로 된 모집단(home team)을 구성한다.
② 모집단에 모인 n명의 구성원들은 n개의 소주제 중 자신이 맡을 소주제를 정한다.
③ 각 집단에서 같은 소주제를 맡은 구성원들이 전문가 집단(expert team)으로 함께 모인다.
④ n개의 전문가 집단이 구성되고, 각 전문가 집단 내에서는 맡은 소주제에 대해 전문성을 가질 수 있을 정도로 함께 학습한다.
⑤ 전문가 집단에서 학습을 마치면 모집단으로 다시 돌아간다(home team reconvene).
⑥ 돌아가면서 자신이 학습한 소주제를 모집단의 다른 동료학습자에게 가르쳐 모든 구성원이 n개의 소주제 전체(A)를 학습할 수 있도록 한다.
⑦ 학습지를 작성하고 각자 퀴즈를 실시한다.

Jigsaw는 학급 전체가 같은 주제를 학습하게 되므로 범위가 작은 주제이면서 소주제로 구분이 잘 되는 내용일 때 적합하다. 또한, 한 명이라도 전문가 학습을 하지 않게 되면 동료학습자들에게 부정적 영향을 미치게 되므로 집단 내 구성원들의 상호의존성이 매우 강한 협동학습 모형이라고 볼 수 있다.

4) Jigsaw II

Jigsaw II는 STAD와 Jigsaw I이 결합이 된 것으로 슬라빈(Slavin, 1980)에 의해 개발되었다. Jigsaw II는 3가지 단계로 진행된다.

① 학습 팀 형성: STAD나 TGT에서처럼 능력이 다양한 학생들로 학습 팀들이 만들어진다. 각 팀은 4명 내지 5명으로 구성된다.
② 전문가 팀 형성: 각 학습 팀에서 1명씩 나와 새로운 전문가팀을 형성한다. 이때, 학습할 과제의 영역에 따라 전문가팀의 수도 정하여진다.
③ 자료제시 및 전문가 양성: 각 전문가 그룹에서 학습 안내가 주어지고, 그 학습 안내는 학급 전체에 제시되는 학습 내용 중 특정 영역에 집중할 수 있도록 한다.

학습자료가 제시되거나 책을 읽는 동안 각 영역의 전문가들은 자신의 영역에 대한 정보를 집중적으로 취재하거나 정리하여 그 영역의 전문가가 된다. 그다음 전문가들끼리 모여 자신들이 수집한 정보를 복습한다.

④ **전문가에 의한 학습 팀의 학습**: 각 영역의 전문가들은 자신의 본래 학습 팀으로 복귀하여, 주어진 과제에 대한 자신들이 맡은 영역의 전문성을 나누어 갖는다.

⑤ **평가 및 채점**: 모든 학생들은 주어진 과제의 모든 영역에 대해 시험을 치르게 되고, STAD나 TGT에서처럼 향상된 팀의 점수를 비교하게 된다.

⑥ **표창**: 학습 팀의 성취도에 따라 팀 구성원 전체에게 표창이 주어진다. 그 표창의 형태는 학급 신문이나 게시판 등에 게시하거나 학력장 등을 수여한다.

5) 그룹조사(Group Investigation)

그룹 조사 방법은 6단계로 나누어진다(Sharan & Hertz-Lazarowitz, 1980). 첫째, 주제(topic)를 정하고, 학생들을 그들의 관심사에 따라 해당 주제별로 그룹을 만든다. 둘째, 정해진 주제에 대한 세부 학습과제(learning task: 앞서 정해진 주제를 대주제라 한다면 그에 속하는 소주제를 말함). 셋째, 조사를 실시한다. 학생들은 자료를 수집하고, 이를 정리·해석하며, 결론을 이끌어낸다. 넷째, 보고서를 작성한다. 중점적으로 보고할 내용이 무엇인지와 어떻게 일목요연하게 보고할 것인가를 결정해야 한다. 다섯째, 전시(展示), 구두보고, 비디오 상영 등 다양한 방법으로 조사 내용을 보고한다. 마지막으로 평가를 한다. 교사는 학생들의 협동이 얼마나 잘 되었는지뿐만 아니라 얼마나 많은 것을 배웠는지 등을 평가한다.

6) 도우미 학습(Co-op Co-op)

도우미 학습 형태도 다른 협동 학습과 마찬가지로 주어진 학습 과제를 그룹 구성원들이 협동하여 해결하는 것이다(Kagan, 1985). 도우미 학습은 첫째, 주어진 주제나 문제에 관해 관심을 촉진하기 위해 학생들끼리 토론을 시작한다. 둘째, 토론이 끝나면, 능력과 성별 등이 다양한 학생들로 팀을 구성한다. 셋째, Jigsaw에서처럼 팀 활동이 이루어진다. 각 팀은 단원(unit)의 여러 학습 주제(topic) 중에서 제각기 하나씩을 선택하여 그에 대한 책임을 지고 해결한다. 넷째, 각 팀에서는 먼저 선택한 주제를 작은 단위의 학습 주제(sub-topic)로 나누고, 그룹 구성원들이 분담하여 연구하여서 그 과제에 대한 전문가가 된다. 학생들은 개별적으로 자신들의 주제에 대해 준비한다. 다섯째, 다시 팀으로 복귀하여 팀 전체가 학급에 발표할 내용을 준비한다. 여섯째, 학급 전체 앞에서 각자의 팀들은 발표를 한다. 발표 방법도 팀에 따라 색다르게 할 수 있도록 장려한다. 마지막으로 다각적인 평가가 이루어진다. 먼저, 각 팀의 측면에서 팀 내 구성원들의 활동에 대한 평가가 이루어지고, 이어 반 전체적인 측면에서 각 팀에 대한 평가가 이루어진다. 일반적으로 교사는 팀보다는 각 개인별로 평가를 한다.

7) 함께 학습하기 모형(Learning Together)

함께 학습하기 모형(Learning Together)은 4~6명의 이질적인 구성원으로 팀을 구성하고 팀별로 과제를 해결하고 시험을 개별적으로 보지만 성적은 자기 팀이 평균점수를 받게 된다. 만약 집단의 평균이 일정한 수준 이상이 될 경우에는 집단별로 추가 점수를 주게 하여 팀별 협력이 강화되도록 인센티브를 주는 것이 특징이다.

이 모형도 포괄적이고 일반적이기 때문에 적용에 있어서 융통성이 좋기는 하지만 팀별로 협력적 기능이 제대로 발휘되게 하기 위해서는 교사가 학습자에게 어떻게 잘 협력할 수 있는지를 미리 잘 생각하고 준비해 주는 것이 필요하다. 특히 교사는 학생들이 팀별로 정보를 교환하고, 상호 간에 격려하며, 과제수행 중에 생길 수 있는 오해를 풀 수 있는 방안을 미리 강구해 두어야 한다. 웹의 블로그를 활용하는 방안 등을 미리 만들어 두는 것은 대단히 바람직하다. 특히 이 모형은 집단토의 및 집단의 결과를 활용하여 목적뿐만 아니라 수단으로서의 협동도 강조할 수 있다. 하지만 이 모형은 하나의 집단보고서를 기준으로 집단 보상을 하기 때문에 무임승객효과, 봉효과와 같은 현상이 나타날 우려가 있으므로 주의가 필요하다(Slavin, 1980).

8) 팀보조 개별학습 모형(TAI)

팀보조 개별학습(TAI)은 수학과목에의 적용을 위한 협동학습과 개별학습의 혼합모형이다. TAI에서는 성취과제분담학습이나 팀경쟁학습에서처럼 4~6명 정도의 이질적 구성원이 한 집단을 형성한다. 팀보조 개별학습에서는 프로그램화된 학습 자료를 이용하여 개별적인 진단검사를 실시한 후, 이를 근거로 각자의 수준에 맞는 단원을 개별적으로 학습하게 된다. 개별학습 이후 단원평가 문제지를 풀고, 팀 구성원은 두 명씩 짝을 지어 문제지를 상호교환하여 채점한다. 여기서 80% 이상의 점수를 받으면 그 단원의 최종적인 개별시험을 보게 된다. 개별시험 점수의 합이 각 팀의 점수가 되고 미리 설정해 놓은 팀 점수를 초과했을 때 팀이 보상을 받게 된다.

이 모형은 대부분의 협동학습 모형이 정해진 학습 진도에 따라 이루어지는 것과는 달리, 학습자 개개인이 각자의 학습 속도에 따라 진행해 나가는 개별학습을 이용한다는 점에서 독특하다.

5. 협동학습을 촉진하는 방법

① 성공에 대한 특별한 기준을 만들고 그 기준을 명확하게 설명하면서 선배나 동료의 좋은 예를 보여준다. 웹상에 기초자료를 게시하고 실제 작품이나 자료는 도서실에 비치하여 학습자가 자유롭게 열람하도록 하는 것도 좋다.

② 개별적 책임감을 증가시키기 위해 팀원의 일을 배분해서 모든 사람이 한 가지씩 일을 맡도록 지도한다.

③ 팀 구성원에게 그룹과제와 개별과제를 모두 부여한다.

④ 학생이 서로의 의견에 대해 충분히 관심을 가질 수 있는 활동을 하도록 고안한다. 웹의 토론방을 이용하여 의견을 올리게 한 후 모든 의견에 댓글을 달도록 하는 방법이 있다.

⑤ 팀 활동의 방법 자체를 개선하는 데 필요한 토론을 팀별로 하도록 하여 활동의 생산성을 증진시킨다.

⑥ 팀 활동을 위해 기초적인 규칙을 팀 스스로 만들게 한다. 예를 들어 발언의 순서를 어떻게 정할 것인지, 자신이 맡은 일을 하시 못했을 때 어떻게 보상할 것인지 등등에 관해 모든 사람이 참요하여 규칙을 만들게 한다.

⑦ 어떤 결정을 내리거나 주제에 대한 토론을 하기 전에 팀 모두가 충분히 발언할

기회를 주도록 지도한다.

⑧ 리더십의 공유를 촉진시키기 위해 발표나 리더의 역할을 돌아가면서 하도록 한다.

⑨ 목표를 성취하기 위해 잘된 것과 잘못된 것에 대해 팀 내에서 자체 평가를 하고 그 결과를 협동학습의 결과물에 포함시켜 제출하도록 한다.

⑩ 협동학습을 하면서 개인적으로 느낀 소감을 개별 감상문으로 제출하도록 한다.

⑪ 지도교사는 협동학습상에서 발생하는 문제점에 대해 학습자와 웹이나 전화로 일대일로 안전하게 이야기할 수 있는 방안을 만들어 주어야 한다.

CHAPTER 09

효율적인 학습법

1. 학습전략
2. 학습양식
3. 학습기술
4. 시간관리법
5. 노트하기

■ **학습개요**

- 학습전략이란 효율적인 학습 또는 정보를 효율적으로 기억하는 데 필요하거나 도움이 되는 여러 종류의 기능, 능력 또는 방법을 말한다.
- 학습양식은 학습자가 모든 정보를 처리하는 방법으로 구조화된 양식과 비구조화된 양식으로 나눌 수 있다.
- 학습기술에는 SQ3R, ROWAC 방법, EVOKER 방법, SQRQCQ 방법 등이 있다.
- 학습과정에서 필요한 전략으로는 시간관리법, 노트하기 등이 있다.

■ **학습목표**

1	학습전략의 개념, 학습전략의 유형, 학습전략 훈련 방법에 대하여 이해할 수 있다.
2	학습양식에는 구조화된 양식과 비구조화된 양식이 있음을 이해하고 자신의 학습양식을 진단할 수 있다.
3	다양한 학습기술을 익히고 학습에 활용할 수 있다.
4	학습에 필요한 시간관리법, 노트하기의 중요성을 깨닫고 실천할 수 있다.

■ 읽을거리 : “배운 걸 기억해서 꺼내는 노력을 많이 할수록 장기기억으로 더 잘 보낸다.”

세인트 루이스 워싱턴 대학의 로디거 교수는 궁극의 공부법에 대해 다음과 같이 말했다. “배운 걸 기억해서 꺼내는 노력을 많이 할수록 장기기억으로 더 잘 보낸다는 증거들을 찾아냈습니다. 사지선다형도 효과는 있지만 배운 것을 스스로 재구성하는 문제, 배운 것을 자신이 직접 기억에서 꺼내도록 하는 문제는 효과가 더 좋습니다.”

공부한 내용은 자주 떠올려보거나 표현해 볼 때, 또는 시험과 같은 테스트를 병행할 때 장기 기억으로 넘겨 오랫동안 기억할 수 있고 이해를 잘할 수 있다.

따라서 공부한 내용을 남에게 설명해 보는 것이 꺼내는 공부의 대표적인 방법이므로 자주 실천해 보는 것이 좋다. 내용을 한 번 더 말해 봄으로써 반복 효과가 있어 이해가 잘 되고 암기도 잘 된다. 다른 사람을 가르쳐 본 사람들은 자신이 설명했던 것은 잘 잊히지 않는다는 것을 알 것이다. 이것은 우등생들이 많이 실천하는 방법으로, 설명 과정에서 자신이 이해한 것과 이해하지 못한 것이 확실하게 구분되어 부족한 부분을 스스로 알 수 있다.

학교에서도 공부를 못하는 학생이 우등생에게 질문해서 모르는 부분을 해소하는데, 질문하는 학생도 도움을 받지만 사실 더 큰 혜택을 받는 사람은 설명해 주는 우등생이다. 사실 우등생은 속으로 질문한 학생에게 고맙다고 생각할지도 모른다. 어떤 내용을 확실하게 알게 해주었으니 말이다. 그러니 공부를 잘하는 학생이든 그렇지 못한 학생이든 그날 배운 내용을 차근차근 설명해 보는 시간을 갖자.

자료 : 정형권(2018). 창의와 융합시대 10대를 위한 몰입 공부법, 경기: 주식회사 성안당.

■ 생각해보기 / 토론해보기

1. 다른 사람을 가르쳐 보아 자신이 설명했던 것을 잘 기억했던 경험이 있는지 생각해보자.
2. 그날 배운 내용을 차근차근 설명해 보는 시간을 어떻게 할 수 있을까?
   (예: 집에 가서 ㅇㅇ에게 할 수도 있고, 스터디 그룹을 만들어 돌아가면서 발표할 수도 있다. 혼자서도 할 수 있다. 집에 있는 인형에게 설명할 수도 있고, 조용히 수업을 떠올리며 백지에 적어볼 수도 있다.)

1. 학습전략

1) 학습전략의 개념

학습전략은 대단히 모호한 개념이라 정의를 내리기가 어렵다. 학습전략을 생각하기 전에 축구의 예를 들어본다.

코치가 선수들에게 세부 기술을 가르치는 데 상당 시간을 할애한다. 그러나 이 기술만으로는 시합에서 이길 수 없다. 시합에서 이기기 위해서는 작전이 필요하다. 어떤 작전으로 어떻게 공을 패스하여 골을 넣을 것인가를 연구하여야 한다. 또한, 우리 선수가 돌진할 때 상대의 수비 방법과 상황에 따라 작전을 바꾸어 가면서 공격을 해 나가야 한다. 축구선수들이 상황에 따라 수시로 작전을 바꾸어 나가듯이, 학습자도 학습 상황과 과제에 따라 그것에 반응하는 능력이 있어야 하는데 이것이 바로 학습전략이다.

어원적으로 볼 때 전략은 'strategia'라는 고대 그리스어에서 유래되었다. 이 말은 원래 '장군의 지휘 솜씨' 혹은 '전쟁기술'이라는 의미를 가졌으나 현재에는 조절과 목표 지향이라는 의미까지 포함되어 사용되고 있다(Oxford, 2001). 전쟁에서 승리하기 위해서는 목표를 향해서 나가야 하며, 이때 자기 자신과 주위 환경을 조절해야 한다는 의미도 내포한다. 타론(Tarone, 1977)은 학습전략은 의식적 또는 무의식적으로 학습자가 학습하기 위해 사용하는 절차라고 정의하고 있다. 샤모트와 쿠퍼(Chamot & Kupper, 1989)는 학습전략을 학습자가 새로운 정보나 기술을 이해하고 저장하며 기억하기 위해 사용하는 접근 방법 혹은 기술이라고 설명한다. 존스(Jones, 1983)는 학습전략이란 학습을 촉진하기 위하여 학습자가 사용하는 여러 가지 정신적 조작이며, 목적 지향적인 구체적인 행동이라고 정의한다. 학자들에 따라 조금씩 다르게 정의를 내리고 있지만, 학습전략이 학습자가 학습 목표를 달성하기 위해 사용하는 방법이라는 데는 대부분의 학자들이 동의하고 있다.

학습자가 학습 목표를 달성하기 위해서 단순히 지능만 좋아서 되는 것은 아니다. 공부하면서 스스로 혹은 타인들로부터 배운 학습전략들을 활용하면서 목표에 달성하게 된다. 어떤 사람들은 적합한 절차를 학습하고 사용하는 데 있어서 다른 사람들보다 더 유능하다. 그러나 명석하게 보이는 사람들도 학교학습 외의 다른 학습을 할 때는 우둔

해 보일 수도 있다. 다른 학습 목표는 다른 방식의 학습과 학습전략이 있어야 하기 때문이다.

성공적인 학습자란 모든 상황에서 올바른 과정을 발견하거나 숙달된 사람을 의미하지는 않는다. 성공적인 학습자는 여러 전략을 개발하고 그중에서 특정 상황에 맞는 것을 적절히 선택하여 융통성 있게 적용할 수 있는 사람이다. 이를 위해 성공적인 학습자는 자신이 무엇을 하고 있는지 알아야 하고 자신의 학습양식을 파악해야 하며 적절한 결정을 내리기 위해 학습을 점검해야 한다. 또한, 자신들의 학습이 비효율적일 때는 선택한 것을 바꿔야 한다. 그러므로 성공적인 학습자란 자신의 복잡한 학습양식을 잘 조정하는 사람, 학습요구를 파악하는 데 민감한 사람, 자신의 학습양식에 적용할 수 있는 전략들을 개발하는 사람이라 할 수 있다.

학습효과가 극대화되려면 교사가 효과적으로 잘 가르치는 것도 중요하지만, 학습자 스스로 효과적인 학습 전략을 잘 활용하는 것도 중요하다. 특히, 새로 개정된 '개정교육과정'에서 강조하고 있는 학습자 중심의 교육과정에서는 더욱 학습전략이 중요하다.

2) 학습전략의 유형

댄서로우(Dansereau, 1985)는 학습전략을 획득, 저장, 활용을 용이하게 하는 과정으로 보고, 주 전략과 보조전략으로 나누었다. 주 전략은 정보의 습득 및 저장에 직접 관여하는 전략인 이해전략, 파지전략과 저장된 정보를 회상하고 이용하는 데 관여하는 전략인 회상전략 및 사용전략으로 나누어진다. 보조전략은 학습자의 최적 심리상태를 유지하고 발전시키는데 필요한 하위요소로서 설계, 계획, 집중력 관리, 자기 점검 등으로 이루어진다.

그는 구체적인 학습전략으로 MURDER 실행전략을 개발했다. 이 전략은 수업목표에 들어가기 전에, 목표에 흥미를 갖도록 분위기를 조성하고(Mood), 학습 과제를 차근차근 읽고, 개념을 이해하고(Understand), 학습자료를 보지 않고, 스스로 그 내용을 회상하고(Recall), 회상내용을 교정하고 확인, 저장하고(Digest), 학습자 자신에게 질문하여 답을 찾고 정보를 부연하고 보충하고(Expand), 평가를 통하여 잘못된 정보를 검토하고 복습하는(Review) 과정으로 이루어진다.

데리와 머피(Derry & Murphy, 1986)는 학습전략을 기억전략, 읽기 전략, 문제 해결전략,

정의적 지원전략으로 구분하였다. 기억전략은 어휘와 관련된 전략이고, 읽기 전략은 글감에 관한 전략이다. 문제 해결전략은 산수와 관련된 전략이다. 정의적 지원전략은 모든 영역에 관련된 기본전략이다.

오말리(O'Malley, 1985)는 학습전략을 크게 상위인지 전략, 인지 전략, 사회 · 정의적 전략의 3영역으로 나누고, 상위인지 전략을 다시 8가지, 인지 전략을 14가지, 사회 · 정의 전략을 2가지로 구분하고 있다.

상위인지 전략은 정보처리 이론에서 나온 개념으로 학습자가 학습을 계획하고 실행하며 학습 과정 속에서 사고하는 전체 과정을 통제하거나 평가할 수 있는 전략이다. 즉 사고를 사고하는 전략이라고 할 수 있다. 인지 전략은 특정한 구체적 학습 내용에 대한 방법을 생각해 내는 전략이다. 사회·인지적 전략은 사회에서 타인과의 상호작용을 어떻게 할 것인가를 생각해 내는 전략이다. 이것은 표로 나타내면 <표 9-1>과 같다.

표 9-1 O'Malley의 학습전략 유형

상위인지적 (metacognitive) 학습전략	인지적(cognitive) 학습전략	사회정의(情意)적 (socioaffective)학습전략
① 선행조직자(advance organizer) ② 교사의 지도에 따라 주의집중 (directed attention) ③ 선택적 주의집중 (selective attention) ④ 자기 관리(self-management) ⑤ 기능적 계획(functional planning) ⑥ 자기점검(self-monitoring) ⑦ 연기된 생산(delayed production) ⑧ 자기평가(self-evaluation)	① 반복(repetition) ② 자료 찾기(resourcing) ③ 번역(translation) ④ 집단화(grouping) ⑤ 노트하기(note taking) ⑥ 연역적 사고(deduction) ⑦ 재결합(recombination) ⑧ 상상(imagery) ⑨ 청각적 표상 (auditory representation) ⑩ 핵심단어(keyword) ⑪ 맥락파악(contextualization) ⑫ 정교화(elaborartion) ⑬ 전환(transfer) ⑭ 추론(inferencing)	① 협동(cooperation) ② 명확히 알기 위한 질문 (question for clarification)

정보처리 학자들은 학습전략은 새로운 정보와 기존의 인지구조를 연결해 주는 부호화 과정에 영향을 주는 절차를 포함하고 있다고 주장한다. 학습전략은 부호화 과정이 효율적으로 일어날 수 있도록 도와주는 작용을 한다. 혼(Hohn, 1995)은 부호화 과정을 도와주는 학습전략을 8가지로 나누어 설명하고 있다.

표 9-2 부호화 과정을 도와주는 학습전략

학습전략 유형	예
1. 기본시연전략: 학습내용을 반복하기	• 미대륙 동부에 있는 미국의 주 이름을 계속해서 소리 내어 암송하기
2. 복잡한 시연전략: 글감의 주요 아이디어를 확인하여 기록하기	• 글감의 주요 아이디어에 밑줄을 긋고 노트하기
3. 기본정교화 전략: 사물을 머릿속으로 그려보기	• 캔자스주의 광활한 밀밭이나 미시간주의 자동차 공장을 그려보기
4. 복잡한 정교화 전략: 새 정보를 기존의 지식에 연결시키기 위해 자신의 말로 요약하기	• 정부의 삼권분립을 이해하기 위해 삼지창의 비유를 사용하기
5. 기본구조화 전략: 단편적인 내용을 새롭게 재구조화함	• 남북전쟁을 야기했던 사건들을 시간적 순서대로 다시 적어보기
6. 복잡한 구조화 전략: 한 위계나 조직을 구성하기 위해서 자료들을 재구성함	• 생태계의 먹이사슬을 나타내기 위해 개념도를 만들기
7. 이해-점검전략: 수업 중 이해하지 못한 내용을 체크하기	• 생소한 내용의 글감을 학생들이 잘 이해할 수 있도록 읽기를 시작하기 전에 질문하기
8. 정의적 전략: 자신의 환경을 편안하고 동기화된 분위기로 만들기	• 어려운 시험을 칠 때, '나는 할 수 있다. 단지 시간이 걸릴 뿐이다.'라고 말하며 스스로에게 자신감을 주기

3) 학습전략 훈련

학습자의 학습양식이나 성격은 변화되기가 쉽지 않은 것과는 달리 학습전략은 비교적 짧은 시간 내에 변화될 수 있다. 학습전략 훈련을 실시하기 전에 이 훈련이 왜 필요한지, 언제 필요한지를 학습자들이 먼저 이해하도록 하고, 그다음은 어떻게 활용할 것인지에 대한 훈련을 시작한다. 학습전략 훈련을 시작하기 전에 교사는 미리 학습자의 나이, 성, 태도, 동기, 학습 목표, 성격, 학습 형태, 적성, 그리고 학습전략 훈련에 대한 학습자의 인식 정도 등에 대해 잘 파악해 두어야 한다. 이런 사항들은 학습자가 학습전략을 선택하는데 중요한 요인으로 작용하기 때문이다.

학습전략의 훈련 효과에 관해 연구한 논문들은 대부분 학습전략 훈련을 받은 집단이 그렇지 않은 집단보다 학업 성취도가 높다는 연구 결과를 발표했다. 그러나 간혹 학습전략이 큰 도움이 되지 않았다는 연구 결과를 발표한 논문들도 있었다. 따라서 학습전략 훈련을 시행하기 전에는 다음과 같은 점에 유의하여야 한다(Nisbet, 2001).

첫째, 어떤 학습전략을 어떤 학생에게 가르칠 것인가를 결정한다.

둘째, 학습자들이 선호하는 학습전략을 선택하도록 하여 가르친다.

셋째, 학생으로 하여금 학습전략 훈련이 분명한 효과가 있다고 확신을 갖도록 한다.

넷째, 학습전략을 교과 내용과 분리하여 실시할지 또는 통합하여 실시할지를 학습 상황에 따라 결정한다.

다섯째, 학습자의 수준과 능력에 따라 학습전략 훈련 시기를 결정한다.

여섯째, 학습전략 훈련의 목적과 내용을 알리고 훈련을 실시할지 아니면 미리 알리지 않고 학습전략을 연습할 수 있는 기회만을 제공할지를 학습 상황을 고려하여 결정한다.

가장 일반적으로 활용되고 있는 학습전략 훈련 방법을 정리하여 설명하면 다음과 같다.

(1) 기억법을 이용한 학습전략

① 모듬 전략: 단어들을 주제별로 묶어서 기억하게 하는 전략이다. 예를 들어, 얼굴 표정에 관한 형용사, 날씨에 관한 표현, 학교 생활에 관한 단어 등을 모아서 학습한다.

② 연상전략: 새로운 단어를 학습하면서 이미 알고 있던 단어들과 연결시키는 전략이다. 예를 들어, 교사가 학생들에게 'summer'라는 영어 단어를 말해 주고 이 단어를 듣고 연상되는 영어 단어를 생각나는 대로 말해 보도록 하여 기존에 알고 있던 영어 단어와 새로운 단어를 연결시켜 가면서 학습하도록 하여 쉽게 이해하고 잘 잃어버리지 않도록 도와준다.

③ 심상전략: 새로운 단어나 표현을 배울 때 머릿속으로 그와 관련되는 상황을 그려 보는 학습전략이다. 예를 들어, '캥거루'를 배울 때 그 동물의 모습을 머릿속에 마치 사진을 찍듯이 이미지를 떠올리며 학습을 한다.

④ 소리연상전략: 새로운 단어를 배울 때 소리와 연관되는 특징을 연상하여 기억하는 학습전략이다. 예를 들어, 뻐꾸기라는 영어 단어 'cuckoo'을 배울 때 뻐꾸기가 '꾸꾸' 하고 우는 소리를 연상하며 학습한다.

⑤ 동작/감각 반응 전략: 새로운 단어나 표현을 배울 때 직접 몸동작이나 율동으로

표현하면서 느낌과 연관을 지어 학습하는 전략이다. 예를 들면 영어로 "Where are you going?"이라고 물으면 "I am going to church."라고 대답하면서 손으로 십자가를 그리거나 기도하는 제스처를 하면서 학습한다.

(2) 인지활동을 이용한 학습전략

① **반복전략**: 의미나 내용을 충분히 이해하거나 동작을 정확히 수행할 정도로 반복해서 학습하는 전략이다. 단순히 반복만 하면 쉽게 지루함을 느끼게 되므로 상대를 정하여 반복하거나 적당한 시간이 지난 후 다시 반복하는 등 다양한 방법으로 반복하게 하는 것이 효과적이다.

② **패턴 인식/사용 전략**: 일상적 생활에서 빈번히 사용되는 표현의 패턴을 부분적으로 학습하지 않고 패턴 전체를 학습한다. 예를 들면 "I have something to ______."라는 패턴을 주고 _______에 학생이 원하는 어떤 동사(eat, do, work 등)를 집어넣으면서 학습한다.

③ **자료 이용 전략**: 자료 이용 전략은 학생이 학습할 때 자신이 활용할 수 있는 모든 자료를 다 활용하면서 학습을 하는 전략이다. 예를 들어 과제를 하기 위해 그림, 사전, 인터넷, 현지 방문, 관계자 인터뷰, 비디오테이프 등을 활용하면서 학습을 한다.

④ **전이 전략**: 전이 전략은 학생이 이미 알고 있는 사전 지식을 활용하여 새로운 개념을 이해하는 전략이다. 예를 들어 'goalkeeper'라는 단어를 처음 접할 때 이미 알고 있는 'goal'과 'keeper'를 연결시켜 새로운 축구 용어 'goalkeeper'를 학습하는 전략이다.

(3) 보상전략

① **추측전략**: 듣기나 읽기를 할 때 자신이 알고 있는 기존지식을 토대로 추측을 하여 의미를 파악해 가는 학습전략이다. 긴 문장을 읽을 때 간혹 모르는 단어가 나오더라도 전후의 문맥을 통해 그 모르는 단어의 의미를 추측하면서 읽어 나가는 학습전략이다.

② **동의어/반의어 사용전략**: 새로운 단어를 학습할 때, 그 단어의 비슷한 단어나 반

대되는 단어를 생각해 봄으로 새 단어의 의미를 더욱 분명히 이해하고 오래 기억할 수 있는 학습전략이다. 예를 들어, 'gift'라는 단어를 학습할 때 'present'라는 동의어와 함께 학습하면 인지적 부담 없이 쉽게 새로운 단어를 하나 더 학습하게 된다.

(4) 상위인지 전략

① **주의집중전략**: 주의집중전략은 학습자가 필요하다고 판단한 내용만을 선별하여 주의를 기울여 학습을 하는 전략이다. 예를 들어, 오디오 테이프를 들을 때 모든 내용을 기억하려 하지 않고 등장 인물들만을 기억하려고 주의를 기울이며 테이프를 듣는 학습전략이다.

② **목표수립 및 실천계획 전략**: 학습자가 단기적 학습목표와 장기적 학습목표를 세우고 자신의 학습 진행 상황을 점검하는 학습전략이다. 예를 들어, 학생 스스로 학습 목표를 도표화하여 책상 앞에 붙여놓고 자신의 실천 여부를 체크해 나가는 학습전략이다.

③ **연습 기회 활용전략**: 자신이 배운 내용을 가급적 많이 연습해 볼 수 있는 기회를 만들려고 하는 학습전략이다. 예를 들어, 학교에서 배운 영어 표현을 길거리의 외국인들에 활용하려고 노력하는 전략이다.

④ **자기 점검 및 자기평가 전략**: 자기 점검 및 자기평가 전략은 학습자가 자신의 학습 과정을 스스로 점검하면서 평가하는 학습전략이다. 예를 들어, 자신이 시험에서 반복적으로 틀리는 문제들을 노트에 따로 정리하여 반복적으로 그 문제들을 연습하는 학습전략이다.

(5) 정의적 전략

① **불안감 감소 전략**: 불안감 감소 전략은 학습 내용에 대한 두려움과 긴장을 하게 될 때 심리적 안정감과 자신감을 회복시켜 편안한 마음으로 학습을 하도록 하는 전략이다. 예를 들어, 학생들이 어려워하는 내용을 배우게 될 때 심호흡을 하거나 가벼운 음악을 듣거나 하여 긴장을 풀고, 진도를 나가기보다는 지난 시간에 배웠던 내용을 다시 한번 복습을 해봄으로 새로 배울 어려운 내용에 대해 자신감을

갖도록 노력하는 학습전략이다.

② 자기 격려와 칭찬전략: 학습 과정 중에 학습자 스스로가 격려하고 칭찬하는 학습전략이다. 학생들은 실수하면 위축감을 느끼게 되고 소극적으로 되기 쉬운데 이럴 때 실수는 학습 과정에서 누구나 하게 되며 좀 더 공부하면 실수를 하지 않을 것이라고 생각하며 스스로를 격려하는 학습전략이다.

③ 감정상태 점검전략: 학습 과정에서 느끼는 감정을 수시로 점검하여 부정적인 감정을 소멸시키고 긍정적인 감정을 유지시켜 나가는 전략이다. 예를 들어, 학생으로 하여금 학습일기를 쓰게 하여 공부하면서 힘든 감정, 무엇인가 새로운 것을 배워서 기분 좋은 감정 등을 써 나가면서 자신의 감정을 조절하거나 통제해 나가는 학습전략이다.

(6) 사회적 전략

① 질문전략: 자신이 모르는 내용을 그 내용을 아는 사람에게 질문함으로 학습하려는 전략이다. 예를 들어, 수업 중 모르는 내용이 나왔을 때 표시해 두었다가 선생님이나 공부를 잘하는 친구에게 질문하는 전략이다.

2. 학습양식

학습은 정보를 모으고 진행시키는 자연스런 과정이고, 학습양식은 학습자가 모은 정보를 처리하는 방법이다. 살아가는 방식, 옷 입는 방식 등은 학습양식의 영향을 받는다. 학습에 참여하는 적극성의 정도에 따라 수동적인 학습자와 능동적인 학습자로 나눌 수 있다. 수동적인 학습자는 사색적이어서 배우는 내용을 생각하기를 좋아한다. 한편, 능동적인 학습자는 직접 경험을 하면서 배우기를 좋아한다. 운전 교습의 예를 들어본다. 수동적인 학습자는 관찰하는 입장으로 수업에 참여하지만, 능동적인 학습자는 자동차를 직접 작동하면서 배우려고 노력한다(Marks, 1994). 학습양식은 세상을 살아가면서 행하는 모든 행동에 영향을 미친다. 특히 학생이 학교에서 수업을 받을 때 교사의 학습양식에 자신의 학습양식을 잘 적응시키는 것은 학습효과에 중요한 영향을 미친다.

1) 학생의 학습양식과 교사의 수업양식

구조화 선호 학습양식을 가진 학생은 학습계열을 중시하며 논리적으로 학습하기를 좋아한다. 이런 학습양식을 가진 학생은 단계적 접근 방법으로 정보를 얻으려고 노력하고, 이론이나 질서를 중시한다. 이런 학생은 시간을 정확히 지키고, 구체적이고 정밀한 정보까지 얻으려고 노력한다.

비구조화 선호 학습양식 학습자는 구조화되지 않은 방법으로 학습하기를 좋아한다. 이런 학습자는 수학이나 과학과 같이 구조화된 과목보다는 역사나 예술, 문학 등과 같이 비구조화된 과목들을 좋아한다. 사물을 볼 때도 상세하고 구체적인 내용을 보기보다는 전체적이고 통합적인 내용을 파악하려고 노력한다. 이런 학습자는 학습 내용이 글로 기록된 것보다는 그림이나 도표로 설명되어 있는 것을 선호한다.

학생의 학습양식을 구조화 선호와 비구조화 선호로 나누듯이, 교사도 구조화된 수업을 선호하는 교사와 비구조화된 수업을 선호하는 교사로 나눌 수 있다. 마크(Marks, 1994)는 이 두 유형의 교사들의 특징을 다음과 같이 설명하고 있다.

(1) 구조화된 수업을 선호하는 교사의 특징

① 체계적, 구조적인 내용을 선호한다.
② 사실이나 세부사항을 선호한다.
③ 단계적 사고를 중시한다.
④ 사람보다 자료에 더 흥미 있어 한다.
⑤ 읽기와 문학과 같이 비형식적 형태의 교과 내용을 선호한다.
⑥ 교실 내의 정서적 분위기를 잘 파악하지 못한다.
⑦ 효율성을 중시한다.
⑧ 계획을 철저히 세운다.
⑨ 학생들을 엄격하게 대한다.
⑩ 옳고 그름을 분명히 밝힌다.

(2) 비구조화된 수업을 선호하는 교사의 특징

① 인간미가 있고 사람들과 어울리기를 좋아한다.

② 다른 사람들의 단점을 잘 지적하지 않는다.

③ 역할 놀이, 토론, 소집단 수업을 선호한다.

④ 개별화 수업을 선호한다.

⑤ 자신만의 방식으로 수업을 진행한다.

⑥ 창의적인 과제를 내준다.

⑦ 수업을 즐겁게 만들려고 노력한다.

⑧ 다양한 수업방식을 사용하려고 노력한다.

⑨ 수업을 계획대로 진행하기보다는 상황에 따라 융통성 있게 진행한다.

⑩ 수업을 다소 어수선하게 진행시키는 것처럼 보인다.

학생이 교사의 수업양식에 잘 적응하는 것은 매우 중요하다. 특히, 학생이 잘 적응만 한다면, 학생의 학습양식과 교사의 수업양식이 다를 경우가 학생에게 더욱 유익할 수 있다. 예를 들어, 비구조화 선호 교사는 구조화 선호 학생에게 상상력을 자극하는 과제를 부과함으로 그 학생의 창의력을 계발시킬 수 있다. 반대로, 구조화 선호 교사는 분명한 규칙을 만들어 비구조화 선호 학생이 수업 중 우왕좌왕하는 것을 방지할 수 있다. 따라서 학생은 교사가 어떤 유형인지를 파악하여 적절하게 잘 대응하는 것이 중요하다.

2) 학습환경 구성과 학습양식

학습환경에 따라 학습이 도전적이 될 수도 있고, 절망적이 될 수도 또는 단지 시간 낭비가 될 수도 있다. 학습이 효율적으로 진행될 수 있도록 학습환경을 구성하는 것은 학습의 전제 조건이다.

효과적인 학습환경은 학생이 쉽게 주의집중을 할 수 있어서 더 많은 학습이 이루어지게 하는 환경이다. 반면 비효과적인 학습환경은 학습 시간을 낭비하게 하고 학습을 어렵게 만든다. 효과적인 학습환경을 만드는 가장 중요한 이유는 학생이 학습하는 동안 주의집중을 잘 할 수 있도록 하기 위해서이다.

주의집중은 학습에서 매우 중요하다. 주의집중을 하게 되면, 교과 내용을 잘 이해하게 된다. 반면, 몽상(mind-wandering)은 주의집중의 적이다. 몽상은 순간적으로 주의집중을 하지 못하는 현상이다. 이것은 짧게는 1초, 길게는 30초 이상 지속될 수 있다.

때로는 몽상이 학습에 도움이 될 수도 있다. 학생이 학습하고 있는 내용과 관련된 것을 생각해 내면서 지식을 만들어 간다면, 몽상은 매우 유용하게 된다. 예를 들어, 가전제품을 새로 사 와서 설치를 할 때, 어린 시절 플러그를 잘못 만져 전기 충격을 받았던 기억에 대한 몽상을 한다면, 그것은 생산적이 될 수 있다. 그러나 이때 주말을 어떻게 보낼까를 생각한다면 비생산적이 된다. 이런 비생산적인 사고가 주의집중을 방해하여, 학습의 속도와 효과를 떨어뜨린다. 몽상은 인간에게 있어서 지극히 자연스러운 현상이다. 이런 현상을 완전히 제거하는 것은 불가능하다. 단지 몽상의 빈도나 강도를 줄이는 것만이 가능하다(Marks, 1994).

인간은 환경에 반응하며 생활한다. 따뜻하면 졸리고, 시끄러우면 주의가 산만해진다. 또 많은 생각을 하면 주의 집중하기가 힘들어진다. 공부하는 동안 학습에 영향을 미치는 모든 것들이 학습환경이다. 이 학습환경은 물리적 학습환경과 정신적 학습환경으로 나누어진다. 물리적 학습환경은 공부하는 장소와 주위에 놓여 있는 물건들이다. 정신적 학습환경은 학습자의 태도, 감정, 사고 등과 같이 학습자의 정신에 영향을 주는 요인들을 다 포함한다. 물리적 학습환경과 정신적 학습환경은 학습자가 주의 집중하는 데 영향을 미치고, 반대로 주의집중은 학습량과 학습 시간에 영향을 미치게 된다.

주의집중을 할 수 있는 물리적 환경은 조용하고, 적당한 온도와 조명이 있어야 하고, 주위의 정리 정돈이 잘되어 있는 장소이다. 주의집중에 효과적인 정신적 학습환경은 자신의 능력에 대한 자신감과 즐거운 마음으로 공부를 할 수 있는 감정이다.

학생의 학습양식에 따라 선호하는 학습환경도 매우 다르다. 집에서 혼자 조용한 분위기 속에 공부하기를 선호하는 학생이 있는가 하면, 음악을 들으며 또는 많은 학생이 같이 공부하는 도서관을 선호하는 학생도 있다. 학생의 학습양식이 물리적 학습환경과 적절히 잘 결합이 되면 학습자의 바람직한 정신적 학습환경을 최적으로 만들어 학습의 효과를 높이는 데 이바지를 할 것이다.

3) 학습양식 조사

학습양식은 좋다, 나쁘다고 평가할 수 없다. 단지 학습자인 학생이 심리적 안정감을 가지고 학습할 수 있는 상황에 대한 선호도일 뿐이다. 여러분들이 자신의 학습양식을 조사해 볼 수 있도록 마크(Marks, 1994)가 개발한 학습양식 검사지를 수록해 본다.

학습양식 검사지

여러분이 선호하는 학습양식을 검사하기 위해 개발한 검사입니다. 너무 깊이 생각하지 말고 가급적 가장 먼저 떠오르는 문항에 ○표를 하세요.

1. 나는 나를 이렇게 생각한다.
   a. 직관적이다.
   b. 논리적이다.
   c. 직관적이면서도 논리적이다.

2. 내 방의 정돈 상태는?
   a. 엉망이다.
   b. 항상 정돈되어 있다.
   c. 때로는 엉망, 때로는 잘 정돈되어 있다.

3. 교실에서의 나의 태도는?
   a. 오랫동안 조용히 앉아있는 데 어려움이 있다.
   b. 오랫동안 조용히 앉아있는 데 어려움이 없다.

4. 댄스파티에서 나는?
   a. 춤을 많이 춘다.
   b. 대부분의 시간을 사람들과 대화하는데 보낸다.
   c. 춤추는 시간과 대화하는 시간이 비슷하다.
   d. 춤을 좋아하지 않는다.

5. 어떤 표현이 나를 가장 잘 나타내는가?
   a. 나는 리더가 되기를 원한다.
   b. 나는 집단의 일원으로 만족한다.
   c. 나는 리더가 되는 것도 따라 하는 것도 좋아한다.
   d. 나는 혼자 있는 것을 좋아한다.

6. 어떤 표현이 나를 가장 잘 나타내는가?
   a. 내가 경험한 내용을 약간 과장하여 표현한다.
   b. 내가 경험한 내용을 있는 그대로 정확하게 표현한다.

7. 수업 중 노트를 할 때 나는?
   a. 노트 여백에 낙서를 한다.
   b. 필기하느라 바빠서 전혀 낙서를 하지 않는다.
   c. 필기도 하고 낙서도 한다.
   d. 필기도 낙서도 하지 않는다.

8. 회의 시간이 다가올 때, 나는?
   a. 종종 늦거나 서둘러 간다.
   b. 항상 일찍 가거나 정시에 간다.
   c. 때로는 늦기도 하고, 때로는 정시에 가기도 한다.

9. 공부할 때 나는?
   a. 능동적이고, 시행착오를 통해 배우기를 좋아한다.
   b. 선생님의 말씀을 듣기를 좋아한다.
   c. a와 b 모두 해당된다.
   d. a와 b 모두 해당되지 않는다.

10. 나는?
   a. 내가 방에 들어간 후에 방에 들어온 이유를 잊어버리는 경우가 종종 있다.
   b. 내가 방에 들어간 후에 방에 들어온 이유를 결코 잊어버리지 않는다.

11. 학교에서 나는?
   a. 헛된 생각을 많이 하는 경향이 있다.
   b. 결코 헛된 생각을 하지 않는다.

12. 나는?
   a. 때때로 나는 셈하기 위해서 손가락을 사용한다.
   b. 암산으로 주로 셈을 한다.

13. 공부가 가장 잘 될 때는?
   a. 음악을 들으면서 공부할 때
   b. 음악을 듣지 않으면서 공부할 때
   c. 음악과는 상관이 없다.

14. 나는?
   a. 선생님이 말로 지시를 하시는 내용을 종종 이해하지 못한다.
   b. 선생님이 말로 지시를 하시는 내용을 잘 이해한다.

15. 나는?
   a. 나는 너무 많은 새로운 아이디어를 가지고 있어, 이것들을 다 실행하지 못한다.
   b. 나는 신중하게 계획을 세운다.
   c. 둘 다 해당된다.
   d. 둘 다 해당되지 않는다.

16. 나는 어떤 과목을 잘하는가?
   a. 미술이나 음악
   b. 영어나 역사
   c. 위의 과목 모두 잘한다.
   d. 위의 과목 모두 못 한다.

17. 나는?
  a. 나의 감정을 다른 사람들에게 이야기하기를 좋아한다.
  b. 나의 감정을 비밀로 지킨다.

18. 숙제를 할 때, 나는?
  a. 주의 집중하기가 힘들다.
  b. 숙제를 하는 동안 시간이 너무 잘 간다.
  c. 숙제하는 시간이 너무 지루하고 길게 느껴진다.
  d. 숙제를 하지 않는다.

19. 나는?
  a. 창의적이다.
  b. 상상력이 풍부하지 않다.

20. 나는?
  a. 나는 다양한 색들을 좋아한다.
  b. 나는 다양한 색들을 좋아하지 않는다.

〈평가 방법〉

1. 'a'가 많으면 비구조화 선호 학습양식 소유자
2. 'b'가 많으면 구조화 선호 학습양식 소유자
3. 'c'가 많으면 중간적인 학습양식 소유자
4. 'd'가 많으면 학습성향이 없는 사람

3. 학습기술

학습기술은 1950년대 낙제생들을 위해 대학에서 먼저 시작되었다. 이어 16세 이상의 '전후 1세대 학생'들이 직면하고 있는 문제점들을 학교가 인식하게 됨에 따라 중학교 상급반에게까지 전파되어 최근 몇 년간 급속히 퍼져 나갔다. 1969년 개방대학의 설립은 새로운 형태인데 성인 학생들을 고등교육에 끌어들임으로써 학습 기술 운동에 자극을 주었고, 지금은 '공부 방법(how to study)'에 대한 수많은 안내서가 나오고 있다(이신동, 2001).

학습기술에 대한 책들은 물리적 학습환경 조성을 먼저 다룬 다음, 학습기술 훈련에 대해 다루고 있다. 학습기술훈련에서 다루고 있는 규칙들은 다음과 같다.

① 그날그날의 계획표를 작성하라.

② 공부를 시작하기 전에 미리 필요한 모든 자료를 준비하라.

③ 자리에 앉자마자 바로 공부를 시작하라.

④ 공부의 진행에서 나타나는 일반적인 결함들

- 학습자료에 대한 독해력 부족
- 암기식 공부
- 조직과 요약의 실패
- 복습의 실패
- 공부를 위한 시간과 공간의 부족

학습전략에서 가장 중요한 것은 학습자 자신에 대한 인식을 발달시키는 것이다. 자기 인식은 학습자가 학습의 과정에서 영향을 받을 때 학습전략과 직접적으로 연결된다. 이러한 연결은 학습자 스스로 생각할 때는 무의식적으로, 교사가 교과 내용과 학습방법에 관해 관심을 가지고 피드백을 줄 때는 의식적으로 이루어진다. 이런 학습전략은 모든 교과 내용에 적용이 되지만, 학습 기술은 학습전략과는 달리 특정 교과와 관련되어 가르친다. 학생이 교과와 관련된 특정 학습 기술을 습득하게 되면 이를 바탕으로 스스로 학습 방법에 대한 자신의 학습전략이 발달하게 된다.

각 과목에 적합한 학습 기술을 살펴본다.

1) 학습기술

(1) SQ3R(Survey, Question, Read, Recite, Review) 방법

이 학습 기술은 역사나 과학 분야에 적합한 방법이다. 어떤 학생들은 책을 많이 읽지만, 역사나 과학 성적이 부진한 경우가 있다. 이런 학생들의 특징은 그들이 읽는 책이 주로 소설이나 명작들이기 때문에 이야기 형식의 글은 잘 읽어도 설명문 형식의 딱딱한 글은 잘 읽을 줄 모른다. 그들이 역사나 과학 교과서나 그와 관련된 서적을 읽었다 하더라도 정확히 이해하지 못하고, 읽은 내용을 가지고 어떻게 공부해야 할지를 모른다. 이런 학생들의 특징은 다음과 같다(전정재, 2001).

① 읽은 글감의 주제를 파악하지 못한다.
② 글감의 내용을 요약하지 못한다.
③ 어느 부분을 빨리 읽어야 하고, 어느 부분은 상세히 읽어야 하는지를 모른다.
④ 그래프나 도표를 이해해서 정보를 수집하고, 그 정보를 이해하는 방법을 모른다.
⑤ 새 지식을 접했을 때 자신이 이미 알고 있는 지식을 활용하여 이해하는 방법을 잘 모른다.

이런 학생들은 상위인지 능력이 부족하여, 새로운 글감과 관련하여 무엇을 알고 있는지에 대해 정확히 알지 못하고, 또 새로 받아들인 정보를 이 기존 지식과 연결시키는 데도 미숙하다.

SQ3R 방법을 개략적으로 살펴본다.
① Survey(윤곽 잡기) : 글감의 윤곽을 잡기 위해 대략 훑어본다.
② Question(스스로 문제 만들어 보기) : 윤곽 잡기를 하는 동안 자신에게 질문한다.
③ Read(읽기) : 글감에서 중요한 핵심단어들을 잘 파악해 가면서 전체적인 내용을 이해해 가면서 읽어 나간다.
④ Recite(암송하기) : 자신의 질문에 대한 답을 찾아가면서 중요한 개념을 기억한다.
⑤ Review(복습) : 읽기를 하는 동안 생각해 두었던 중요한 개념, 결론 등 만을 간추려 다시 살펴본다.

(2) ROWAC 방법

이 방법은 논술, 보고서, 독후감 등 글쓰기 학습 기술이 부족한 학생들에게 적합하다. 대부분의 학생들은 글을 읽는 것보다 쓰는 것을 더 싫어한다. 글쓰기는 읽기보다 더 많은 인지적 노력이 필요하기 때문이다.

학생들에게 글쓰기를 가르치기 전에 먼저 글쓰기를 싫어하는 이유에 대해 살펴본다. 먼저 학생들은 무엇에 대해 글을 쓸 것인가 즉 글의 주제를 선정하는 데 어려움이 많다. 글의 주제를 선정하기 위해서는 그 분야에 관한 많은 지식이나 정보를 얻기 위해 많이 읽어야 한다. 써야 할 글의 주제를 선정하고 난 후에는 어떻게 써야 할지에 대해 모른다. 좀 더 세련된 표현을 떠나서 내용의 정리를 어떻게 해야 할지도 모른다.

글쓰기를 싫어하는 학생들에게 매우 효과적인 ROWAC 방법을 살펴보면 다음과 같다.

① Read(읽기) : 관련된 분야의 독서를 한 후 글감을 잡는다.
② Organize(구성) : 생각나는 주요한 아이디어들을 구성한다.
③ Write(쓰기) : 주요한 아이디어들을 중심으로 문장을 써 본다.
④ Actively read(적극적으로 검토하며 읽기) : 개략적으로 써 놓은 문장들을 적극적으로 검토하며 읽는다.
⑤ Correct prediction(고쳐쓰기) : 써 놓은 글을 상세히 읽으며 수정한다.

(3) EVOKER 방법

학생들이 시를 접할 기회가 많지 않아 대부분의 학생들은 시를 어렵다고 생각한다. 그들이 시를 어려워하는 가장 큰 이유는 어떻게 감상해야 할지 몰라 생기는 현상이다. 시는 그 특성상 한 단어가 많은 함축적인 의미를 포함하고 있기 때문에 정독을 하지 않으면 함축된 의미들을 다 찾아내지 못하게 되고 결국 시가 가지고 있는 언어의 의미를 이해하지 못하게 된다. 시를 공부하는데 효과적인 EVOKER방법을 간단히 살펴 본다.

① Explore(탐색) : 시의 느낌만을 감지할 수 있을 정도로 빠른 속도로 시를 읽는다.
② Vocabulary(어휘) : 그 시의 주제를 잘 표현해 주는 핵심단어를 찾는다.
③ Oral reading(낭송) : 시의 아름다움을 이해하기 위해 리듬감이 살아나도록 소리 내어 읽는다.
④ Key Ideas(중요 개념) : 핵심단어를 중심으로 그 시 전체가 표현하려는 중요 개념 파악한다.
⑤ Evaluate(주제 파악) : 핵심단어와 중요 개념을 회상하면서 그 시의 주제를 파악한다.
⑥ Recapitulation(되풀이하여 읽기) : 시를 다 이해한 후에 다시 읽어서 그 내용뿐 아니라 시의 의미와 숨겨진 뜻을 음미한다.

(4) SQRQCQ 방법

많은 학생들이 초등학교 저학년일 때는 수학을 그런대로 좋아하다가 고학년이 될수록 수학을 싫어하는 경향이 두드러진다. 여러 가지 이유가 있을 수 있지만, 대부분은 간단한 계산을 잘 하지만 그 계산능력을 응용문제에 적용시키는 데 어려움을 느낀다. 그들은 수학 응용문제의 요지를 정확히 파악하지 못하고 그 문제가 지시하는 대로 순차적으로 따라가지 못하기 때문이다. 이런 학생들에게 효과적인 SQRQCQ방법을 간략하게 살펴본다.

① Survey(문제 개요 파악) : 수학 응용문제를 대강 읽어 나가면서 그 문제가 무엇을 요구하고, 요구하는 사항이 몇 개인지를 파악한다.

② Question(첫 질문) : 문제가 요구하는 바를 이해하고 있는지를 스스로에게 자문해 본다.

③ Review(문제 다시 읽기) : 문제를 다시 읽으면서 학생이 풀어나가야 할 과정에 대해서 다시 정리한다.

④ Question(두 번째 질문) : 학생 스스로 두 번째 자문을 하여 어떤 수학 공식을 이용하여 어떻게 풀어가야 할지를 결정한다.

⑤ Compute(계산하기) : 위의 절차를 통해 문제를 정확히 파악한 후 계산한다.

⑥ Question(세 번째 질문) : 계산을 통해 나온 답을 다시 검토한다.

위에서 여러 가지 학습 기술을 살펴보았다. 이런 학습 기술들이 교육 현장에서 실제적으로 사용되어 좋은 결과가 있다는 연구들도 많이 있다. 학습 기술의 중요성이 최근에 중요하게 부각되고 있으나, 다음과 같은 비판을 받는 것도 사실이다.

- 인지심리학적 발달과 연계성 부족으로 이론적 기초가 빈약하다.
- 보편적인 원리를 바탕으로 하기 때문에 경험적 기초가 부족하다.
- 지나치게 일반적이고 교과의 맥락에서 벗어남으로써 학습자의 필요에 맞지 않으며 실제로 적용하는 것이 어렵다.
- 구체적인 과목들에 대한 조언을 모아 둔 것이므로 전이성이 낮다.
- 시험합격 등 단순히 학교 제도의 형식적인 요구에 부응하기 위한 방법으로 이용된다.
- 학습 기술은 주로 대학생이나 성인을 대상으로 하기 때문에, 시기상으로 너무 늦다.

2) 학습 기술에 문제가 있는 학생 지도

학교에서의 학생의 성공은 여러 요인들의 상호작용에 의해 결정된다. 이 요인들에는 학생의 적성, 동기, 학습 기술 등이 포함된다. 학생이 학습 동기와 학습 기술을 적당히 가지고 있다면, 적성은 크게 문제가 되지 않는다.

학교에서 성공하고자 하는 학생들의 동기는 학생 스스로 개발해야 한다. 그러나 학습 기술은 이전에 경험했던 타인으로부터 배워야 한다. 학생들이 학교에서 흔히 경험하게 되는 학습상의 어려운 상황을 6가지로 나누고, 이런 상황에서 학생들이 활용할 수 있는 학습 기술들을 열거해 본다.

(1) 난해한 학습 과제를 학습할 경우

① 몇 명의 친구들과 함께 학습 과제를 함께 공부한다. 어려운 내용에 대해서 서로 토론을 하고, 서로 질문하고 답을 해 본다.

② 사전을 활용하여 친숙하지 않은 단어와 정의들의 리스트나 카드를 만들어 본다. 카드를 만들 때는 한 면에 단어를 쓰고 뒷면에는 그 정의를 쓴다. 자유 시간이나 기다리는 시간에 카드를 가지고 공부를 한다.

③ 관련 서적을 도서관에서 찾아 읽어본다. 그래도 이해가 되지 않는 내용이 있으면, 교사에게 질문한다.

④ 학습 내용의 난이도에 따라 학습 시간을 조절한다. 어려운 내용에는 좀 많은 시간을 투자하고, 쉬운 내용에는 시간을 덜 투자한다.

⑤ 관련 자료나 서적을 읽을 때, 쉬운 내용은 빨리 읽고 어려운 내용을 읽을 때는 천천히 읽는다.

⑥ 독서를 하면서 중요한 내용이나 아이디어는 메모해가면서 읽는다.

(2) 강의 중 노트를 잘 못 하는 경우

① 강의에 들어가기 전에 교사가 요구하는 책을 읽는다.

② 교사가 강의하는 모든 내용을 다 노트하려고 하지 않는다. 교사가 강의하는 내용이 교재에 있는 내용일 경우는 노트하지 않는다. 단어를 압축하거나 기호를 이용

해서 노트하여 시간을 절약한다.

③ 강의 시간에 노트한 것을 빠른 시간 안에 다시 한다. 시간이 부족해서 빠트린 내용을 보충한다.

④ 노트할 때 한 면만을 사용한다. 다른 면에는 관련 서적을 읽은 내용이나 친구들이나 교사와 토론한 내용을 기록한다.

⑤ 가급적 교사와 가까운 곳에 앉으며, 노트하느라 강의를 듣는데 소홀해서는 안 된다.

⑥ 노트할 때 정확히 듣지 못한 부분은 빈 공간으로 남겨 두었다가, 후에 교사나 친구들에게 물어 빈 공간을 채운다.

⑦ 노트 내용에 날짜를 기록하고 주제별로 소제목을 정확히 노트한다.

(3) 책을 읽거나 강의를 들은 내용을 잘 기억하지 못하는 경우

① 책을 읽거나 강의를 들은 후 24시간 이내에 노트한 내용을 복습한다. 시험을 치르기 전까지 주기적으로 복습한다.

② 학습한 내용에 대해 질문을 만들어 본다.

③ 자신의 말로 읽은 내용에 대해 노트한다.

④ 부분을 전체와, 한 내용을 다른 내용과 연결시켜본다.

⑤ 반복적으로 공부를 한다.

(4) 공부하고 싶은 생각이 들지 않을 경우

① 주간 계획을 잘 세운다. 이 계획안에는 수업, 식사, 잠, 공부, 여가 활동 등을 포함시켜야 한다. 일단 계획이 정해지면 잘 지켜야 한다.

② 즐겁지 않은 과제를 끝마치기 전까지는 즐거운 과제의 유혹을 물리쳐야 한다. 과제를 완성하기 전까지는 친구에게 전화를 걸지 않는다. 어렵거나 지루한 내용을 다 읽기 전까지는 재미있는 소설을 읽지 않는다.

③ 공부하고 싶은 마음이 없는 것은 종종 목표 의식이 부족해서 생긴다. 선배나 교사와 상담을 하여 미래의 삶에 의미가 있는 목표를 설정하는 데 도움을 받는 것이 좋다.

④ 공부하다 휴식을 취할 때는 공부에 흥미가 있을 때 잠시 휴식을 하는 것이 효과

적이다. 공부에 지치거나 피곤할 때 휴식을 취하면, 다시 공부하고 싶은 마음이 들지 않을 수가 있다.

(5) 공부할 때 집중이 되지 않는 경우

① 혼자 조용한 장소에서 공부한다. 주의를 산만하게 하는 모든 자극들을 제거한다. 특히 라디오를 켜지 않는다.
② 공부를 시작하기 전에 공부하는 중에 필요할 만한 모든 물건들을 준비해 둔다. 일단 공부를 시작한 후에는 왔다 갔다 하지 않고 공부에만 집중한다.
③ 시간 계획을 엄격하게 지킨다. 처음엔 지키기가 어렵지만 지키다 보면 조건화가 되어 자연스러워지게 된다.
④ 공부하는 중에 엉뚱한 생각이 들면 이것을 끊어야 한다.
⑤ 자신이 지킬 수 있는 현실적인 계획을 세운다.
⑥ 식사와 취침 시간을 규칙적으로 하여 공부 스케줄을 방해하지 않도록 한다.

(6) 공부는 열심히 하는데 항상 시험을 잘 못 보는 경우

① 미리미리 시험을 준비 계획을 세워 차분하게 실행한다.
② 노트 내용을 교재와 연관시켜 가면서 공부한다.
③ 친구들과 함께 공부를 하고 서로 예상 문제들을 만들어 본다.
④ 교사에게 어떻게, 어떤 내용을 출제할 것인지에 대해 질문한다.
⑤ 객관식 시험을 위해서는 사실, 이름, 날짜, 공식, 도표 등을 암기해야 한다. 그러나 주관식 시험을 위해서는 일반적인 개념이나 이론들을 공부해야 한다.
⑥ 시험을 치를 때 문제를 정확히 읽고 문제가 요구하는 내용에 충실한다.
⑦ 시험을 치를 때 시간 계획을 세운다. 시험지를 받자마자 시험 문제들을 전부 살펴본 후에 각 문제에 대략 시간을 할당한다.
⑧ 논술식 답안을 작성할 때는 기술할 내용의 구조를 생각해 본 후 기술하기 시작한다.
⑨ 답안은 반드시 검토를 한다.

4. 시간관리법

우리나라의 학생들은 학교에서, 학원에서 많은 시간을 보낸다. 공부에 시간은 많이 소비하고 있지만, 효율성 측면에서 효율성이 매우 낮은 경우가 대부분이다. 모든 학생들에게 하루 24시간이 주어졌다. 그들은 공부라는 경험 이외에도 해야 할 많은 경험들이 있다. 공부에 너무 많은 시간을 비효율적으로 투자하면 취미활동, 봉사활동, 친구와의 친교 활동 등의 중요한 경험을 하지 못하게 된다. 이런 측면에서 시간을 효율적인 관리를 통해서 잘 사용하는 것은 모든 사람들에게 특히 공부하는 학생들에게 매우 중요하다.

그러나 시간 관리는 생각처럼 그리 용이하지 않다. 시간 관리의 효율적인 이용은 학업의 성공을 결정적으로 좌우하며, 사실 겉으로 보이는 것만큼 쉬운 것도 아니다.

학생들이 시간 관리를 하는 태도에 따라 세 가지 유형으로 나눌 수 있다(김영채, 1992).

첫째, 학습을 시작하는데 준비 시간이 오래 걸리는 학생이 있다.

이런 학생들은 공부를 시작하기가 어렵다. 공부해야겠다는 생각을 하면서도 이일 저일 다 한 후에서야 비로소 공부를 시작한다. 어렵게 공부를 시작하지만 얼마 되지 않아 바로 공부를 마친다.

둘째, 시간에 비해 너무 많은 학습량을 설정하는 학생이 있다.

짧은 시간에 자기의 능력에 넘치는 학습량을 정하여 학습 속도가 너무 빨라 이해하지도 못한 채 진도만 나간다. 결국은 한 가지의 학습 목표에도 도달하지 못하고 시간만 낭비하고 만다. 이런 학생들은 스스로 공부를 많이 했다고 생각하나 성적이 잘 나오지 않아 실망하는 경우가 많다.

셋째, 자신의 능력과 시간의 양에 적합하게 학습 목표와 계획을 세워 공부하고 공부를 한 후 성취감을 느끼는 학생이 있다. 이런 학생들은 자신의 능력을 잘 알기 때문에 실현 가능한 정도를 잘 고려하여, 심리적 부담 없이 계획을 세워 차분하게 공부를 해 나간다.

학생이 시간 관리를 하는 방법을 구체적으로 살펴본다.

첫째, 단기목표와 장기목표를 세워야 한다.

자신에게 중요한 것이 무엇인지를 찾아내야 한다. 만약 이번 학기에 좋은 학점을 받는 것이 중요한지, 5년 후 좋은 직업인이 되는 것이 중요한지, 10년 후 좋은 부모가 되는 것이 중요한지를 안다면, 시간을 단기적으로 또는 장기적으로 어떻게 사용해야 할지를 결정할 수 있게 된다.

단기목표는 6개월 혹은 일 년 이내에 성취해야 할 목표이다. 이번 학기에 선택해야 할 과목, 좋은 학점 받기 등이 단기목표에 속한다. 장기목표는 6개월 혹은 일 년 이상의 시간을 요구하는 목표이다. 예를 들면, 좋은 성적으로 학위를 취득하기, 훌륭한 직업인이 되기, 결혼하여 가정을 갖기 등이 장기목표에 속한다. 단기목표와 장기목표를 여러 개 정하고 그 목표들을 이루기 위해 구체적인 실행 방안을 5가지 정도로 기록해 본다. 구체적인 예를 들어보면 다음과 같다.

〈단기목표 및 실행 계획〉

1. 학교에서 좋은 성적을 받기 위해서, 나는 ________________.
   ① 공부를 열심히 한다.
   ② 수업에 출석을 잘한다.
   ③ 과제를 정시에 제출한다.
   ④ 학급 토론에 적극적으로 참여한다.
   ⑤ 시간 관리를 잘 한다.

〈장기목표 및 실행 계획〉

2. 내가 원하는 직업을 갖기 위해서, 나는 ________________.
   ① 학교에서 좋은 성적을 받도록 노력한다.
   ② 직업 상담사와 진로 상담을 한다.
   ③ 원하는 직업의 현장 체험을 해 본다.
   ④ 그 직업이 원하는 자격증을 준비한다.
   ⑤ 그 분야 종사자와 상담을 한다.

둘째, 일일, 주별 일정 관리를 잘한다.

아침에 일어나서 저녁에 잠자리에 들 때까지 시간대별로 자신이 하는 일을 상세히 적어본다. 일일 일정을 일주일 동안 적어 본 후, 그 내용들을 잘 살펴보면 하루를 현명하게 보내는지 그렇지 않은지를 스스로 평가할 수 있다.

표 9-1 주별 일정 관리표

시간	일	월	화	수	목	금	토
6:00							
7:00							
8:00							
9:00							
10:00							
11:00							
12:00							
13:00							
14:00							
15:00							
16:00							
17:00							
18:00							
19:00							
20:00							
21:00							
22:00							
23:00							
24:00							

셋째, 학기 관리표를 잘 활용한다.

한 학기 동안 학교 계획에 따라 제출해야 하는 과제물과 주요 행사를 일목요연하게 볼 수 있는 학기 달력을 만들어 활용한다.

표 9-2 학기 관리표

주		일	월	화	수	목	금	토
1주	9.7-							
2주	9.14-							
3주	9.21-							
4주	9.28-							
5주	10.5-							
6주	10.12-							
7주	10.19-							
8주	10.28-							
9주	11.2-							

10주	11.9-							
11주	11.16-							
12주	11.23-							
13주	11.30-							
14주	12.7-							
15주	12.14-							

넷째, 주별 관리표와 학기 관리표를 참조하여 공부계획표를 만들어 활용한다.

학생 자신이 어렵다고 생각되거나 중요하다고 생각되는 과목을 왼쪽에 기록한다. 각 과목의 과제의 마감일과 시험일을 중심으로 하여 어떤 시간 계획으로 공부를 할지에 대한 계획을 세운다.

표 9-3 ______주차 공부계획

과목 (어려운 순서대로)	영어	수학	국어	사회	과학	음악	컴퓨터
일(9/7)							
월(9/8)							
화(9/10)							
수(9/11)							
목(9/12)							
금(9/13)							
토(9/14)							

다섯째, 일일 관리표를 분석하여 어떤 계획을 실천하지 못했는지, 그 이유는 무엇인지, 계획을 실천하지 못함으로 어떤 결과가 생겼는지를 적어본다.

참고로 학생들은 주로 다음과 같은 경우에 시간을 가장 많이 낭비한다.

예 과제를 마지막 순간까지 미루기, TV 보기, 친구 만나기, 공상하기, 잠을 너무 많이 자기, 계획이 없어 우왕좌왕하기, 채팅하거나 전화하기.

여섯째, 자신의 학습 목표를 정하고, 그 학습 목표에 도달하면 스스로 보상을 준다.

예 두 시간 공부하고 20분간 친구들과 인터넷 채팅을 하는 것이 보상에 해당한다. 자신이 보상이라고 생각할 만한 것들을 미리 5가지 정도 적어본다.

5. 노트하기

전화상으로 친구의 전화번호를 들었을 때, 당장은 그 번호를 기억하지만 바로 잃어버린다. 이때 그 번호를 메모해 놓으면 필요할 때는 언제든지 활용할 수 있다. 노트도 이와 비슷하다. 교사가 강의하는 내용을 잘 노트해 두면 배운 내용을 필요할 때는 언제든지 참고할 수 있다. 특히 교사가 강의한 내용이 시험에 출제되기 때문에 노트를 잘하는 학생은 시험을 잘 보는 경향이 있다.

1) 노트하는 이유

학생이 학습 단계를 차근차근 밟아 나갈 때 학습이 가장 잘 이루어진다. 예를 들어, 교사의 강의를 듣고, 중요한 내용을 노트하고, 필요할 때 그 내용을 참고하여 공부하므로 효과적인 학습이 이루어진다. 만약 학생이 노트하지 않는다면 필요할 때 참고 할 수도 없으며 많은 내용을 기억하지 못하여 다음 단계의 학습이 이루어지지 않는다.

노트하는 가장 중요한 이유는 노트하므로 주의를 집중할 수 있다는 것이다. 노트하기는 능동적인 학습 기술이기 때문에 학생이 주의집중하는 것을 도와준다. 잘 정리된 노트는 복습하는 데 사용될 수 있는 중요한 자료가 된다. 노트를 통해서 복습하면 배운 내용이 머릿속에 구조화되고 오래 기억하게 된다. 또한, 배운 내용을 회상할 때도 노트된 내용들이 시각적인 도움을 주어 회상을 쉽게 해준다.

2) 효과적인 노트하기 요령

(1) 수업에 참석하기 전에 배울 내용을 대충 훑어본다.

예습을 충분히 하고 수업에 참석하는 것은 매우 바람직하다. 그러나 예습을 충실히 하는 학생들은 그리 많지 않다. 시간이 부족하여 충실히 예습은 하지 못하더라도, 배울 내용을 대충 훑어보는 것이 매우 효과적이다. 이렇게 하므로 배울 내용에 대해 배경지식이 생겨 교사의 설명을 예측할 수 있고 중요한 내용과 중요하지 않은 내용을 구별할 수 있게 된다. 즉 노트할 내용과 노트하지 않아도 될 내용을 구별할 수 있는 능력이 생긴다.

(2) 당신의 의견이나 요약 등을 기록할 충분한 여백을 확보하고 노트한다.

강의를 들으면서 노트를 하다 보면 중요한 핵심단어 위주로 신속하게 노트하게 된다. 그러다 보면 많은 다른 정보들을 보충하거나 새롭게 정리하고 요약해야 하는 경우가 많다. 이런 경우를 대비하여 많은 여백을 남겨 두어야 한다.

(3) 매 강의마다 날짜와 강의 제목을 기록한다.

복습할 때 노트는 참고 자료로 활용된다. 이 경우를 위해 강의 날짜와 강의 제목을 노트 윗부분에 기록하여 쉽게 찾을 수 있도록 한다.

(4) 가급적 자기 말로 간략하게 노트한다.

강의를 들으며 노트를 하다 보면 시간이 매우 부족하기 때문에 강의 중 들은 내용을 모두 기록할 수도 없고 할 필요도 없다. 대신 교사가 강조한 핵심단어를 중심으로 자기화된 언어로 노트한다. 자기화된 언어로 표현된 노트는 시간이 지난 후 복습을 할 때 쉽게 이해할 수 있게 해준다.

(5) 강의에서 중요한 내용만을 추려내어 노트한다.

교사는 강의 중에 "이것은 시험에 자주 출제돼요.", "이것은 아주 중요해요.", "이것은 여러분이 꼭 알아두어야 해요." 등과 같이 말하거나 반복하여 설명하면 그 부분은 중요한 내용이다. 설명 중 교사가 칠판에 필기하는 내용도 대부분 중요한 내용이다. 강의하는 교사의 언어표현이나 표정을 잘 살펴보면 현재 설명하고 있는 내용이 중요한지 그렇지 않은지에 대한 단서를 찾을 수 있다. 교사가 강조하지 않았더라도 강의 내용의 정의, 비교와 대조, 분류, 원인과 결과 등도 중요한 내용이다. 강의 내용과 교사의 강의 태도 등을 참작하여 중요한 부분 잘 구분하여 노트한다. 노트하는 것보다 교사의 설명을 이해하는 것이 더 중요하므로, 노트하느라 교사의 중요한 설명을 놓치는 일이 없도록 해야 한다.

CHAPTER 10

구성주의적 수업방법

1. 구성주의 학습이론
2. 문제중심학습

■ **학습개요**

- 구성주의에서 학습이란 학습자가 자신의 경험, 흥미에 따라 정한 학습 내용을 자신이 스스로 구성해 나가는 과정이며 그 결과는 이 과정을 수행할 수 있는 능력을 갖추었는가에 관한 확인으로 평가된다.
- 구성주의 교수-학습원리에는 체험학습, 자아 성찰적 사고, 협동학습, 실제적 성격의 과제 중심의 학습이라고 할 수 있고, 교사의 역할은 조력자, 동료학습자이다.
- 문제중심학습의 학습 과정은 문제사례의 제시, 주기주도적 학습, 소집단 학습, 일반화, 반성적 사고 등으로 구성되어 있다.

■ **학습목표**

1	구성주의 학습이론에 대하여 이해하고 교수설계 측면에서 객관주의와 구성주의를 비교할 수 있다.
2	문제중심학습(PBL)의 개념을 알고, 문제중심학습의 교육목표, 과정을 이해하고 실제 수업에 참여할 수 있다.
3	PBL 절차에서 매우 중요한 문제(problem)개발을 할 수 있다.

■ **읽을거리 : '어떻게 배우느냐'가 '어떻게 가르치느냐'보다 100배 더 중요하다.**

배우려는 마음가짐이야말로 무엇보다 중요합니다. 그러나 이를 만들어내는 것은 철저하게 '내 몫'입니다. 내 마음은 '내가 어떻게 하느냐'에만 달려 있지요. 없는 마음까지 만들어줄 수 있는 선생님은 세상 어디에도 없으니까요. 그리고 배울 준비가 되지 않은 사람은 누구에게 배운다 한들 아무것도 배울 수 없습니다. 반대로 배울 준비가 된 사람은 누구에게도 풍성하게 배울 수 있고요.

좀 허술하게 가르쳐주거나 불친절하게 가르쳐 준다 해도, 배우려는 마음만 있다면 나에게 필요한 지혜를 하나도 빠짐없이 얻어낼 수 있습니다. 따지고 보면, 선생님이 잘 가르치고 못 가르치고는 내 공부에 그다지 큰 의미가 없어요.

내가 귀하게 보고, 귀하게 듣고, 귀하게 느낄 수만 있다면 충분히 잘 배울 수 있습니다. 그러려면 지금 내 눈앞의 선생님이 최고의 선생님이라는 마음가짐이 필요합니다. 물론 실제로는 아닐 수도 있어요. 옆 반 수학 선생님이 귀에 쏙쏙 들어오도록 더 재미있게 설명해 줄 수도 있고, 옆 학교 한국사 선생님이 잘 가르치기로 소문난 분일지도 몰라요. 그렇다고 그냥 믿어버리세요. 지금 내 눈앞의 선생님이 '최고의 선생님'이고, 지금 내가 듣고 있는 이 수업이 '최고의 수업'이라고요. 그렇게 믿고 나면 놀랍게도 진짜로 최고의 선생님이, 최고의 수업이 됩니다. 좋은 선생님, 좋은 수업이 따로 있는 게 아니니까요. 내가 귀하게 볼 줄 아는 '안목'과 귀하게 받아들일 줄 아는 '열린 귀', 귀하게 느낄 줄 아는 '감동', 이 세

가지만 있으면 언제 어디서든 최고의 가르침을 발견하는 법입니다.

선생님을 두고 이러쿵저러쿵 투덜거려봤자 나 혼자 손해예요. 그럴수록 수업에 온전하기 집중하기 어려워지고, 그러다 보면 안목도, 열린 귀도, 감동도 나에게는 아무것도 넘지 않게 되거든요. 수업을 통해 나를 채울 수 없습니다. 나 혼자 손해죠.

진정 배우고 싶다면 선생님과 눈을 맞추며 수업을 들어야 해요. 틀려도 좋으니까 큰 소리로 대답해보고, 선생님 농담에 박수치며 웃기도 하면서 말입니다. 수업에 발가락 하나만 슬쩍 담갔다가 뺐다가 하지 말고 풍덩 빠져야 해요. 미리 쭉 훑어보고 수업에 들어가 못 알아듣는 내용이 나오면 어물쩍 넘어가지 말고 질문도 좀 하고 수업이 끝나면 복습하고, 답지 베끼지 말고 숙제도 꼬박꼬박해서 가야 합니다. 그렇게 해보기 전까지는 수업이 이렇다느니 저렇다느니 떠들어댈 자격이 없어요.

틀림없어요. 내가 똑바로 듣기만 하면 이 세상에 나쁜 수업이란 없습니다. 수업은 선생님 혼자 보여 주는 '공연'이 아니라 선생님과 내가 함께 만들어가는 '상호작용'이니까요. '선생님이 어떻게 가르치느냐'보다 '내가 어떻게 배우느냐'가 100배 더 중요합니다.

박성혁(2023). 이토록 공부가 재미있어지는 순간. 서울: 다산북스. pp. 259-261.

- **생각해보기 / 토론해보기**

1. 당신은 '선생님이 어떻게 가르치느냐'보다 '내가 어떻게 배우느냐'가 100배 더 중요하다. 는 말에 동의할 수 있는가요?
2. 수업 후에 오늘 수업을 통해 내가 무엇은 배웠는지? 무엇을 느꼈는지? 를 말로 표현하거나 글로 적어보았습니까? 이 활동을 한다면 어떤 유익이 있을지 친구와 또는 그룹 멤버들과 나누어 보세요.

1. 구성주의 학습이론

구성주의 학습이론은 행동주의나 인지주의 학습이론과는 사뭇 다른 학습관을 갖고 있다. 우선 행동주의와 인지주의는 학습할 가치가 있다고 객관적으로 검증된 학습 내용을 학습하기 위해 이론이 처방한 방법에 따라 학습한 후 이에 대한 성취 여부를 평가하는 공통점을 갖는다. 반면 구성주의 학습이론은 우선 객관적으로 검증된 지식의 존재를 부정하는 상대주의적 인식론에 철학적 기초를 두고 있다. 따라서 구성주의에서 학습은 극히 개인적인 이해에서 출발하고 개인적 경험과 흥미에 따라 지식의 가치를 판단한다(Duffy & Bednar, 1991).

구성주의(constructivism)에서 말하는 구성(construction)은 활동의 결과가 아니라 학습자가 스스로 설계해 나가는 구성과정을 의미한다(김영환, 1998). 따라서 구성주의에서 학습이란 "학습자가 자신의 경험, 흥미에 따라 정한 학습 내용을 자신이 스스로 구성해 나가는 과정"이며, 그 결과는 이 과정을 수행할 수 있는 능력을 갖추었는가에 관한 확인으로 평가된다.

구성주의 학습이론의 하나인 상황학습 이론은 학생들이 학교에서 배운 지식을 일상적인 상황에 적용하는 데 어려움이 있다는 학교 교육의 문제를 보완하고 해소하기 위해서 학습자에게 단순한 사실적 지식을 제공하기보다는 현실 상황에서 활용 가능한 지식을 제공해 줌으로써 문제해결력을 증진시키고자 하는 데 관심을 둔다. 또한, 학습자가 정보나 지식, 사물을 학습할 때 다양한 관점에서 해석하도록 해주고, 풍부한 사례와 문제상황이 제시되는 환경의 구성을 강조한다.

상황학습 이론에서 추구하는 교육의 목적은 사실, 개념 또는 원리들을 지식의 요소로 알도록 하는 것이 아니라 오히려 학습자가 지식을 활용하여 복잡한 상황을 스스로 해석할 수 있도록 하는 것이다. 비구조화되고 체계적이지 못한 지식들은 개념적으로 복합적이며 상황마다 달리 해석되는 비일관성을 나타낸다. 그러므로 교수-학습 상황에 앞서 이미 만들어진 고정된 자료를 통해서는 지식을 효과적으로 습득하기 어렵다. 따라서 학습자가 교수-학습 상황에서 자신이 이미 가지고 있는 지식이나 새로운 지식들을 다양한 방식으로 결합하여 상황의 정의를 의미 있게 구성할 수 있도록 융통성을 인정해야 한다. 왜냐하면, 교육이 개인의 구체적이고 실제 상황 속에서 일어날 때 개인의 의미구성과 해석, 그리고 전이를 촉진해 효과적인 학습이 일어날 수 있기 때문이다.

1) 교수설계 측면에서의 객관주의와 구성주의

(1) 객관주의

교수설계 측면에서의 객관주의는 ① 지식은 인식의 주체와 독립되어 외부에 존재한다, ② 지식구성은 외부의 지식을 발견 또는 수용하여 체계적으로 구조화함으로써 이루어진다, ③ 지식은 개인의 부단한 반복적인 암기를 통해 단기기억에서 장기기억으로 저장된다.

(2) 구성주의

교수설계 측면에서의 구성주의는 ① 지식은 기존 경험으로부터 개개인의 마음속에서 구성된다, ② 지식구성은 자신이 속한 사회의 구성원들에 의해 영향을 받는다, ③ 지식은 역동적이며, 개인적 · 사회적 · 합리적으로 창출된다.

(3) 객관주의와 구성주의 비교

객관주의와 구성주의를 기본 관점과 교수학습의 원리 측면에서 비교해 보면 아래 <표 10-1>, <표 10-2>와 같다.

표 10-1 객관주의와 구성주의의 기본 관점 비교

구 분	객관주의	구성주의
지식의 정의	고정되어 있고 확인될 수 있는 현상, 개체	개인의 사회적 경험을 바탕으로 개인의 인지적 작용에 의해 구성, 재구성되는 것
최종목표	절대적 진리와 지식의 추구	개인에게 의미 있고 타당하고 적합한 그것이 곧 진리
주요용어	발견(discovery/find), 일치(correspondence)	창조(creation), 구성(construction)
지식의 특징	초역사적, 우주적, 초공간적	상황적, 사회적, 문화적, 역사적
교육목표	진리와 일치되는 지식의 습득	개인에 의한 개별적 의미형성의 사회적 적합성과 융화성
현실의 특성	규칙으로 규명 가능하며 통제와 예측가능	불확실성, 복잡성, 독특성, 가치들 간의 충돌

표 10-2 객관주의와 구성주의의 교수-학습원리 비교

구 분	객관주의	구성주의
교수 · 학습 원칙	1. 추상적인 지식과 상황에 관계 없이 적용될 수 있는 지식제공	1. 구체적인 상황을 배경으로 한 지식
	2. 수업 전 계획에 따라 구조화, 순서화, 체계화하여 제시	2. 현실의 복잡함을 그대로 제시하여 인지적 도진 유도
	3. 교사와 학생은 지식전달자와 습득자	3. 교사는 학생의 학습을 도와주는 조언자, 촉매자, 학생은 적극적이고 책임감 있는 학습의 주체자
	4. 개별적 학습환경 : 개인 과제, 개인 활동, 개인의 성취 중시	4. 모든 지식과 과제는 실제 상황을 전제로 전개, 다루는 과제는 실제 사회에서 대면하게 될 특성을 지닌 것 제시
	5. 지식의 암기와 축적	
설계와 분석	1. 누가 : 수업설계자 / 교사	1. 학생 개개인 스스로
	2. 언제 : 수업 전	2. 수업 과정 중 지속적
	3. 어느 정도: 세분화, 순서화, 연계화	3. 전체적으로 학습 목표만 설정
수업평가	1. 누가 : 수업설계자/ 교사	1. 학생 본인, 동료 학생, 교사
	2. 언제 : 학습목표 설정시 계획 · 수업 후 실시	2. 수업과정 중에 지속적으로 실시
	3. 객관적 평가	3. 다양한 형태(객관식, 주관식, 관찰, 포트폴리오, 프로젝트 등)

2) 구성주의 교수-학습원리

(1) 체험학습(learning by doing)

학습의 주체자로서의 학습자의 역할을 중시한다.

(2) 자아성찰적 사고(learning by reflection)

자신의 경험내용에 대해 무심코 지나치지 않고 사건과 경험의 의미와 중요성에 대해 항상 의문과 분석을 하는 인지적 습관을 말한다.

(3) 협동학습(learning by collaboration)

구성주의의 지식구성은 사회적 요소와 개인적 요소의 통합을 통해 이루어지므로 학습자가 속해 있는 협동학습을 전제로 이루어진다는 것을 의미한다.

(4) 실제적 성격의 과제중심의 학습(learning by authentic task)

교육과 실생활과의 연계성을 중시한다. 실제 생활의 문제를 풀어가는 구체적 상황이 전제되어야 한다. 내적 동기부여에도 중요하다.

(5) 교사역할은 조력자(facilitator), 동료학습자(co-learner)

교사의 역할이 학생에게 이양, 교사의 역할 변화가 있어야 한다.

3) 구성주의 교수-학습 모형

(1) 인지적 도제 모델

① 전통적 의미의 도제 원리

전통적 의미의 도제 원리를 통해 전문가의 수행의 성격을 밝히고, 그러한 수행을 적절히 학습하는 방법을 고안해 보려는 데서 비롯하여 특정 사회집단의 전문가들이 지닌 지식과 사고 과정을 학습한다.

② 학습 절차

- 모델링 단계(modeling) : 전문가가 구체적으로 시범을 보이는 단계
- 교수적 발판 제공단계(scaffolding) : 문제해결을 위한 인지적 틀을 제시하는 단계
- 교수지원 중단(fading) : 학습자가 문제를 스스로 해결할 수 있도록 교수적 도움을 점차 줄여 가는 단계

2. 문제중심학습

문제중심학습(Problem-Based Learning: PBL)은 의과대학 교수 Barrows에 의해서 제시되었는데 학습자로 하여금 어떤 문제나 과제에 대한 해결안 혹은 자신의 견해나 입장을 전개(develop)하여 제시(present)하고, 설명(explain)하며, 나아가 옹호(defense)할 수 있도록 한다.

문제중심학습은 의과대학에서 인턴들이 오랜 시간 공부했음에도 불구하고 환자를

진단하고 치료하는 데 어려움을 겪는 것을 보고, 의과대학 교육방식의 문제점을 개선하기 위해 개발된 교수-학습 모형이다(박성익 외, 2011). 이러한 문제는 의과대학 뿐만 아니라 사범대학도 마찬가지일 거라고 생각된다. 우수한 학생들이 성실하게 전공 교육과정과 교직 이수 과정을 이수하였음에도 불구하고 교단에 처음 서서 수업을 진행할 때 생각한 데로 수업이 진행되지 않는 것을 경험하게 된다.

학교 교육에서는 문제해결에 필요한 자료들이 비교적 제한적이며 그 안에서 명확한 답을 찾아야 하는 비교적 구조화된 문제를 다룬다. 반면에 현장에서의 문제들은 문제해결을 위한 자료들이 산발적으로 흩어져 있고 여러 가지 방법이나 대안이 존재하는 비구조화된 문제이다. PBL은 이러한 비구조화된 문제들을 가지고 학습이 이루어진다.

문제중심학습의 특징을 보면, ① 관련 분야에 실재하는 복잡하고 비구조적인 문제해결, ② 학습자 중심(교사의 역할 축소, 자기주도적 학습능력의 강조), ③ 구조적 특성으로서 협동학습, 자율적 학습, 협동학습의 세 과정으로 이루어진다.

구체적인 학습 과정은 ① 문제사례의 제시, ② 자기주도적 학습, ③ 소집단 학습, ④ 일반화, ⑤ 반성적 사고 등으로 구성되어 있다.

교사는 '문제'를 잘 개발해야 하는데, 문제가 개발되었다면 학생들에게 상황을 제시한다. PBL은 보통 소그룹 협력학습으로 진행되므로 학생들은 토의를 통해 문제를 자신들만의 시각으로 재정의하면서 내면화하게 된다. 또한, 그 문제를 해결하기 위해서 이미 알고 있는 사실(facts)과 알아야 할 것(learning issues)을 구분한 후 추론의 과정을 통해 무엇을 해야 하는가?(학습 과제)를 정의하게 된다.

표 10-3 PBL의 문제해결 과정에서 정의할 내용들

우리가 이미 알고 있는 것은 무엇인가? (사실)	우리가 알아야 할 것은 무엇인가? (학습 내용)	우리가 해야 하는 것은 무엇인가? (학습 과제)
• • •	• • •	• • •

그리고 학습과제를 서로 분담하여 자기주도적인 학습을 통해 문제해결에 필요한 지식을 공부한 후, 모여서 토의를 통해 문제해결안을 만들어가는 과정을 몇 차례 거치면서 문제 해결안을 완성하게 된다.

1) PBL의 교육목표

장경원(2010)은 PBL의 교육목표를 지식, 기술, 태도 영역으로 나누어 설정하였는데, 지식영역에서는 ① 통합된 지식기반의 획득, ② 문제상황에서 제시된 단서들을 중심으로 구조화된 지식기반의 획득, ③ 실제 맥락에서 사용되는 문제해결과정과 얽혀진 지식기반의 획득으로 보았다.

기술영역에서는 ① 전문가로서의 효과적 · 효율적인 문제해결과정의 개발, ② 효과적인 자기주도학습 기술의 개발, ③ 효과적인 팀 기술의 개발로 보았으며, 태도 영역에서는 ① 문제에 직면했을 때의 적극적 태도, 자신감을 제시하였다.

2) PBL 과정

장경원(2010)은 PBL 과정을 8단계로 설정하였다.

(1) 초기활동

소개하기와 그룹 규칙 정하기로 나누어 볼 수 있으며, 친근하고 허용적인 분위기 형성을 위해 매우 중요한 과정이다.

(2) 문제제시 및 문제에의 접근

문제의 제시로부터 학습이 시작된다.

(3) 문제에서 요구하는 학습내용 추론

이미 알고 있는 사실들 (FACTS)	더 알아야 할 것 (LEARNING ISSUES)	가설/해결안 (IDEAS)
주어진 과제를 풀기 위해 규명한 생각, 사실, 정보, 기술 들 중에서 이미 알고 있는 것들	주어진 과제를 풀기 위해 구명된 생각, 사실, 정보, 기술 중에서 알지 못하고 있는 것들	주어진 과제를 풀기 위해 생각할 수 있는 어떤 것들, 결과물, 필요한 자료, 정보, 기술은 무엇인가?

(4) 자기주도학습의 수행

(5) 문제해결을 위한 새로운 지식의 적용 및 문제해결계획에 대한 반추

이미 알고 있는 사실들 (FACTS)	더 알아야 할 것 (LEARNING ISSUES)	가설/해결안 (IDEAS)
주어진 과제를 풀기 위해 규명한 생각, 사실, 정보, 기술들 중에서 이미 알고 있는 것들	주어진 과제를 풀기 위해 구명된 생각, 사실, 정보, 기술 중에서 알지 못하고 있는 것들	주어진 과제를 풀기 위해 생각할 수 있는 어떤 것들, 결과물, 필요한 자료, 정보, 기술은 무엇인가?

(6) 문제의 해결안 작성

문제에 대한 전문가의 입장이 되어 문제의 해결안을 구안하고, 문제의 헤결안은 문제에서 요구하는 형태로 작성한다. 프레젠테이션 자료나 환자에 대한 처방전, 설계 제안서 등이 될 수 있다.

(7) 문제의 해결안 발표

(8) 종합 정리(mini-lecture)

PBL에서의 강의는 강의식 수업에서와 다른 성격을 갖는데, 강의를 통해 문제해결과정에서 습득한 많은 지식과 경험을 정리한다.

(9) 성찰 저널 작성

무엇을 배웠는가?, 어떤 과정을 통해 학습했는가?, 이러한 학습활동을 통해 무엇을 배웠는가? 이것을 실제 내 생활, 직장, 가정에, 어떻게 적용할 것인가?, 나의 기여도에 대한 기술 및 팀의 각 조원에 대한 평가는 무엇인가?

3) PBL의 실제

PBL연습문제
초등학교 하나가 우리 학교 옆에 세워질 것이다. 그것은 아마도 유치원을 포함하여 600명 정도의 아이들을 수용할 것이다. 그 학교 건립에 필요한 돈은 약 100억 정도가 예상된다. 이 중에서 0.15%는 아이들 놀이터를 건축하는 데에 사용될 예정이다.

여러분이 해야 할 일은, 건축설계사에게 주어진 예산 안에서, 어떤 놀이기구가 들어가면 좋을지를 알려주는 것이다. 물론 그 놀이터는 유치원에서부터 시작하여 6학년 아이들까지 모두 사용할 수 있는 놀이기구가 있어야 한다.

표 10-4 PBL 연습문제 과제수행계획서

이미 알고 있는 사실들 (FACTS)	더 알아야 할 것 (LEARNING ISSUES)	가설/해결안 (IDEAS)
• 학생수용력이 600명 • 유치원생부터 6학년 학생까지 사용할 것임 • 100억의 0.15% 사용 • 옆 학교와 YMCA 놀이터가 매우 모범적 경우임	• 학교 놀이터 면적 조사 • 아이들이 즐겨 노는 게임 종류 및 인기 있는 놀이기구 종류 • 다른 학교의 사용된 비용 내력 • 발달단계에 적합한 놀이 • 학년별 인원수(비율) • 놀이터(Good Case)	• 학교 놀이터 면적 조사 • 아이들이 즐겨 노는 게임 종류 및 인기 있는 놀이기구 종류 • 다른 학교의 경우 소요된 비용 내력 • 가격 조율 • 제안서 형식 꾸미기 • 누구에게 제안서를 제출할 것인가?

4) PBL에서 Problem

(1) 문제(Problem)의 특성

- 문제의 역할: 학습자들의 활동과 참여를 자극
- 학습자의 현재의 내용 지식수준에 적합한 것
- 쉽게 해결할 수 없도록 비구조적
- 협동학습이 요구되는 것: 충분히 복잡해야 함
  PBL의 역량은 학습자들이 나누어서 공부한 것을 종합하는 능력
- 학생들이 현재 경험 또는 장래에 경험할 수 있는 실제적인 것
- 학습자들이 평생학습자(자기주도 학습자)가 될 수 있도록 동기화할 수 있는 것
- 학습자의 흥미와 동기를 유발: 친근한 맥락, 이해당사자의 역할
- 코스의 내용 목표: 새로운 개념과 사전지식이 연계될 수 있도록
- 좋은 PBL 문제란 PBL 과정이 잘 이루어질 수 있도록 그 역할을 충분히 할 수 있는 것

(2) 문제분석기준표(최정임, 2004)

① 문제의 역할

- 문제로부터 학습이 시작되는가?
- 학습에 필요한 지식과 기능을 충분히 포함할 정도로 포괄적인가?
- 문제에 지식이 사용되는 맥락이나 상황이 제시되어 있는가?
- 학습자의 역할이 제시되어 있는가?
- 학습자 중심의 학습활동을 유도하는가?

② 비구조성

- 문제에 해결에 필요한 일부의 정보만이 포함되어 있는가?
- 문제해결을 위해 문제분석, 정보탐색, 계획하는 과정이 필요한가?
- 문제에 대한 다양한 해결책이 존재하는가?
- 문제해결을 위한 접근 방법이 다양한가?
- 논쟁이나 토론의 여지가 있는가?

③ 실제성

- 실제사례인가?
- 일상생활에서 발견될 수 있는 문제인가?
- 현실적인 사물이나 자료를 사용하는가?
- 문제해결에 활용되는 사물이나 자료가 다양한가?
- 일상적이고 자연스러운 사고과정을 반영하는가?
- 문제해결에 요구되는 사고과정이 그 분야의 전문가나 직업인에 의해 사용되는 것인가?
- 학습자의 수준에 적절한가?
- 학습자의 경험과 관련이 있는 문제인가?
- 현실과 같이 복잡한 문제인가?
- 둘 이상의 문제해결 단계가 필요한가?

5) 문제개발의 실제

(1) PBL 물리의 문제사례

PBL연습문제
"최근 케이터링(catering) 사업을 시작한 당신이 대규모 리셉션을 맞게 되었다고 가정해 보자. 당신의 고객이 리셉션의 특별 게스트로 와인 잔을 악기로 연주하는 사람을 초대하였는데 당신에게 두 옥타브의 음을 낼 수 있도록 24개의 와인 잔을 준비해 달라고 긴급히 부탁하였다. 24개의 와인 잔으로 두 옥타브의 음을 내는 악기를 만드는 게 당신의 임무이다."

(2) 더 나은 문제로의 수정

수정 문제
"강릉 참소리 박물관에서는 2025년 여름방학 동안 방문하는 초·중등학생을 대상으로 '소리의 신비'라는 주제의 다큐멘터리를 상영할 예정이다. 이를 위해 참소리 박물관에서는 과학 다큐멘터리 전문 제작업체인 ㈜에디슨에 다큐멘터리의 제작을 의뢰하였다. 참소리 박물관에서 의뢰한 것은 '소리의 신비'라는 주제의 15분가량 5개 시리즈물이며, 이 중 당신은 '와인 잔이 부르는 노래'를 맡게 되었다. 24개의 와인 잔으로 음악을 연주하고 음악이 연주된 원리를 초등학생들과 중학생들이 재미있게 이해할 수 있도록 하는 15분 분량의 다큐멘터리를 제작하시오."

6) PBL에서 튜터의 역할

(1) 튜터의 역할

- 생소한 수업내용 및 방법에 대한 소개
- 허용적인 분위기 형성
- 학습자와 튜터의 역할 안내
- 학습자들의 학습을 촉진하기 위한 질문
- 학습자들의 교육적 난점을 진단 및 중재
- 학습자들의 고른 참여를 유도
- 학습자들의 학습속도와 수준을 조절
- 그룹 내 대인관계 조정을 유도
- 학습내용에 대한 정리

(2) 튜터의 역할 수행을 위한 원칙들

① 튜터와 학습자의 상호작용은 항상 상위인지 수준에서 이루어져야 한다. 단. PBL 과정이 유지되기 위해 필요한 활동과 관련된 시간 안내, 모임 장소, 오리엔테이션 활동, 안내 등은 보다 적극적이고 상세하게 이루어져야 한다.

② 튜터는 학습자들이 문제해결의 모든 과정을 충분히 그리고 반드시 거칠 수 있도록 해야 한다. PBL은 문제에 대한 협동적 추론 과정과 자기주도학습(개별학습) 과정 등을 번갈아 거치게 되는데 이때 다음 단계로 넘어가기 전에 학습자가 그 단계에서 거쳐야 하는 과정을 반드시 거칠 수 있도록 해야 한다.

③ 튜터는 학습자들이 깊이 있게 이해할 수 있도록 추진해야 한다. 이러한 행동은 상위인지 수준의 질문을 제시하는 것으로, 이때 학습자들의 의견과 진술 등이 정확한 것인지를 검증해 볼 수 있도록 유도해야 한다.

④ 튜터는 학습자들의 의견이나 그룹에서의 어떠한 역할에 대해서도 자신의 의견을 표현해서는 안 된다.

⑤ 튜터는 학습자들에게 정보제공을 하지 않는다. 학습자들이 이용할 수 있는 정보원은 문헌, 전문가 조언, 인터넷 자료, 모델, 견본, 현장 체험 등이다.

⑥ 학습자들이 그들의 논의과정에서 서로의 아이디어나 지식에 대해 서로 비판하고 의견을 주고받을 수 있도록 한다.

⑦ 모든 논의는 그룹 과정이며 그룹의 동의가 있어야 한다. 이때 튜터는 모든 학생들이 그룹의 활동에 공헌할 수 있도록 해야 한다. 모든 학생들이 자신의 생각을 표현하고 다른 사람의 생각에 대해 의견을 제시할 수 있는 기회가 주어지고 그렇게 할 수 있도록 해야 한다.

⑧ 튜터와 학생 간의 논의가 이루어져서는 안 된다. 튜터는 학생들이 이야기하고, 논의할 수 있도록 해야 한다.

⑨ 학습자들에게 도전감을 갖게 해야 한다. 학습자의 생각이나 의견의 정오와 상관없이 '당신이 맞다고 확신하십니까?', '이 결정에 만족합니까?' 등의 질문을 먼저 코치해야 한다.

⑩ 학습자들이 불필요한 학습 과제에 지나치게 열중하는 것을 조절해야 한다.

⑪ 튜터는 학습자 개개인의 학습 진척 정도의 질과 상위인지 전략의 사용을 모니터

링해야 한다.

⑫ 튜터는 그룹 과정에서 나타나는 잠재적 대인 문제들을 인식해야 한다.

7) PBL에서의 평가

PBL 평가	학습을 위한 평가	학습에 대한 평가
PBL에서의 평가	형성평가	총괄평가
PBL을 통한 평가	PBL 경험과 관련한 교수설계를 위한 정보	PBL 경험을 통해 성장한 학생들의 지식, 기술, 적용, 문제해결능력 등에 대한 정보

CHAPTER 11

교수매체와 매체의 선정

1. 비투사매체
2. 시각 매체
3. 청각 매체
4. 시청각 매체
5. 컴퓨터 활용 매체
6. 교수매체의 선정과 활용

■ **학습개요**

- 교수매체에는 비투사 매체, 시각 매체, 청각 매체, 시청각 매체, 컴퓨터 활용 매체 등이 있다.
- 컴퓨터 활용매체에는 프레젠테이션을 활용한 수업, 컴퓨터를 이용한 수업, 웹 기반 학습으로 나눌 수 있다.
- 교수매체의 선정과 활용 모델을 ASSURE모형이라고 하는데, 그 절차는 학습자 분석, 목표진술, 교수매체와 자료의 선정, 수업 도구와 자료의 활용, 학습자의 참여 이끌기, 평가와 수정으로 구성되어 있다.

■ **학습목표**

1	교수매체에는 비투사 매체, 시각 매체, 청각 매체, 시청각 매체, 컴퓨터 활용 매체 등이 있음을 알고 활용할 수 있다.
2	컴퓨터 활용매체에는 프레젠테이션을 활용한 수업, 컴퓨터를 이용한 수업, 웹 기반 학습이 있음을 알고 활용할 수 있다.
3	교수매체의 선정과 활용 모델인 ASSURE모형을 이해하고 교수매체를 활용하는 수업에 활용할 수 있다.

■ **읽을거리 : "재미있어서 공부하는 사람이 어디 있니?"**

한국의 부모와 교육자들은 보통 이런 말로 아이를 훈육하며 억지로 정해진 교육과정을 따르게 합니다. 그런데 과연 그런 사람이 없을까요? 저는 이렇게 제안합니다.

"재미있어하는 걸 공부하게 하세요!"

모든 아이는 호기심을 가지고 태어납니다. 호기심이 충족되면 재미를 느끼게 되고, 재미를 느끼면 관심이 생기고, 관심이 커지면 흥미가 생기고 좋아하게 됩니다. 흥미는 아이가 배움의 즐거움을 경험하도록 돕습니다. 호기심과 재미는 아이들을 바르게 교육할 수 있는 첫걸음입니다. 또한 창의력 개발의 원동력이기도 합니다.

호기심은 열정을 낳습니다. 사람들은 한 분야의 전문가를 만나면 "열정이 느껴진다."라는 말을 하는 경우가 있습니다. 열정 때문에 무엇인가 '잘하는' 사람이 되었다고 생각합니다. 그러나 이것은 틀린 생각입니다. 열정이 있어서 잘하는 것이 아니라, 흥미 있고 좋아하는 것을 계속하다가 '잘하게 되면' 열정이 생깁니다. 내가 30년 동안 수많은 전문가와 혁신가를 연구하고 얻은 결론 중 하나입니다.

4차 산업혁명 시대가 오고 있습니다. 기술과 문화, 과학과 경제 등 세상이 급변하고 있습니다. 그런데 교육은 어떤가요? 아직도 변화를 주저하고 있습니다. 특히 한국 사회는 '시험 위주 능력주의' 문화 속에서 벗어나지 못하고 있습니다. 미래는 융합의 시대입니다. 독불장군식으로 혼자서는 성공할 수 없습니다. 그런데 한국의 시험 위주 능력주의는 '경쟁'을 조장

합니다. 전문가와 교류하거나 남과 협업하는 것을 꺼리게 만듭니다. 그러나 글로벌 기업 중에는 마이크로소프트, 애플, 구글같이 전문가 두 명 이상이 협력해서 창업한 경우가 대부분입니다.

세계적으로 4차 산업혁명에 대한 준비에 박차를 가하고 있습니다. 국가의 성장과 경쟁력을 좌우하는 '교육'에 대한 관심도 어느 때보다 높습니다. 미국은 물론이고 유럽의 교육자와 교육행정가들이 내 창의력 이론에 관심을 가지고 조언하는 이유는 '창의력'이 미래 교유의 핵심이기 때문입니다. 창의력이 뛰어난 아이는 아무리 낯선 환경과 새로운 세상이 되더라도 적응하고 성공할 수 있습니다.

그러나 안타깝게도 현재 한국의 풍토로는 창의인재를 키울 수 없습니다. 똑같은 정답을 외우고 똑같은 시험에서 경쟁하면서 아이는 자신의 강점과 약점이나 적성과 흥미를 찾아가는 기회마저 박탈당합니다. 실생활에 관련 없는 지식을 외우면서 아이는 지겨워하고 흥미를 잃고 창의력 계발의 결정적인 시기를 놓치게 됩니다. (중략)

창의력은 아이의 호기심과 재미를 충족시키는 풍토에서 발전합니다. 이런 풍토에서 자란 아이는 스스로 배우고, 전문가가 되고 나중에는 혁신을 달성합니다. 부모와 교육자는 자유와 상상력이 마음껏 숨 쉬는 풍토에서 아이들이 전문성을 쌓아서 혁신을 추구하도록 도와야 합니다.

인간은 자신이 좋아하는 것을 잘하고 그것을 통해 남을 도울 때 진정한 행복감을 느낍니다. 흥미를 찾아서 자신감으로 행복해진 아이가 타인과 협력해서 세상을 발전시키고 사회적 약자들을 돕는 것이 진정한 혁신입니다. 이 과정이 창의력 계발이고 미래의 교육입니다.

김경희(2019). 4차 산업혁명 시대 창의인재를 만드는 미래의 교육.
서울: ㈜예문아카이브. pp. 5–7.

■ **생각해보기 / 토론해보기**

1. "재미있어하는 걸 공부하게 하세요!"라는 말에 어떻게 생각하는지 동료나 그룹의 멤버들과 이야기해 보세요.
2. 이 글을 읽고 창의성은 어떤 과정을 통해 계발된다고 생각합니까? 당신은 얼마나 창의성이 있다고 생각하는가요? 창의성을 계발하는 자기 나름대로 방법이 있다면 말해 보시오.

교수-학습활동에서 사용되는 교수매체는 각기 다양한 이들 특성을 어떻게 분류하는가에 따라 구분할 수 있다.

자료의 투사성 여부에 따라 비투사매체(사진, 융판, 괘도, 모형, 실물 등)와 투사매체(슬라이드, OHP, 실물화상기)로 구분할 수 있고 자료의 상징체계에 따라 시각매체(괘도, 실물, 도형, 칠판, 그림, 슬라이드, OHP), 청각매체(녹음기, 라디오, 콤팩트디스크 등), 시청각 매체(녹음기가 있는 슬라이드, 유성영화, 비디오 등)로 나눌 수 있으며, 학습자와의 상호작용성 여부에 따라 상호작용 매체(상호작용 비디오 시스템, 하이퍼텍스트 등), 비 상호작용 매체(괘도, OHP, 비디오 등)로 나눌 수 있다. 이 외에도 탐색의 방법에 따라 계열적 탐색 매체(비디오, 슬라이드 등), 비계열적 탐색 매체(하이퍼텍스트)로 나눌 수 있다.

여기서는 자료의 상징체계에 따른 분류와 컴퓨터 활용 매체를 중심으로 살펴보기로 한다.

1. 비투사매체

1) 칠판

칠판은 여러 가지 시각적 자료를 간단하게 제시하는 시각 매체로서 가장 기본적이고 친숙한 매체로 현장에서 많이 활용되고 있다. 칠판은 오늘날과 같은 전자공학의 시대에도 사라지지 않고 컴퓨터실이나 세미나실 등에서 매끄러운 흰 바탕에 특수 펜으로 글씨를 쓸 수 있도록 만든 화이트보드로 변형되어 사용되고 있다. 또 자료의 뒷면에 자석을 붙인 후 칠판의 표면에 얇은 철판을 입혀 만든 자석 칠판도 사용된다. 칠판은 다이어그램, 그래프, 지도, 그림 등의 시각적 상징 교재를 다방면으로 활용할 수 있고, 중요한 요점을 정리하고 요약하는 데 적합하다.

칠판을 효과적으로 활용하기 위해서는 다음의 지식과 기술이 요구된다.

첫째, 칠판, 지우개, 분필 등을 청결하게 유지하고 정리해야 한다. 칠판이 청결해야 학생들이 수업에 열중할 수 있으며 수업이 산만해지는 것을 막을 수 있다.

둘째, 색상조절의 효과를 높이도록 색분필을 사용할 필요가 있다. 수업의 효과를 높이기 위해서 강조해야 할 학습 내용은 단색보다는 여러 가지 색으로 표기하는 등 색상의 변화를 주는 것이 효과적이라 할 수 있다. 이때 색분필을 사용할 경우 햇빛이나 전등의 빛을 고려하여야 한다.

셋째, 글씨와 그림은 알아볼 수 있는 적당한 크기여야 한다. 학생들이 눈의 긴장감을 줄이고 학생들의 주의력을 유지하기 위해서 글자는 대개 4~8cm 정도가 적당하다. 그러나 강의할 내용이 많아 판서가 너무 오래 걸릴 때는 인쇄물과 같이 활용하는 것이 바람직하다.

넷째, 학생들을 응시하면서 판서한 내용을 설명하도록 한다. 교사는 칠판에 판서할 때 45도 각도로 판서를 하든지 또는 종종 학생들에게 돌아서서 주의를 집중시켜야 한다. 또한, 판서한 내용을 설명할 때는 칠판을 향하지 않고 학생들을 응시하며, 집중시키는 그것이 효과적이다.

다섯째, 자료를 효과적으로 배열하기 위하여 미리 계획을 세운다. 교사는 사전에 세밀한 계획을 수립하여 필요 없는 판서나 설명을 최대한 줄이고 충실한 강의 내용을 계획하여야 한다.

여섯째, 긴 문장이나 복잡한 그림은 사전에 만들어 둔다. 시간을 절약하고 학생들의 주의가 산만해지는 것을 막기 위해서 교사는 칠판 위에 정밀도나 복잡한 그림은 미리 준비해 두는 것이 좋다.

일곱째, 때로 실물 환등기를 이용하여 칠판에 투사함으로써 교재나 다른 참고문헌으로부터 영상을 옮겨 놓을 수도 있는데 실물 환등기를 가까이 혹은 멀리 움직여서 원하는 대로 이용할 수 있다.

여덟째, 논리적인 연속성을 갖고 한 번에 일련의 절차나 순서를 밝히는 데 적당한 방법으로 커튼 기법을 이용한다. 미리 준비한 내용을 수업이 시작되기 전까지 커튼으로 가려 두었다가 수업이 진행되면 한 항목씩 커튼을 움직이면서 수업을 진행하면 학생들의 주의를 집중시키는 데 효과적이다.

2) 실물과 모형

실제 사물을 수업목적으로 활용할 때 그 사물을 실물이라고 하며, 모형은 실물이 가진 특성을 나타내도록 만들어진 물건을 말한다.

실물은 학습자에게 가장 사실적이고 생생한 경험을 제공하여 학습동기를 높이고 자세한 관찰과 조작을 통해 이해를 확실히 하는 장점이 있는 반면에 사물의 겉모습은 쉽게 관찰할 수 있으나 각 부분의 보이지 않는 특성이나 내면의 상태는 관찰이 어려워 쉽게 이해시키기 어렵다는 단점이 있다. 또 너무 큰 실물은 교실이나 강의실에서 사용할 수 없고, 너무 작은 실물은 확대해서 보여줄 수 있는 별도의 매체와 함께 사용되어야 한다는 단점이 있다.

모형은 실물을 입체적으로 묘사한 것으로 현장학습에서 활용될 수 없는 거대한 실물이나 관찰이 용이하지 않는 경우에 많이 활용된다. 모형에는 ① 우주 전체나 도시모형, 건물모형, 비행기, 플라스틱 모형 키트 등 실물의 전부 또는 일부를 축소하여 만들어진 축소화된 모형, ② 실물의 중요한 특징이나 구조 등을 알 수 있도록 중요한 부분을 강조하거나 중요하지 않은 부분을 삭제하여 만든 단순화된 모형, ③ 실물의 내부구조를 알 수 있도록 또는 횡단한 면을 드러나게 한 단면모형, ④ 실물의 크기를 정확한 비율로 축소하거나 확대해서 만든 정밀모형, ⑤ 실물의 전부 또는 일부를 몇 배로 확대하여 만들어진 확대모형, ⑥ 실물의 각 부분을 단순화시키고, 이들 각 부분을 조립 또는 분해해 나감으로써 전체와 각 부분의 상호관계를 알기 쉽게 만들어 놓은 것으로 떼어 내기도 하고 넣기도 할 수 있는 조립모형 등이 있다.

이런 다양한 특성 때문에 모형은 실물이 제공할 수 없는 학습경험을 제공하고 조립하는 행위를 함으로써 탐구심을 촉진시키며 발견학습에 적합하고, 학습자들이 분해 또는 조립할 수 있어서 학생들의 참여도를 높일 수 있을 뿐만 아니라 개념에 대한 이해를 촉진할 수 있다.

3) 사진

사진은 잡지나 책의 그림 또는 교사가 그린 그림 등을 포함하는 평면적인 시각 자료를 의미한다(정명화 외, 2002). 사진은 교사의 언어보다 사실성이 높아 학습의 개념을 높이는 좋은 시각적 매체이다. 또한, 사진은 가장 구하기 쉬우므로 평상시에 많이 수집하여, 이용과 보존에 편리하도록 정리해 두면 학습자료로 유용하게 활용할 수 있다. 종류에는 사진, 우편엽서, 책의 삽화, 카탈로그, 정기간행물, 학습 프린트 등이 있다.

교수·학습활동에서 사진의 구체적인 활용용 도를 살펴보면 다음과 같다.

첫째, 현장 견학의 정리단계로서 추후 학습에 활용될 수 있다.

둘째, 사진에 나타난 내용을 보고 이야기식으로 말하기나 쓰기 혹은 시 짓기 등의 창조적 표현을 자극하는 데 사용된다.

셋째, 학습자들에게 동기를 부여하는 목표에 활용하도록 하여야 한다.

넷째, 지리학과 같이 공간의 한계로 인해 수업이 곤란한 경우 사진들을 이용하여 표현하기 어려운 인간과 환경의 관계를 설명하는 데 유용하다.

4) 융판

융판은 적당한 크기의 합판이나 두꺼운 종이의 표면에 헝겊을 붙여 그 위에 여러 가지 교수·학습 자료를 붙여 사용하는 매체이다. 융판은 제작과정이나 조작이 간단한 시각 자료이고 다양한 모양이나 색깔을 나타낼 수 있어 학습자를 쉽게 주의집중 시킬 수 있어 유용하게 사용할 수 있다. 특히 융판 자료는 학습 내용의 진행을 교사가 융통성 있게 조절할 수가 있어 효과적이므로 유치원 아동들이나 초등학교 저학년의 학습자들에게 널리 사용될 수 있다.

융판을 학습에 활용할 때 주의할 점은 융판이 학생의 눈높이에 있어야 하며 윗부분을 뒤로 약간 기울여야 한다는 것이다. 또한, 게시한 내용은 어디에서나 잘 보이도록 커야 하고, 게시 전에 그 자료를 순서대로 정돈해 두어야 하며 한꺼번에 많이 제시하는 것은 좋지 않다.

5) 그래픽 자료

그래픽 자료는 학습자에게 메시지를 전달하기 위해 구체적으로 설계된 사진이 아닌 2차원적 자료인데, 언어적인 것뿐만 아니라 상징적인 시각 단서를 포함하기 때문에 학습자에게 사용할 때 세심한 주의가 요구된다. 그래픽 자료에는 그림, 도표, 그래프, 포스터, 만화 등이 있다.

그림은 사람이나 개념, 장소, 사물 등을 나타내기 위한 선이나 도표식으로 배열하는 매체로서 스틸 사진의 활용과 유사하다. 그림은 주제에 대한 소개에서 평가까지 수업의 전 단계에 사용이 가능하고 수업단위의 특정 상황에 맞게 칠판과 이와 유사한 것에서 그릴 수 있다.

도표란 조직적 시각 정보의 일종으로, '그림으로 만든 표'라는 뜻이다. 종류의 분류를 위해서 사용되는 분류도, 조직을 나타내는 조직도, 시간의 흐름에 따른 변화를 나타내는 시간도, 절차나 과정을 나타내는 흐름도(순서도) 등으로 구분된다.

그래프는 수많은 자료를 막대, 선, 원, 그림, 등 시각적인 표현으로 잘 묘사함으로써 자료의 명료성을 나타낼 뿐만 아니라 구체적인 자료를 학습하는 데 사용할 수 있다. 그래프에는 막대그래프, 원그래프, 꺾은선 그래프, 그림그래프 등이 있다.

포스터는 정보를 빠른 시간에 효과적으로 전달하기 위해 만드는 시각 자료로, 학습자의 흥미를 자극하거나 동기를 유발시키고 각종 안전수칙을 준수하게 하는 목적으로 많이 쓰인다.

만화는 아마 연령과 성별을 떠나 학습자들에게 가장 인기가 있는 자료일 것이다. 이러한 장점은 만화가 가진 간결성과 해학성, 그리고 속도감을 바탕으로 하고 있다. 또한, 재치와 위트를 겸비한 내용으로 구성할 수 있다는 장점도 있다. 그러나 시사적인 이슈들을 다루기 때문에 쉽게 퇴색해 버리는 경향이 있으며, 교육적인 목적으로 사용하기 위해서는 학습자의 경험과 이해 수준에 알맞게 사용해야 한다.

이러한 비투사 매체들은 앞으로 보게 될 각종 매체들보다 일단 제작이 되고 나면 사용이 간편하고 사용자와 학습자 모두에게 친밀하여서 각종 첨단매체가 보급되더라도 활발히 사용될 전망이다.

2. 시각 매체

1) OHP

OHP는 영어의 Over Head Projector의 약자로 교육 현장에서 가장 많이 쓰이고 있는 수업 매체 중 하나로서 수업자의 머리 위를 넘어서 배후에 있는 스크린에 투시 자료를 확대 투영하는 교수 매체를 의미한다. OHP는 보통 25cm×25cm의 유리판에 TP(Transparency) 자료에 쓰인 글씨나 그림을 스크린에 투시하여 칠판 대용으로 광범

위하게 활용되고 있다. OHP에 사용되는 자료는 대부분 투시되어야만 효과를 얻을 수 있어서 TP자료라고 한다. TP자료는 아세테이트 지나 셀로판지 위에 유성펜, 수성펜, 유성 색연필 등으로 글씨를 쓰고 그림을 그려서 색칠하거나 복사하여 만들 수 있다. 최근에는 컬러복사기로 복사하거나 프린터로 인쇄하여 활용하기도 한다.

OHP는 ON/OFF 스위치, 초점조절 장치, 영상 승강 장치 등의 세 가지만 조절하면 되므로 조작이 간단하며 교실에서 별도의 암막 장치 없이 학생들과 교사가 마주 보고 앉아서 수업을 진행할 수 있다.

OHP와 TP의 장점의 살펴보면 다음과 같다.

① OHP의 조작이 간단하고 쉽다.

② 비교적 밝은 조명 아래에서도 사용이 가능하기 때문에 빛을 차단하기 위한 암막 장치나 차광커튼 등이 필요 없다.

③ 학습자를 마주 보면서 사용할 수 있어서 학습자의 관찰과 통제가 용이하다.

④ TP의 제작이 다른 매체에 비해 싸고, 쉽고 빠르게 제작할 수 있다.

⑤ 유성 컬러 사인펜이나 투명 유색 접착지 등을 사용해서 수작업으로도 쉽게 컬러 TP를 만들 수 있다. 요즈음에는 컬러 잉크젯을 많이 사용해서 컬러 TP를 손쉽게 제작한다.

⑥ 교사가 기존에 나와 있는 도안집이나 책, 광고지의 일부 등 필요한 그림이나 사진을 복사해서 TP를 제작할 수 있다.

반면에 OHP와 TP는 다음과 같은 단점을 아울러 갖고 있다.

① 휴대용이 아닌 일반 OHP는 너무 무겁고 커서 이동 시 불편하다.

② 항상 여분의 전구를 준비해야 한다.

③ 여러 장의 TP를 사용해서 수업을 여러 번 반복할 경우 TP의 순서가 뒤바뀔 우려가 있으므로 다음 수업 전에 미리 순서를 정리해 두어야 한다.

④ TP에 강의 요지가 함께 들어가 있지 않았을 때 재강의 시 설명이 동일하게 되지 않을 확률이 높아서 교사의 진지한 준비가 필요하다.

OHP를 활용하기 위한 TP 자료의 제작 원리를 살펴보면 다음과 같다.

① 자료를 가로 형태로 제작할 것인지, 세로 형태로 제작할 것인지를 결정해야 하는데 일반적으로 가로 형태로 디자인하는 것이 보는 사람에게 더 편안한 느낌을 준다.

② 문자보다는 도표, 그래프, 차트 등의 시각 자료를 구체화하여 제시하는 편이 좋다. 만약 문자 정보가 많을 때는 칠판이나 프린트물을 함께 활용하는 것이 좋다.
③ 혼란스럽지 않도록 단순하게 표현해야 한다. 즉, 한 화면에 하나의 개념 표현이 바람직하다.
④ 주제단어는 학습자의 기억을 돕도록 자료의 위쪽에 제목으로 이용하는 것이 효과적이다. 왜냐하면, 자료의 윗부분은 시각주의력이 다른 쪽보다 높기 때문이다.
⑤ 글자는 읽기에 명료해야 하므로 크기가 너무 작지 않아야 한다.

OHP를 사용하여 수업할 때는 다음과 같은 사항에 유념하여 진행하면 효과적이다.
① 불필요한 자료가 투시되지 않도록 한다. 화면으로부터 계속 나오는 반사광선은 학생들의 주의를 분산시키므로 이미 설명이 끝난 자료는 끄고 필요시에 다시 켜도록 해야 한다.
② 너무 많은 자료를 연속적으로 제시하면 교사가 기계적으로 수업을 진행하게 되므로 바람직하지 못하다. 일반적으로 단위 수업 시간에 6~7매의 투시 자료를 제시하는 것이 적절하다.
③ 학생들의 시야를 확보하기 위해서는 교사가 OHP 앞에 앉아 수업을 진행하는 것이 좋다. 투시 내용을 지적할 때는 포인터나 필기도구를 활용하면 좋다.
④ 학생들이 제시된 학습 내용을 충분히 읽고 숙지할 수 있도록 너무 빨리 다음 내용으로 전환하지 말고 시간적인 여유를 허용하여야 한다.

2) 슬라이드

슬라이드는 여러 장의 필름을 한 장 단위로 떼어 테두리(마운트)를 씌워 보관하며, 이 각각의 필름들을 한 장씩 차례로 보여줄 수 있도록 고안된 투사 매체와 그 필름을 말한다.

슬라이드는 몸체, 렌즈, 슬라이드 트레이, 리모트 컨트롤, 트레이에 속해 있는 잠금링으로 구성되어 있다. 슬라이드 트레이는 슬라이드를 담아서 순서대로 보여주기 위한 것으로, 자주 보여주어야 할 경우에는 필름들을 그대로 트레이에 담아 보관하는 것이 좋다.

이 슬라이드는 최근에 컴퓨터와 빔프로젝터(Beam Projector)의 도입으로 그 사용이 주춤하고 있는 추세이다.

3) 실물화상기(Opaque Projector)

실물화상기는 투명한 물체뿐만 아니라 책이나 실물과 같은 불투명한 물체도 투사시켜 스크린에 재생시키는 장치이다. 실물화상기는 3차원적 자료의 확대와 영사가 가능하고, 실제 사물(일반 종이 등)을 사용할 수 있어 자료 제작의 번거로움을 덜 수 있다. 또 어두운 곳에서 볼 수 있고 실물 크기의 확대 투영이 가능하여 작은 자료도 사용할 수 있다는 장점이 있다. 또한, 교과서의 내용이나 지도, 도표 등을 영사할 수 있고 오디오와 연결할 수도 있어 멀티미디어 교육이 가능하므로 다른 교수 기기에 비하여 학습효과가 높다.

3. 청각 매체

청각 매체는 교수 목적으로 육성과 다른 소리를 녹음하여 전달하는 매체를 의미한다. 청각 매체는 반복성, 보존성, 시공간의 극복성, 편집의 용이성 때문에 학습 현장에서 많이 활용되고 있다.

청각 매체의 유형에는 녹음기, 라디오, 카세트 플레이어, CD 플레이어, MP3 플레이어, MP3 CD 플레이어 등이 있다.

학습 현장에서 사용할 수 있는 청각 매체의 활용을 살펴보면 다음과 같이 다양하다.

첫째, 외국어학습이나 새로운 어휘, 개념 학습을 위한 반복적인 학습에 활용될 수 있다. 학습자의 특성에 따라 학습 내용을 생략하거나 보충할 수도 있고, 말의 진행 속도를 빠르게 하거나 느리게 조절할 수 있다.

둘째, 역사 속 인물의 실제 목소리 재현, 초등학생의 언어학습, 음악 수업 등 폭넓은 영역에서 활용할 수 있다.

셋째, 견학 동안 녹음된 내용을 교실 수업에서 추후 토론하는 자료로써 활용될 수 있다.

넷째, 청각 자료는 시각적 반응을 배제하기 때문에 소리를 통한 확산적 사고를 자극하여 학습자들의 상상력과 창의성을 신장하는 수업에 활용할 수 있다.

다섯째, 시각 자료의 보조 자료로서도 효과적이다. 효과음이나 배경음악, 해설을 제공하여 시각 정보의 이해를 도울 수 있다.

4. 시청각 매체

시청각 매체란 정보를 전달하기 위해 시각과 청각이 함께 사용되는 매체를 말한다. 그런데 시청각 매체는 단순히 시각 매체에 청각만을 더한 것으로 생각할 수 없다.

시각 자료들은 속성상 청각이 없으므로 동화상 등의 연속적인 시각을 제공하지 못하는 대신, 시청각 매체들은 청각을 제공하면서 동시에 동화상의 제공도 포함하고 있다. 시청각 매체는 시각적·청각적 방법으로 정보를 전달한다는 점에서 정보의 전달을 시각적 방법에 의존하는 그림, 사진, TP, 슬라이드 등의 시각 매체와 구별되며 컴퓨터를 이용한 멀티미디어나 상호작용 비디오 등과 같은 역동적인 상호작용이 없다는 점에서 상호매체와도 구별된다. 이러한 시각 매체에는 비디오, 영화, 텔레비전 등이 있다.

1) 시청각 매체의 교육적 특징

시청각 매체의 교육적 특성을 살펴보면 ① 녹화와 시청의 즉시성, ② 내용표현 방식의 다양성이라고 말할 수 있는데 이는 시청각 매체가 처리할 수 있는 정보의 폭이 사진, 동영상, 소리, 만화 등 인간이 평상시에 활용할 수 있는 정보의 전달 방법이나 시각 자료만의 방법보다 훨씬 더 다양한 형태의 정보를 처리할 수 있다. ③ 반복 사용 가능, ④ 높은 사실성, ⑤ 교수·학습 내용의 표준화로 교수자에 의한 집단 간 차이를 줄일 수 있다. ⑥ 개별적 수업-학습을 위해 활용할 수 있어 교사의 설명 없이 각종 매체나 자료를 활용하여 혼자서 학습하되 교사의 지도를 받는 것처럼 진도와 목표 등이 통제될 수 있다.

2) 텔레비전 방송

텔레비전은 전신 혹은 공간을 통하여 음향과 더불어 정지하거나 움직이는 상을 전달하는 매체이다. 본래 텔레비전은 Tele(멀리)와 vision(관찰)이란 말의 합성어로서 멀리 떨어진 곳의 광경을 본다는 뜻이다. 텔레비전은 교수-학습 과정에서 강한 동기유발 요소를 제공하고 있다. 텔레비전을 교육 현장에 활용할 때의 장점을 살펴보면 다음과 같다(김철주, 1998).

첫째, 동적인 학습 내용의 전달에 우수하다. 물리적인 움직임과 추상적인 변화과정을 나타낼 때도 유용할 뿐만 아니라 변화과정을 짧은 시간에 특수촬영기법을 통하여 필요한 부분만을 발췌하여 보여줄 수도 있다.

둘째, 수업의 내용에 따라 시간, 공간적으로 옮겨 다니며 수업할 필요가 있는 것들은 시공을 극복할 수 있는 텔레비전의 특성을 통하여 학습자들에게 효과적인 대리적 경험을 제공할 수 있다. 예를 들어, 물건이 어떻게 생산되어 마침내 소비자에게 판매되는지 즉, 생산부터 유통까지의 단계들을 설명할 때, 혹은 역사적 사실이나 국제적인 사건과 같은 것들을 학습자들에게 소개할 때에도 유용하다.

셋째, 텔레비전은 정서적인 분위기를 조장해야 할 필요가 있는 수업에서 효과적이다. 보통 교실에서는 이러한 정서적 분위기 조성이 쉽지 않다. 이러한 분위기 조성은 시 감상, 음악감상실, 미술 감상과 같은 수업에서뿐만 아니라 도덕이나 윤리와 같은 수업에서도 효과적인 수업이 가능하다.

텔레비전 방송의 장점으로는 다음과 같은 점들이 있다(변영계, 2007).

① 속보성: 방송의 가장 중요한 기본적인 특성은 정보를 빨리 전달하는 속보성이다. 언제 어디서나 방송기자가 갈 수만 있으면 바로 정보의 전달이 가능하다.

② 동시성: 방송은 전국으로 동시에 전달될 수 있다는 장점이 있다. 따라서 같은 방송을 본 사람들은 유사한 경험을 동시에 하게 되고 토론과 연구에 필요한 커뮤니케이션이 활발하게 된다.

③ 경제성: TV 방송을 만들고 송출하는 데는 많은 비용이 드는 것이 사실이나 전국적인 시청자의 수를 고려하면 오히려 경제적이다.

④ 비문자성: TV 방송은 문자보다는 시각 정보와 음성정보로 전달되기 때문에 문자가 가지는 추상성도 없고, 문자의 해독력에 영향을 적게 받는 장점이 있다.

아울러 텔레비전 방송의 제한점으로는 다음과 같은 점들이 있다.

① 일방적인 정보전달: TV 방송의 가장 큰 단점은 일방적 정보전달이라는 것이다.

② 제한성과 즉시성: TV 프로그램은 방송국에서 정해진 프로그램만 시청할 수 있어서 시청자의 요구가 반영되기 어렵고, 정해진 시간에만 방송되기 때문에 녹화해 두지 않으면 다시 보기가 어렵다.

3) 비디오

교육 현장에서 점차로 VTR의 활용이 보편화하고 있는 추세로써 교사가 수업의 전개상 적절히 비디오테이프를 활용한다면 수업 효과의 극대화를 기할 수 있다. 비디오가 지닌 특성과 교육적 활용도를 살펴보면 다음과 같다.

첫째, 학습자의 개인차에 적합한 학습 방법을 모색할 수 있다.

둘째, 수업의 도입 부분에 적절한 비디오 자료를 활용함으로 학습자의 동기유발에 크게 기여할 수 있다.

셋째, 학습자의 학습활동, 즉 기능영역에서의 모습들을 기록, 재생함으로써 학습자 자신의 학습 행동에 대한 피드백을 하고 교정학습 및 심화학습을 통하여 학습효과를 올릴 수 있다.

넷째, 수업 시간에 학습한 내용에 대하여 보충 및 심화학습으로서 비디오 자료를 활용할 수 있다.

5. 컴퓨터 활용 매체

최근 날로 발전하는 컴퓨터와 그에 관련된 각종 테크놀로지는 교육에 엄청난 영향을 주고 있다. 이런 컴퓨터가 최초로 만들어진 것이 1820년대였으며 그 성능이 오늘날의 계산기 수준이었음을 생각해 보면 겨우 180년이 지난 요즘 컴퓨터의 발전 속도와 그 영향력의 확산은 실로 엄청나다고 볼 수 있다. 최근 떠오르고 있는 컴퓨터와 그 주변기기, 그리고 운영체제들의 발달과 교육용 소프트웨어들의 발달은 교육 현장의 모습을 바꾸려 하고 있으며, 심지어는 교육의 근간이 되어 왔던 보수적인 그 어떤 본질에까지 영향력을 미치려 하고 있다. 따라서 교사는 컴퓨터의 교육적 장점과 제한점을 잘 이해하고 교수·학습의 효율성은 기하되 교육의 근간이 되는 교육의 본질 영역은 흔들림 없이 잘 지켜나가야 하겠다는 의식이 필요하다.

1) 프레젠테이션을 활용한 수업

프레젠테이션 수업이란 단위 수업에서 제시되어야 할 부분을 슬라이드 형식으로 내용을 입력하여 다양한 애니메이션 효과와 그림을 통하여 학습자의 학습능률을 극대화할 수 있는 수업으로서 컴퓨터에서는 파워포인트 프로그램을 주로 활용한다. 프레젠테이션 수업이 활성화되기 위해서는 우선 교사가 학습해야 할 학습 내용을 미리 구조화하여 제시하여야 하며, 따라서 이에 대한 충분한 자료의 준비가 요구된다. 특히 컴퓨터 프로그램 중 파워포인트는 학습 내용을 슬라이드 형식으로 간단한 내용과 더불어 제시할 수 있어 학습자들의 주의집중에 효과적인 차세대 수업형식으로 주목을 받고 있다. 또한, 수업 시간에 토의한 결과를 파워포인트로 제작하여 발표하고 경청함으로 효과적인 수업 분위기 조성에도 크게 이바지할 수 있다.

이때 함께 활용될 수 있는 매체가 디지털카메라로 현장을 카메라에 담아 컴퓨터와 연결하여 실기 현장에서의 순간포착을 학습자에게 즉시 제시할 수 있고, 프레젠테이션용 이미지를 저장할 수 있고, 생생한 현장감을 제공할 수 있는 이점을 가지고 있다.

2) 컴퓨터를 이용한 수업

컴퓨터를 이용한 수업은 보통 컴퓨터 보조 수업(CAI : Computer Assisted Instruction, 또는 Computer Aided Instruction)이라고 부르며 이 CAI의 유형에는 반복연습형(Drill and Practice Mode), 개별교수형(Tutorial Mode), 모의실험형(Simulational Mode), 교수게임형(Game Mode)등 여러 가지로 나누어진다.

① 반복연습형(Drill and Practice Mode) : CAI 중 가장 많이 사용되는 양식으로 이미 습득한 지식이나 기능을 반복 연습하게 하여 정규 수업을 보충하고 강화하기 위한 목적으로 사용된다. 예를 들면 수학에서의 연산이나 외국어학습의 단어 익히기, 발음 연습 등에 적합하고 컴퓨터의 자판을 익히기 위해 타자 연습을 하는 프로그램 등이 여기에 해당된다.

② **개별교수형**(Tutorial Mode) : 특정 영역에 관한 새로운 정보를 가르치고, 확인하고, 강화해 줌으로써 학습자가 독자적으로 학습할 수 있도록 짜인 프로그램을 말하는 것으로 교수-학습에 관련된 모든 정보가 단위 수업 내에 들어 있게 되므로, 정규학습의 보충·심화 과정이기보다는 정규학습 그 자체라고 할 수 있다.

③ **모의실험형**(Simulational Mode) : 시간적, 공간적, 경제적 제한으로 실제 조작해 볼 수 없는 상황을 컴퓨터로 모의하여 실제와 유사한 경험을 갖도록 하는 것을 말하며, 실제로 실험해 보기에는 너무 많은 비용과 위험이 따르는 화학실험이나 관찰하고자 하는 변화가 장시간에 걸쳐 일어날 때, 실제와 유사한 상황을 제시하면 학습자는 능률적으로 원리나 작동 절차, 변화과정 등을 배우게 되고 파지나 전이력, 상황에 대한 통찰력을 높일 수 있다(권성호, 1996).

④ **교수게임형**(Game Mode) : 수업게임형은 모의실험형과 프로그램 구조가 유사하나, 분명한 일련의 규칙에 따라 진행되어 끝에 가서는 승자와 패자가 나타나기 때문에 게임으로 분류한다. 이 유형은 학습자를 위하여 재미있게 설계되어 있고 이미 습득한 개념, 지식, 기능 등을 게임을 통해 강화하는 고도의 동기유발적인 접근 방법이므로 사실과 원리, 과정, 문제해결 능력, 사회화 과정, 태도 형성 등을 가르치기에 적합하다.

컴퓨터 보조 학습의 장점은 ① 수준, 속도 등에 맞게 개별적인 수업이 가능하다. ② 현실성 있는 경험, 반복적인 연습으로 학습자에게 흥미 있는 학습경험을 제공해 준다. ③ 교사와 학습자가 상호작용적이다. ④ 교사는 교사 본연의 업무에 집중할 수 있어 학생들에게 더 주의를 기울일 수 있으며 학생의 개별적 지도 및 상담에 더 많은 시간을 할애할 수 있다.

이에 반해 컴퓨터 보조 학습의 제한점으로는 ① 하드웨어 구매 비용이 고가이며, ② 우수한 코스웨어가 부족하며, ③ 코스웨어 개발에 전문적인 지식, 노력, 시간, 경비가 많이 소요된다는 점이다.

3) 웹 기반 학습

웹 기반 학습(WBI: Web Based Instruction)이란 망들의 망이라고 불리는 인터넷(international network : Inter Net)을 기반으로 교사와 학습자가 의사소통하는 형태의 학습을 의미한다.

웹을 응용한 교육 방법은 크게 두 가지로 나눌 수 있다(정명화 외, 2002).

첫째는, 웹을 이용하여 교육을 시행하는 방법이다. 이 경우에는 웹의 검색기를 이용하여 교사가 제시하는 학습물을 학습자가 편리한 시간에 학습하게 하는 것이다. 웹을 이용하여 원격교육을 시행하는 방법에 따르면, 교사는 잘 정리된 하이퍼미디어 코스웨어를 지정된 웹 서버에 구축하면 된다. 웹 서버에 구축되는 하이퍼미디어 코스웨어는 독립된 컴퓨터 시스템상에서 작동되는 코스웨어의 제작 요건과 비슷하다. 즉, 일반적으로 학습자의 학습을 위해서 하이퍼미디어를 설계할 때에서는 정보 찾기, 지식 습득 등 학습의 관점이 하이퍼미디어에 의해서 최대한 보장될 수 있도록 해야 한다. 따라서 하이퍼미디어와 상호작용적으로 활동하면서 학습자가 학습을 취하기 위하여 정보를 찾는 활동이 요구되도록 학습자료를 작성하여 인터넷을 통하여 검색되도록 하면 된다.

두 번째 방법으로는 교사가 웹서비스를 이용하여 직접 학생들을 지도하는 것이다. 즉, 탐구학습의 형태로 어떤 주제를 제시하면 학습자들은 웹의 하이퍼링크된 웹 서버들을 통하여 필요한 내용을 학습하는 방법이다. 웹을 이용하여 교육을 실시하는 방법과 달리 이 경우에는 학생들이 다양한 정보에 직접 노출된다. 즉, 교사가 특정 학습의 주제를 제시하면, 탐구학습의 방법으로 학습이 이루어지며, 학습의 주제나 학습 방법을 선택하는 주체 역시 학습자가 된다.

이런 교육적 효과가 우리 교육 현장에서 실질적으로 나타나기 위해서는 몇 가지 선행되어야 할 것들이 있다. 그것은 하드웨어의 보급, 지도교사의 교육, 교육과정과의 연계방안 탐구, 그리고 학부모와 교사들의 교육에 대한 인식의 전환 등이다.

멀티미디어와 인터넷은 물론 최근 각종 첨단 교수방법이 학교와 학습현장에 도입되고 있는데, 이들이 가진 여러 가지 긍정적인 측면이 있으나 이에 못지않게 부정적인 문제도 발생하고 있다는 것을 간과할 수는 없다(변영계 외, 2003). 예컨대 교사들과 학부모들이 감당해야 할 각종 재정적인 부담의 문제뿐만 아니라 교사들의 재교육에 대한 저항과 인식의 부족, 그리고 너무 급격한 첨단화와 이에 대한 부적응에 따른 교사들의 심리적 위축도 이러한 테크놀로지의 보급과정에서 신중하게 고려되어야 할 문제인 것이다.

효율적인 웹 이용 교육에서 유의해야 할 사항을 살펴보면 다음과 같다.

첫째, 사용자(학습자 및 교사)들이 쓰기에 편리한 교육적인 면이 고려된 웹 검색 방법이 개발되어야 한다. 특별히 정보의 비구조적 하이퍼미디어 특징 때문에 항해하는 사람이 원래 의도와는 전혀 무관한 주제로 접근하여 적절한 학습이 이루어지지 않거나, 시작점으로 돌아오지 못하는 것을 막는 등 사용자 편의성이 고려된 검색기가 사용되어야 한다. 이러한 하나의 예로는 웹 맵(Web Map)과 같이 웹의 하이퍼텍스트 항해를 도식적으로 표현해 주는 검색기의 사용이 요구된다(정명화 외, 2002).

둘째, 학생들에게 웹을 허용하는 데에 따르는 위험 등과 장점을 분명히 인식해야 한다. 웹에서 제공되는 정보가 모두 정확한 것은 아니고, 더욱이 학생들에게 교육적인 해를 가져오는 비교육적인 요소가 많은 것도 사실이다. 그러므로 교사가 이러한 사실을 주지하고, 학생들에게도 웹을 이용하는 에티켓에 대한 교육을 병행하여서, 학습자들이 정보의 가치를 판단하고 이용할 줄 알도록 해야 한다.

셋째, 사용자들이 이러한 시스템을 통하여 분명한 이득을 볼 수 있어야 한다. 새로운 정보 기기나 방법을 교육 현장에 도입하는 데는 여러 가지의 어려움이 따른다. 사용자들이 분명한 이익을 예상하지 못한다면, 또 하나의 부담으로서 학습의 능률을 감소시킬 수 있다.

넷째, 첨단 테크놀로지를 통하여 학습자는 지식과 정보를 습득할 수 있다. 그러나 교육에서 따뜻한 인격적 매개가 부족하다면 진정한 교육의 목적에 도달할 수 없다. 따라서 교육 방법을 다양하게 함은 물론이고 이런 최첨단의 기기나 정보 기기를 교육에 활용할 때 소외될 수 있는 협동과 인격함양, 학습자에 대한 따뜻한 관심과 사랑, 전인교육에 교사는 심혈을 기울여야 할 것이다.

6. 교수매체의 선정과 활용

ASSURE 모델은 수업 매체와 자료를 효과적이고 체계적으로 활용하기 위한 지침으로 절차적 모형이라고 볼 수 있다(Heinich, Molenda, & Russel, 1986). 이 모델의 절차는 다음과 같이 6단계로 구성되어 있다.

① **학습자 분석**(Analyze learners): 학습자의 일반적인 특성과 출발점 능력, 학습양식 등을 검사지나 인터뷰를 통해서 분석한다.

② **목표진술**(State objectives): 목표를 진술하고 그 목표의 성취에 알맞은 교수 매체를

선정하며 그를 위한 환경과 평가 기준을 제시한다.

③ **교수 매체와 자료의 선정**(Select Media and materials): 기존의 자료를 검색하고 목표에 맞게 수정하거나 새롭게 제작한다.

④ **수업 도구와 자료의 활용**(Utilize media and materials): 수업에 사용하기 전에 먼저 내용을 확인하고 연습한 후 학습자에게 미리 매체에 대한 정보를 주어야 한다. 제시 후에는 토론이나 소집단 활동 및 개별 보고서 등의 사후 학습을 계획한다.

⑤ **학습자의 참여 이끌기**(Require learner participation): 학습자의 참여를 이끌어낼 수 있는 토의, 퀴즈, 연습문제 등을 준비한다.

⑥ **평가와 수정**(Evaluation and revise): 학습자의 성취도를 측정하고 매체와 방법에 대해 평가한 후 수정이 필요한 부분을 파악한다.

CHAPTER 12

학습지도안의 작성

1. 학습지도안 작성의 중요성
2. 학습지도안의 양식
3. 학습지도안의 실제

■ **학습개요**

- 좋은 수업이 되기 위한 조건을 충족시키기 위해서는 수업의 전체 과정의 구성 요소를 체계적으로 사전에 계획하는 학습지도안의 작성이 중요하다.
- 학습지도안의 양식은 단원명, 단원의 개관, 단원의 목표, 지도상의 유의점, 단원 지도계획, 본시의 학습목표, 본시 학습지도안 등으로 구성되어 있다.
- 학습지도안의 실제를 예를 들어 제시한다.

■ **학습목표**

1	좋은 수업을 위한 학습지도안 작성의 중요성을 이해할 수 있다.
2	학습지도안 작성 양식을 분석할 수 있다
3	학습지도안을 작성할 수 있다.

■ 읽을거리 : 마음을 다지기 좋은 날

새들은 바람이 가장 강하게 부는 날 집을 짓습니다. 강한 바람에도 견딜 수 있는 튼튼한 집을 짓기 위해서죠. 태풍이 불어와도 나뭇가지가 꺾였으면 꺾였지 새들의 집이 부서지지 않는 것은 바로 그런 까닭입니다. 그런데 바람이 강하게 부는 날 집을 지으려면 새들이 얼마나 힘들겠습니까? 바람이 고요히 그치기를 기다려 집을 지으면 집짓기가 훨씬 더 수월할 겁니다. 나뭇가지를 물어오는 일도, 부리를 흙을 이기는 일도 훨씬 쉽겠지요. 그러나 그 결과는 좋지 않을 겁니다. 바람이 강하게 부는 날 지은 집은 강한 바람에도 무너지지 않지만, 바람이 불지 않은 날 지은 집은 약한 바람에도 허물어져 버릴 것입니다.

– 2012년 4월 19년 동아일보 A30면, '정호승의 새벽편지' 중에서

우리가 공부하는 일은 새가 집 짓는 일과 비슷합니다. 바람이 가장 강하게 부는 날, 즉 썩 내키지 않아 공부하고 싶지 않은 날이나 마음이 무너져 내리고 하루를 망가뜨리고 싶은 날이야말로 공부할 마음 다지기에 가장 좋은 날입니다. 그 어떤 상황과 조건에도 흔들리지 않는 단단한 마음을 만들 절호의 기회입니다.

의욕이 넘치고 컨디션이 좋은 날은 영혼이 강한 사람이든 그렇지 않은 사람이든 누구나 공부할 수 있습니다. 누구라도 마음을 붙들어놓을 수 있어요. 그러나 바람이 가장 강하게 부는 날에는 다릅니다. 바로 그날, 누가 '진짜 절실하게 열망하는 사람'인지, 누가 '흉내만 내던 사람'인지 다 드러나게 되어 있습니다. 강한 바람에도 견딜 수 있는 튼튼한 마음은 바람이 가장 강하게 부는 날 만들어집니다. 그렇게 단련되고 훈련된 마음만이 나를 영혼이 강한 사람으로 만들어줍니다.

박성혁(2023). 이토록 공부가 재미있어지는 순간. 서울: 다산북스. pp. 110-110.

■ 생각해보기 / 토론해보기

1. "바람이 가장 강하게 부는 날, 즉 썩 내키지 않아 공부하고 싶지 않은 날이나 마음이 무너져 내리고 하루를 망가뜨리고 싶은 날이야말로 공부할 마음 다지기에 가장 좋은 날입니다." 이 말에 대하여 동료나 그룹 멤버들과 이야기를 나눠보세요.
2. 교사에게 있어 학습지도안은 어떤 의미인가? 무기인가? 또는 대본인가?

학습지도안이란 학습지도의 계획서를 말하는데 이것을 교수안 또는 교안이라고도 부르며, 또 학습지도안이라는 말 외에도 수업지도안, 생활안, 본시 전개안 등으로 부르고 있다(신동로, 2001).

1. 학습지도안 작성의 중요성

교사는 학습자를 잘 가르쳐야만 하는 책임이 있다. 가르치는 일에 종사하는 사람은 누구나 자신이 좋은 수업을 전개하고 있는가 또는 과연 좋은 수업을 얼마만큼 실행해 왔던가라는 자기반성의 질문을 던진 적이 있을 것이다. 만약 좋은 수업의 실체가 쉽게 발견된다면 좋은 수업을 설계하고 실천할 수 있을 뿐만 아니라 잘 가르치는 교사와 잘 가르치지 못하는 교사를 구분 짓는 평가 기준으로 활용될 수 있을 것이다.

그래서 좋은 수업의 실체를 밝히기 위해서 여러 가지 접근 방법이 되고 있다. 예컨대, 좋은 수업을 실천한다고 생각되는 교사의 행동 특성을 찾아내기도 하고, 특정한 수업 방법과 다른 대안적 수업 방법의 상대적 효과를 비교하기도 하고, 학습자의 학업성적, 태도 변화의 정도를 측정하기도 한다. 무엇보다도 좋은 수업이 되기 위한 조건을 충족시키기 위해서는 수업의 전체 과정의 주요 구성 요소를 체계적으로 사전에 계획하는 것이 절실히 요망된다. 사전의 충실한 계획이 전제되지 않은 수업은 실패할 가능성이 더 크다. 물건을 만들다가 실패하면 새로 고쳐서 다시 만들어 낼 수 있지만, 사람을 다루는 인간교육에서 교사의 무계획성으로 인한 학습실패는 용납되지 않는다.

따라서 수업계획이란 곧 학습실패를 예방하기 위한 사전계획의 일환으로 실천되는 활동이다. 즉, 수업계획은 수업목표를 성공적으로 달성하기 위하여 수업 과정에 포함되는 여러 가지 구성 요소, 즉 수업목표, 내용, 방법, 활동, 시간, 자료와 설비, 평가 등을 체계적으로 조직하는 수단이다.

수업계획은 궁극적으로 학습지도안의 형태로 나타나게 된다. 학습지도안은 좋은 수업이 되게 하는 길잡이 역할을 수행한다고 하겠다. 이 같은 학습지도안의 기능은 다음 7가지로 요약될 수 있다(임진권 외, 1985).

① 학습지도안은 교사의 수업 활동의 방향을 가르쳐 준다.
② 학습지도안은 학습자가 도달해야 할 학습 목표가 무엇인가를 가르쳐 준다.
③ 학습지도안은 교사의 수업 활동과 학생의 학습활동을 예측하고 안내하는 지침서이다.
④ 학습지도안은 대단원과 단시 수업의 전체적인 흐름을 가르쳐 준다.
⑤ 학습지도안은 학습자의 학습 진도 상황을 가르쳐 준다.
⑥ 학습지도안은 수업 및 학습에 유용한 보조 자료는 어떤 것인가를 사전에 가르쳐 준다.
⑦ 학습지도만은 학습 내용과 학습경험의 제시순서와 계열을 안내한다.

이처럼 학습지도안을 작성하는 근본 목적은 수업, 즉 교수 · 학습의 효율성과 효능성을 가능한 대로 제고시키려는데 있다. 여기에서 효율성과 효능성의 의미는 교수 · 학습의 질과 양의 두 측면에서의 효과를 극대화하고자 하는 것이다. 이는 곧 좋은 수업을 시행해야 한다는 것이 전제되어야 한다. 즉, 좋은 수업은 수업의 효율성과 효능성을 극대화할 수 있기 때문이다.

이성호(1987)는 학습지도안을 작성하는 부수적인 목적과 가치를 네 가지로 요약하고 있다.

① 학습지도안은 가르치는 사람에게 있어서 교과과정의 내용을 탐색하는 좋은 기회이다.
② 학습지도안은 가르치는 사람과 배우는 사람 간 의사소통의 한 가지 매체이다.
③ 학습지도안을 작성함으로써 타 과목, 타 수업 간의 연계성, 통합성, 균형성을 유지할 기회를 얻게 된다.
④ 학습지도안은 가르치는 사람들의 가르치는 일에 대한 책무 의식을 드높일 수 있다는 가치를 지닌다.

학습지도안의 목적과 가치에서 논의된 것 이외에 한 가지 유념해야 할 사항은 학습지도안은 가르치는 사람의 창작활동이라는 점이다. 무엇보다도 중요한 것은 교사의 창의성이다. 학습지도안은 결코 일정한 형식이나 서식에 획일적으로 얽매일 필요는 없다. 따라서 각자의 창의적 사고와 노력이 동원되어야 한다. 특히 실제 수업 장면에서는 가르치는 사람의 창의성이 크게 요구된다는 사실을 간과해서는 안 될 것이다.

2. 학습지도안의 양식

학습지도안의 일반양식을 살펴보면 아래와 같다.

학습지도안의 일반양식

과 목 : ○○

일 시 : 200○년 ○월 ○○일(○요일) ○교시

대 상 : 제 ○학년 ○반(남:○○, 여:○○, 계:○○)

장 소 : ○학년 ○반 교실

지도교사 : ○○○ 선생님

(1) 단원명

단원명은 교과에 따라 소단원, 중단원, 대단원명을 기재한다. 대단원의 지도 시수가 많지 않을 때에는 일반적으로 대단원명을 기입하고 있으나, 학습지도 시간이 너무 많은 경우에는 중단원이나 소단원명을 기입하는 것이 바람직하다.

(2) 단원의 개관

단원의 개관에는 학습자 측면, 사회적 요구 측면, 교과의 특성 측면 이렇게 3가지 측면에서 이 단원의 정당성을 찾아서 작성한다. 즉, 단원이 학생의 어떠한 필요나 흥미에 의한 것인지, 단원이 사회적으로 어떠한 의의와 가치가 있는지, 단원이 교육과정의 내용상의 범위와 계열에서 어떠한 위치에 있는지를 기술하여야 한다.

(3) 단원의 목표

단원 목표는 단원지도 후에 학습자가 성취해야 할 행동으로, 단원의 주요 내용과 그 내용에 대하여 학생들이 어떤 행동으로 성취되기를 바라는지가 분명하게 진술되는 것이 바람직하다. 단원 목표는 교사용 지도서에 상세하게 기술되어 있으나 학교나 학생의 특성에 맞게 조정해야 한다. 즉 단원 목표는 중요한 내용의 영역과 그 내용을 다룸으로써 달성될 것으로 기대되는 행동의 양자를 포함하여 진술되어야 한다. 여기에는 지식, 태도, 기능이 골고루 뽑혀서 진술되어야 한다. 단원의 목표는 차시별 수업목표(학습목표)에 비하여 상대적으로 포괄적이고 종합적이다.

(4) 지도상의 유의점

해당 단원을 지도하기 위해서는 교사용 지도서에 기록되어 있는 지도상의 유의점을 살펴보고, 학습과제별 지도상의 유의점에 관심을 두어 지도계획을 세우고, 실제 수업에 임해야 한다. 그러나 교사용 지도서에 나타난 내용은 학생의 특성, 학교의 특성을 전부 고려하였다고 볼 수 없으므로 교사용 지도서를 참고로 하되 교사 자신이 본 단원 학습 내용을 분석하여 지도상의 유의점을 찾아내야 한다. 특히 발견학습, 탐구학습, 토의학습이 강조되는 단원에서는 그 단원을 처음부터 어떻게 이끌어 나아갈지를 수업이론이나 모형을 참조하여 지도 방법을 탐색하고 구체적 지도 방법을 선택해서 진술한다.

(5) 단원 지도계획

대단원의 단원구성을 소개하고, 차시별로 나누어 시간 배정을 하며, 본 시가 단원의 어디에 위치하는가를 표시해 준다.

(6) 본시의 학습 목표

본시의 수업목표는 학습자가 학습한 후에 도달해야 할 성취 행동으로 진술하되, 명시적 동사를 사용하여 성취 결과를 명확하게 알 수 있도록 해야 한다. 즉, 단원의 목표와 달리 본시 수업의 목표는 암시적 동사(예 이해한다, 감상한다, 인식한다, 깨닫는다)가 아닌 명시적 동사(예 진술할 수 있다, 구별할 수 있다, 비교 설명할 수 있다, 문제를 풀어 그 정답을 구할 수 있다, 열거할 수 있다, 지적할 수 있다, 적용할 수 있다)를 사용하여 행동적 용어로 진술해야 한다.

(7) 본시 학습과정안(학습지도안)

수업 활동은 도입, 전개, 정리라는 세 단계로 구분할 수 있다. 학습지도의 한 시간 수업 시간에 제공될 주요한 교수-학습활동 들을 도입, 전개, 정리의 세 단계로 나누어 요약, 제시하면 다음 <표 12-1>과 같다.

표 12-1 교수-학습활동

지도단계	도 입	전 개	정 리
주요 활동	• 전시학습확인 • 학습자의 동기유발 • 학습목표 제시	• 학습내용의 제시 • 학습자료의 제시 • 학습자의 참여 • 다양한 수업기법의 활용 • 시간과 자료의 정리	• 요약정리 • 강화 • 형성평가의 실시 • 일반화의 유도 • 과제의 부여 및 차시예고

3. 학습지도안의 실제

여기서는 몇 과목의 모범 학습지도안을 예시하였다.

① 컴퓨터과 학습지도안

② 체육과 학습지도안

③ 미술과 학습지도안

④ 가정과 학습지도안

⑤ 음악과 학습지도안

1) 컴퓨터과 학습지도안

(1) 교재

- 교과서명 : HTML과 자바 스크립트를 한꺼번에
- 저자 및 출판사 : 김준성, 이상철(호서출판사)

(2) 단원명

그림과 음악이 있는 웹 문서

(3) 단원 설정의 이유

e-mail은 실시간 통신은 가능하지 않지만, 우리에게 시간과 지역의 개념을 벗어난 통

신수단으로 자리 잡고 있다. 하지만 우리는 대부분 Text 형식의 사무적 느낌을 주는 e-mail을 주고받는다.

그렇기에 우리는 이 단원을 학습함으로써 그림과 음악이 함께 하는 단순한 Text 형식의 e-mail에서 벗어나 HTML을 이용하여 그림과 음악이 함께 하는 e-mail을 작성해 보고자 이 단원을 선택하였다.

(4) 단원 학습의 목표

① 학생관

이미 인터넷은 우리에게 생활의 한 부분으로 자리 잡고 있다. 그리고 우리는 인터넷을 통하여 많은 웹 문서를 주고받는다. 하지만 대부분의 웹 문서는 Text 형식에서 벗어나지 못하고 있다.

오늘날 가장 대표적인 웹 문서라고 할 수 있는 e-mail을 보면 잘 알 수 있을 것이다. 그러므로 학생들에게 단지 인터넷을 사용하여 정보를 주고받는 능력뿐만 아니라 좀 더 다듬어진 정보를 주고받을 수 있는 능력을 키워 주어야 할 것이다.

우리가 배우고자 하는 이번 단원은 HTML의 기본적 형태를 익힘으로써 실생활에 가장 많이 이용되는 웹 문서인 e-mail을 좀 더 효율적으로 꾸밀 수 있도록 할 것이다.

② 교사관

본 단원을 지도함에 있어 HTML의 문법적 익힘도 중요하지만, 실생활의 응용이 더 중요함을 잊지 말고 지도를 해야 할 것이다. 부분적인 문법 사항보다는 전체적인 흐름을 익히게 하고 학생 자신이 직접 하나의 웹 문서를 작성할 수 있도록 지도한다.

(5) 교수 · 학습활동 시간 계획

차시	차시별 학습 목표	학습 자료	배당 시간	비고
1차시	1. 기본 태그의 구성을 이해할 수 있다. 2. <font> 태그의 구성을 이해할 수 있다. 3. <marguee> 태그의 구성을 이해할 수 있다. 4. <table> 태그의 구성을 이해할 수 있다.	교과서 컴퓨터	50분	
2차시	1. 웹 문서에 그림을 삽입할 수 있다. 2. 웹 문서에 음악을 삽입할 수 있다. 3. 전시의 학습과 연계하여 웹 문서를 작성할 수 있다. 4. 작성한 웹 문서를 e-mail로 보낼 수 있다.	교과서 컴퓨터	50분	본시

(6) 본시 교수 · 학습과정안

① 주제

글과 그림이 함께 하는 e-mail 보내기

② 학습 목표

- 웹 문서에 그림을 삽입할 수 있다.
- 웹 문서에 음악을 삽입할 수 있다.
- 글, 그림, 음악이 함께 하는 웹 문서를 작성할 수 있다.
- 작성한 웹 문서를 e-mail로 보낼 수 있다.

③ 본시 교수 · 학습과정안

<table>
<tr><th rowspan="2">단계</th><th rowspan="2">학습과정</th><th colspan="2">교수 · 학습활동</th><th rowspan="2">시간
(분)</th><th rowspan="2">지도상의
유의점</th><th rowspan="2">학습자료</th></tr>
<tr><th>교 사</th><th>학 생</th></tr>
<tr><td rowspan="3">도
입</td><td>• 인사

• 출석점검</td><td>• 인사를 한다.
여러분 반갑습니다. 컴퓨터 수업에 관심이 많은 학생들과 수업을 하게 되어서 기쁘게 생각합니다.
• 출석을 점검한다.</td><td>• 선생님께 인사한다.</td><td>5분</td><td>• 학습 분위기 조성</td><td>• 출석부
• 교재
• 컴퓨터</td></tr>
<tr><td>• 전시 학습</td><td>• 전시학습을 복습한다. 기본 태그의 구성과 <font>, <marquee>, <table> 태그의 개념을 점검한다.</td><td></td><td rowspan="2"></td><td rowspan="2">• 학습 동기를 유발시킨다.</td><td rowspan="2">• 완성된 웹 문서 자료</td></tr>
<tr><td>• 학습 목표 제시</td><td colspan="2">학습목표
① 웹 문서에 그림을 삽입할 수 있다.
② 웹 문서에 음악을 삽입할 수 있다.
③ 글, 그림, 음악이 함께 하는 웹 문서를 작성할 수 있다.
④ 작성한 웹 문서를 e-mail로 보낼 수 있다.</td></tr>
</table>

단계	학습과정	교수 · 학습활동		시간 (분)	지도상의 유의점	학습자료
		교 사	학 생			
전개	• 웹 문서에 그림 삽입	• 웹 문서에 그림을 삽입해 본다. <img src=“ ”>, <background=“ ”> 태그 명령을 익힌다.	•예문을 통하여 컴퓨터로 실습을 해 본다.	40분	• 실습 분위기가 흐트러지지 않게 한다.	•교재 •컴퓨터 •예시문
	• 웹 문서에 음악 삽입	• 웹 문서에 음악을 삽입해 본다. <embed src=“ ”> 태그 명령을 익힌다.				
	• 웹 문서를 통하여 배운 내용을 종합	• 미리 작성된 웹 문서를 통하여 배운 내용을 체계적으로 종합해 본다.				
	• 웹 문서를 e-mail로 보내기	• 작성한 웹 문서를 e-mail로 보내본다.	•작성된 웹 문서를 e-mail로 직접 보내본다.		• 문법적 사항보다는 전체의 흐름 이해에 목적을 맞춘다.	
정리	• 개념화 및 형성평가	• 웹 문서를 만들면서 사용되었던 태그의 명령을 다시 한번 정리한다.	• 문답형식으로 확인을 해본다. • 과제를 기록한다.	5분	• 학생들이 정확하게 이해했는지 확인한다.	•형성평가
	• 차시 예고	• 직접 웹 문서를 작성해 보고 선생님에게 e-mail 보내기 바랍니다. 그리고 다음 시간에는 홈페이지를 작성하면서 필요한 태그 명령을 배우도록 하겠습니다. 홈페이지에는 링크 명령이 있는데 어떤 태그 명령인지 찾아보기 바랍니다.				
	•인사	• 한 시간 동안 수업에 참여해 주어서 감사합니다. 여러분께 많은 도움이 된 한 시간이었으면 좋겠습니다.	• 선생님과 인사한다.			

④ 형성평가

- 그림 및 음악 삽입 태그에 대하여 설명해 보아라.
- e-mail을 웹 문서로 보낼 때 유의할 점은 무엇인가?

(7) 학습 자료

① 웹 문서에 음악 넣기

〈bgsound src="음악 주소"〉

주로 홈페이지의 배경음악을 넣는 데 사용하는 태그입니다. mid 파일을 주로 사용하고요, wav 파일이나 mp3 파일도 되긴 되는데 bgsound 태그는 일단 음악파일을 다 다운로드받은 다음 재생을 시키기 때문에 mp3나 wav는 시간이 오래 걸린답니다.

〈embed src="음악 주소"〉

bgsound 태그가 익스플로러 전용으로 만들어진 것이라면, embed 태그는 넷스케이프에서 음악을 재생시킬 수 있도록 만들어진 태그입니다. 그런데 요즘은 익스플로러와 넷스케이프 양쪽 다 잘 된답니다. embed 태그의 특징은 bgsound 태그와는 달리 파일을 다 다운받은 받은 다음에 재생하는 것이 아니라 다운로드와 동시에 실시간으로 재생시켜 주죠.

- 속성

autostart=true/false	true의 경우 로딩되자마자 자동실행되고 false의 경우 그 반대
hidden=true/false	음악조절판이 true의 경우 보이지 않고 반대로 false의 경우 보이게 됩니다.
loop=true/false	true일 경우 계속 반복, false일 경우 한 번만 반복
width=수치 height=수치	음악조절판의 좌우 높이 조절을 하는 옵션

② 웹 문서에 그림 넣기

- 배경 그림 넣기

〈body background="이미지 주소"〉

배경 그림을 넣을 때 위와 같은 태그를 사용할 수 있습니다.

- 이미지 태그

〈img src="이미지 주소"〉

이미지 태그는 웹 제작에 있어서 가장 기본적인 태그입니다.

• 속성

width="수치"	넣은 수치만큼 이미지의 가로 너비를 조정해 주는 속성입니다.
height="수치"	넣은 수치만큼 이미지의 세로 높이를 조정해 주는 속성입니다.
hspace="수치"	이미지의 가로 간격(공간)을 주는 속성입니다. 여기서 간격이란 하나의 이미지와 글자 사이의 공간의 너비를 말하는 겁니다.
vspace="수치"	이미지의 세로 간격(공간)을 주는 속성입니다.
border="수치"	이미지의 테두리 두께를 나타내 줍니다. border= "0"일 경우에는 테두리가 나타나지 않고 1부터 테두리가 나타납니다.

2) 체육과 학습지도안

(1) 단원명

대단원 : 육상

중단원 : 장애물달리기

소단원 : 허들 넘기

(2) 대상

중 · 고등학생

(3) 단원의 설정 이유

① 신체적으로 급속한 성장과 정서적 불안정의 특징을 지니는 중학교 학생들에게 이러한 육상활동을 시킴으로써 신체적 조화와 발달과 운동기능 향상 및 정서 순화에 도움을 줄 수 있다.

② 육상의 실천을 통해서 순발력 · 민첩성 · 근력 · 유연성 · 지구력 등의 발달을 꾀하며, 또 그 결과로 얻어지는 정신적인 건강의 문제까지 해결함으로써 자신감 · 창조성 · 책임감 · 인내심 · 협동성 · 진취성 · 판단력 등의 사회적 태도를 함양함으로 현대사회가 체육교과에 요구하는 바람직한 인간상으로 만들어 갈 수 있다.

③ 육상의 특성과 효과를 정확하게 익히고 실시하여 신체적인 지각, 운동 능력을 기름으로써 다른 운동활동을 실시함에 있어서 보다 효과적이고 능률적으로 자신의 신체를 조정할 수 있고 운동을 수행해 낼 수 있게 할 수 있다.

(4) 단원의 학습목표

① 허들 넘기의 요소를 열거, 설명할 수 있다.
② 올바른 스탠딩 출발법으로 출발할 수 있다.
③ 허들 넘기에 앞서 걸음 수를 조절할 수 있다.
④ 허들 앞에서 도약하여 넘을 수 있다.
⑤ 공중자세 시 올바른 팔과 다리의 자세를 취할 수 있다.
⑥ 올바른 착지자세를 취할 수 있다.
⑦ 올바른 허들 넘기를 할 수 있다.
⑧ 경기 규칙과 심판법을 숙지하여 육상 운동경기를 관전할 수 있다.

(5) 학습과제 분석

① 허들 넘기 이론: ⓐ 출발, ⓑ 걸음 수 조절, ⓒ 도약, ⓓ 자세, ⓔ 착지
② 허들 넘기 실기: ⓐ 스탠딩 출발, ⓑ 허들 앞 걸음 수 조절, ⓒ 허들 앞 도약, ⓓ 공중자세, ⓔ 자세의 유지, ⓕ 착지법, ⓖ 허들 넘기

(6) 본시 학습과정안(학습지도안)

<table>
<tr><th rowspan="2">단계</th><th rowspan="2">학습내용</th><th colspan="2">교수 · 학습활동</th><th rowspan="2">시간
(분)</th><th rowspan="2">교수자료
매체 및 방법</th></tr>
<tr><th>교사</th><th>학생</th></tr>
<tr><td rowspan="5">도

입</td><td>새로운 학습내용
제시</td><td>• 허들경기 필름 보여주기
(동기유발)</td><td>• 필름 보기</td><td rowspan="5">5분</td><td rowspan="5">괘도
필름
슬라이드</td></tr>
<tr><td rowspan="2">학습목표
제시</td><td colspan="2">학 습 목 표</td></tr>
<tr><td colspan="2">1. 허들 넘기의 요소를 열거, 설명할 수 있다.
2. 올바른 스탠딩 출발법으로 출발할 수 있다.
3. 허들 넘기에 앞서 걸음 수를 조절할 수 있다.
4. 허들 앞에서 도약하여 넘을 수 있다.
5. 공중자세 시 올바른 팔과 다리의 자세를 취할 수 있다.
6. 올바른 착지 자세를 취할 수 있다.
7. 올바른 허들 넘기를 할 수 있다.
8. 경기 규칙과 심판법을 숙지하여 육상 운동경기를 관전할 수 있다.</td></tr>
<tr><td>실습 시 주의사항 지시</td><td>• 운동 시 사고 설명</td><td>• 주의사항 경청</td></tr>
<tr><td>몸풀기 체조 실시</td><td>• 몸풀기 운동</td><td>• 체조 실시</td></tr>
</table>

단계	학습내용	교수 · 학습활동		시간 (분)	교수자료 매체 및 방법
		교사	학생		
전개	허들 넘기 출발법 걸음 수의 조절 허들 앞 도약(90㎝) 자세의 유지: 도약시 각 다리의 90도 유지	• 내용별 학습목표 제시 • 학습내용 제시 • 질의 (허들 앞 도약 위치는?, 도약시 팔과 다리의 자세는? 등)	• 내용별 학습목표의 인식 • 교사의 설명 경청 • 지식 습득(검토)		괘도 설명식 질문법
전개	공중자세시 다리의 위치 착지방법 및 착지시 자세	• 착지 시 다리의 위치는?	• 습득된 지식을 말한다(응답)	32분	
	허들 넘기 조별 연습	• 허들 넘기 시범 • 조 구성(조장 결정 및 연습위치 지정) • 각 조별 순회 지도(적용)	• 시범을 본다 • 이해를 위한 질의(이해) • 조별로 3~5회 정도 허들 넘기 실시(적용) • 조별 연습		각조별 허들 1개 시범과 모방 조별 연습
	허들 넘기 전체 연습	• 자세 최종 시범(요약) • 2~3회 전체 연습 지도	• 시범을 통한 자세의 교정 • 순서에 따라 연습		연습
정리 및 평가	전체 내용 확인 및 요점정리 연습시 애로점 확인	• 전체 내용 요약	• 전체 내용 정리	7분	괘도 설명 질문법
	형성평가	• 질의 및 평가	• 응답 및 지명된 조 허들 넘기 실시		
	정리 운동	• 몸풀기 운동	• 체조 실시		
	운동기구 정리	• 운동기구 정리 지도	• 운동 기구 정리		
	차시 예고	(다음 시간에는 '이어달리기'를 하겠습니다)	• 경청한다.		

3) 미술과 학습지도안

(1) 단원명

제5단원 : 공예

(2) 대상

중학교 3학년

(3) 교재

- 교과서명: 중학교 3학년 미술
- 저자 및 출판사: 김병종, 전상철, 고만석(삼화출판사)

(4) 단원의 설정 이유

① 이번에 우리가 수업을 할 내용은 공예에 관한 것이다. 우리는 미술을 통해서 아름다움을 창조하고 자신의 느낌을 표현할 수 있다. 공예는 이러한 미술의 특징에 실용적인 면이 더 추가된다.

② 공예에 대해서 배워 봄으로써 실생활에 쓰이는 물건을 만드는 기법을 익히고 아름다움을 표현하는 능력을 기르도록 한다.

③ 전통공예의 한 부분인 한지공예에 대해서 집중적으로 배워 봄으로써 잊혀져 가는 전통미의 아름다움을 아이들에게 알게 해준다.

④ 이를 현재 생활에 응용할 수 있도록 한다. 이러한 이유에서 이 단원을 설정하였다.

(5) 단원의 학습목표(교사관 포함)

① 본 단원을 통해서 학생들에게 공예의 정의, 그리고 공예의 한 종류인 한지공예에 대해서 설명한다.

② 실생활에 사용되는 한지 공예품을 알아보고 만드는 법을 설명한다.

③ 한지공예의 한 종류인 사각상자를 만드는 법을 지도하고 만들어 보도록 한다.

④ 사각상자를 만들어 봄으로써 생활용품을 만들어 쓰는 재미와 가치를 인식시킨다.

⑤ 공예란 실생활에 쓰이는 일용품이나 장식품을 직접 손으로 만드는 것을 의미한다.

⑥ 요즘엔 공예품을 쉽게 구입할 수 있기에 직접 만들어 쓰는 경우가 많지 않다. 공예품을 직접 만들어 봄으로써 만들어 쓰는 재미와 가치를 인식한다.

⑦ 전통공예의 한 종류인 한지공예를 공부하고 만들어 봄으로써 잊혀져 가는 한지공예의 아름다움을 감상하고 이를 계승하도록 한다.

(6) 본시의 학습목표

① 공예의 뜻과 종류를 안다.

② 한지공예의 특성과 종류를 알고 공예품을 감상한다.

③ 한지를 이용하여 실용적이고 아름다운 생활용품을 만들 수 있다.

(7) 본시 학습과정안(학습지도안)

단계	학습과정	교수 · 학습활동		시간(분)	유의점	학습 자료
		교 사	학 생			
도입	인사	• 인사를 한다(안녕하세요, 여러분. 즐거운 미술시간입니다).		5분	밝은 웃음으로	
	출석점검	• 출석을 점검한다.				출석부
	전시학습 확인	• 전시학습을 확인한다. 1. 색의 3요소 색상, 명도, 채도 색상: 다른 색과 구별되는 그 색 고유의 성질 명도: 색의 밝고 어두운 정도 채도: 색의 맑고 탁한 정도 2. 보색관계 색상환에서 서로 마주 보는 두 색의 관계를 보색이라고 함.	• 색의 3요소를 알아야 한다. • 보색관계의 의미를 알고 그 예를 들 수 있어야 한다.		질문형식으로 해서 학생들이 복습을 하였는지 알아본다.	power point
	학습목표 제시	1. 공예의 뜻과 종류를 안다. 2. 한지공예의 특성과 종류를 알고 공예품을 감상한다. 3. 한지를 이용하여 실용적이고 아름다운 생활용품을 만들 수 있다.	• 학습목표대로 성취하도록 한다.		목표대로 성취한다.	판서
	동기유발	• 오늘 배울 내용을 살펴봄으로써 동기를 유발한다.				power point

단계	학습과정	교수 · 학습활동		시간(분)	유의점	학습자료
		교 사	학 생			
전개	공예이론	1. 공예의 뜻 실생활에 쓰이는 일용품이나 장식품을 직접 손으로 만듦 2. 조건 실용적이고 아름답게 만든다. 값싸고 질 좋은 재료를 견고하게 만든다. 3. 공예의 종류 금속공예, 염색공예, 도자기공예, 한지공예	내용을 설명하면서 학생들이 잘 이해하고 있는지 알아본다.	5분	내용을 이해한다.	power point
		4. 한지공예 (1) 한지공예의 특성 ① 내구성 ② 가볍고 부드러운 성질 ③ 친근한 자연 그대로의 빛깔 ④ 물들였을 때 다양한 색상의 변화 ⑤ 쉽게 다룰 수 있는 재질적 특성 ⑥ 재생성 ⑦ 풀먹임으로 충해와 습해를 방지 (2) 한지공예의 종류 지승공예: 종이를 꼬아서 만듦 지호공예: 창호지를 점토화 지장공예: 여러 가지 색지로 만듦				
	공예작품 감상	• 공예작품을 감상한다.	• 작품감상		집중한다.	power point
전개	실기	• 사각상자 만들기 • 준비물: 하드보드지, 한지, 칼, 자, 테이프, 풀 • 만드는 순서 1. 몸통과 크기에 유의하여 전개도를 그린다. 2. 자를 대고 칼로 자른다 3. 테이프로 붙여서 형을 만든다. 4. 겉면에 준비한 한지를 붙이고 꾸민다.	• 사각상자를 만든다.	30분	만드는 법을 잘 설명한다. 잘 만들고 있는지 확인 못하면 도움	만들기 준비물

단계	학습과정	교수 · 학습활동		시간(분)	유의점	학습 자료
		교 사	학 생			
	음악 들려주기	Sailing in silence, Yurki Kuramoto				CD 재생기, CD
정리	작품감상	• 학생들의 완성된 작품을 감상	• 완성작품감상	5분	칭찬과 지적	
	형성평가	• 문제를 풀게 한다.	• 문제풀기			
	차시예고	(다음 시간에 정물화 밑그림 그릴 준비를 해 오세요) 준비물: 스케치북, 연필, 지우개	• 메모		메모를 시킨다.	
	인 사	(수고하셨습니다. 다음 시간 준비를 위해서 책상 위를 깨끗이 정돈합시다. 반장인사)				

형성평가

〈주관식〉

1. 공예의 뜻은 무엇인가?

〈객관식〉

1. 공예의 종류에 속하지 않는 것은?
   ① 한지공예　　② 금속공예
   ③ 도자기공예　　④ 염색공예
   ⑤ 보고 그리기

주관식 정답 : 실생활에서 쓰이는 일용품이나 장식품을 직접 손으로 만드는 것
객관식 정답 : ⑤ 보고 그리기

4) 가정과 학습지도안

(1) 단원명

할 수 있어요 : 땅콩 쿠키 만들기

(2) 대상

고등학교 2학년

(3) 교재

교과서명 : 제과이론 교과서

저자 및 출판사 : 한국제과고등기술학교

(4) 단원의 설정 이유

국가 경제가 발전하고 고도 산업사회가 도래함에 따라 우리들의 식생활 향상과 더불어 식생활이 국제화되는 경향을 보인다. 더욱 요즘은 바쁘고 선호 기준이 변화하여 제과점에서 쉽게 아침 대용으로 빵 등의 밀가루 식품을 많이 선호하게 된다. 그렇기에 쿠키나 빵을 만드는 것을 학습함으로써 집에서 만들어 먹을 수 있는 간단한 방법을 익히게 될 수 있으며, 재료의 기능과 조리기구들의 사용법도 더불어 알고자 이 단원을 선택하였다.

(5) 단원의 학습목표

① 쿠키의 전반적인 내용을 이해하고 쿠키를 만들어 봄으로써 제과의 기본을 알게 한다. 집에서도 간식거리를 직접 만들어 먹을 수 있으며 학생들이 자신의 적성을 발견할 수 있는 기회로 삼는다.

② 적극적이지 못한 학생들도 모두 참여할 수 있게 기회를 준다. 완성된 작품을 보고 성취감을 느낄 수 있게 한다. 조리에 들어가는 재료의 쓰임을 알 수 있다.

(6) 교수 · 학습활동 시간 계획

차시	차시별 학습 목표	학습 자료	배당 시간	비고
1차시	• 제과에 필요한 재료와 기능을 총체적으로 학습한다. • 쿠키를 만드는데 필요한 재료의 기능과 종류를 알 수 있다.	교과서 실물자료	50분	(이론)
2차시	• 재료의 역할과 기능을 정확히 알고 사용할 수 있다. • 재료를 정확히 계량할 수 있다. • 조리기구를 정확히 이용할 수 있다. • 완성품을 평가할 수 있다. • 가정에서도 손쉽게 쿠키를 만들 수 있다.	칠판 교재 조리기구	50분	본시 (실습)
3차시	• 식빵을 만드는 데 필요한 재료의 기능과 종류를 알 수 있다.	교과서 실물자료	50분	(이론)

(7) 본시의 학습목표

① 재료의 역할과 기능을 정확히 알고 사용할 수 있다.

② 재료를 정확히 계량할 수 있다.

③ 조리기구를 정확히 이용할 수 있다.

④ 완성품을 평가할 수 있다.

⑤ 가정에서도 손쉽게 쿠키를 만들 수 있다.

(8) 본시 학습과정안(학습지도안)

단계	시간	학습과정	교수 · 학습활동		유의점	학습 자료
			교사	학생		
도입	5분	인사	(여러분 안녕하세요? 반갑습니다! 오늘은 우리가 쉽게 만들고 먹을 수 있는 쿠키를 만들어 보겠습니다.)	• 아이들도 인사한다.	수업결손을 방지하기 위해 조리기구와 재료를 확인한다.	교재
		출석점검	• 출석을 점검한다.			출석부
		조리기구와 재료확인	• 조리기구와 재료를 확인한다.			
		전시학습	• 밀가루, 설탕, 유지, 계란, 우유, 물, 소금, 향신료의 기능과 종류를 확인한다.		실습 분위기 조성	

단계	시간	학습과정	교수 · 학습활동		유의점	학습 자료
			교사	학생		
		학습목표	• 학습목표 1. 재료의 역할과 기능을 정확히 알고 사용할 수 있다. 2. 재료를 정확히 계량할 수 있다. 3. 조리기구를 정확히 이용할 수 있다. 4. 완성품을 평가할 수 있다. 5. 가정에서도 손쉽게 쿠키를 만들 수 있다.	• 수업에 기대를 가질 것이다.		
전개	40분	학습과제 인식 실습 할 수 있어요. 땅콩쿠키	• 재료의 유무와 중량 확인 • 실습 1. bowl에 유지(버터)를 넣고 거품기로 크림화 되도록 힘차게 저어 준다. 2. 설탕, 소금을 넣고 다시 힘차게 저어 준다. 3. 계란을 소량씩(세 번으로 나누어서: 크림법) 넣으면서 저어 준다. 4. 채에 친 밀가루를 넣고 살짝 섞어 준다. 5. 따뜻한 우유를 넣고 섞어 준다. 6. 짤주머니에 반죽을 넣는다. 7. 기름으로 닦아 놓은 팬에 소량씩 간격에 맞추어 짠다. 8. 땅콩을 골고루 뿌린다. 9. 180~210℃의 오븐에 연한 갈색이 되도록 구워 낸다. 10. 식혀서 평가할 수 있도록 그릇에 담아 둔다.	• 학습과제인 땅콩쿠키 만들기를 이해한다. •교사의 시범을 보고 실습의 내용을 이해하고 실습한다.	모든 학생들이 참여할 수 있도록 유도한다. 재료가 남거나 낭비되지 않도록 주의한다. 순서에 맞추어 실습하게 한다. 오븐의 사용법을 잘 알고 사용하게 한다. 쿠키가 타지 않고 알맞게 익도록 한다.	method 교재
정리	5분	학습목표 확인 쿠키 평가 차시 예고 인사	• 학생들에게 쿠키의 전반적인 내용을 숙지했는지 확인한다. • 학생들이 만든 작품을 보고 평가하고, 피드백을 준다. • 다음시간 학습내용과 준비물 안내(제빵이론) (여러분 오늘 쿠키를 만든 시간 재미있었습니까? 다음 시간에는 제빵의 기본인 식빵의	• 학생들이 자신이 만든 것을 평가하고, 다른 조와 비교해 본다. • 다음 시간을 기대한다. •선생님께 인사한다.	쿠키 모양 맛 색깔 마무리 확인 (설거지)	완성품

단계	시간	학습과정	교수 · 학습활동		유의점	학습 자료
			교사	학생		
			각 재료에 기능과 역할을 공부해 보도록 하겠습니다. 다음 이 시간에 봅시다)		다음 시간 준비물 예고	

형성평가

1. 땅콩 쿠키 반죽법은?

2. 쿠키를 굽는 온도는?

3. 달걀을 소량씩 넣는 이유는?

〈땅콩 쿠키 재료 및 준비물〉
1. 재료 및 분량: 박력분(500g), 설탕(500g), 소금(4g), 버터(250g), 달걀 3개(180g), 우유 (120g), 땅콩(100g)
2. 조리기구: bowl, 거품기, 체, 짤주머니, 팬, 오븐, 주걱

5) 음악과 학습지도안

(1) 단원명

대단원 : 감상

소단원 : 모음곡 '동물의 사육제 감상'

(2) 대상

중학교 1학년

(3) 단원 설정의 이유

① 본 단원은 음악의 체험을 통한 미적 삼각을 길러 주며 정서를 순화시키고 학생들의 감성을 계발시켜 주기에 적합하여, 정신적 및 육체적 변화가 매우 빠르고 자기를 표현하려고 하는 욕구가 강한 중학교 1학년에게 적합하다.

② 중학생들은 음악에 대한 관심이 점차 생기게 되며 음악의 아름다움을 체득할 단계이므로, 본 단원은 순음악보다는 이해가 쉬운 표제 음악을 통해 음악성을 계발시키는 데 큰 도움을 줄 수 있을 것이다.

③ 현대의 다양하고 급격한 변화에 의한 성장기 학생들의 정서적 불안을 감소시키고, 심리적인 안정을 얻게 할 것이며, 생활 속에서의 음악을 통한 음악을 즐길 수 있는 능력을 기르고 이를 통하여 원만한 사회인으로 성장하는 데 도움을 줄 수 있을 것이다.

(4) 단원의 학습목표

① 사육제의 뜻을 설명할 수 있다.

② 모음곡의 뜻을 설명할 수 있다.

③ 감상곡에 나오는 여러 종류의 리듬을 칠 수 있다.

④ 악기의 음조를 구별할 수 있다.

⑤ 악기의 음색, 리듬, 빠르기, 셈여림 등에 따라 그 표현 내용을 말할 수 있다.

⑥ 선율의 아름다움을 느낀다.

⑦ 음악을 조용히 듣는 태도를 갖는다.

⑧ 음악 감상 및 문화공연장 이용 시 예절을 습득한다.

(5) 학습과제 분석

① 대단원 : 감상

- 바로크 시대 : 바흐, 헨델, 하이든, 베토벤
- 낭만파 시대 : 슈베르트, 요한 슈트라우스, 생상스
- 근대 및 현대 : 브리튼

② 소단원

- 모음곡 「동물의 사육제」 : 사육제의 뜻, 모음곡의 뜻
- 감상 : 악기의 리듬 치기, 악기의 음조 구별, 악기의 음색, 빠르기, 셈여림의 표현, 선율의 아름다움 느끼기, 감상 태도

(6) 본시 학습과정안(학습지도안)

<table>
<tr><th rowspan="2">단계</th><th rowspan="2">학습내용</th><th colspan="2">교수 · 학습활동</th><th rowspan="2">시간
(분)</th><th rowspan="2">교수자료,
매체, 방법</th></tr>
<tr><th>교 사</th><th>학 생</th></tr>
<tr><td rowspan="5">도

입</td><td>전시 학습 확인
생상스에 대하여
제1곡, 2곡, 4곡 계이름</td><td>• 생상스를 설명하시오(지휘에 따라 계이름으로 부르시오).
• 동기유발</td><td>• 응답(생상스에 대해서 응답, 계이름으로 부른다.)</td><td rowspan="5">5분</td><td>교과서
녹음기
녹음테이프</td></tr>
<tr><td>단원 및 학습내용 제시</td><td>(이번 시간에는 모음곡 「동물의 사육제」를 감상합니다.)</td><td>•경청 또는 받아쓰기</td><td rowspan="4"></td></tr>
<tr><td rowspan="2">학습목표 제시</td><td colspan="2">학 습 목 표</td></tr>
<tr><td colspan="2">• 사육제의 뜻을 설명할 수 있다.
• 모음곡의 뜻을 설명할 수 있다.
• 감상곡에 나오는 여러 종류의 리듬을 칠 수 있다.
• 악기의 음조를 구별할 수 있다.
• 악기의 음색, 리듬, 빠르기, 셈여림 등에 따라 그 표현 내용을 말할 수 있다.
• 선율의 아름다움을 느낀다.
• 음악을 조용히 듣는 태도를 갖는다.
• 음악 감상 및 문화공연장 이용 시 예절을 습득한다.</td></tr>
<tr><td>음악감상시
주의사항</td><td>• 음악감상시 주의사항 전달</td><td>• 경청한다</td></tr>
</table>

단계	학습내용	교수 · 학습활동		시간(분)	교수자료, 매체, 방법
		교 사	학 생		
전개	음악감상시 유의점 제시	• 끝까지 주의 깊게 듣는다 • 제목에 맞는 분위기를 상상한다 • 여러 동물을 표현한 악기의 음색, 리듬, 셈여림 등의 관계를 살핀다. • 반복되는 리듬을 외운다	• 내용별 학습목표를 인식한다.	33분	교과서 판서 녹음기 (CD재생기) 녹음 테이프 (CD)
전개	대표적인 현악기와 목관악기의 음색, 리듬	• 바이올린 • 첼로 • 클라리넷 • 플루트	• 설명을 듣고 조용히 듣는다.	33분	설명식
	감상곡 들려주기 및 설명 -제6곡 -제7곡 -제8곡 -제9곡 -제10곡 -제11곡 -제12곡 -제13곡 -제14곡	• 제6곡: 캥거루의 뛰는 모습을 꾸밈으로 나타냄 • 제7곡: 부드러운 선율로 평화로움을 표현함 • 각 악기의 리듬을 쳐보자. • 제8곡: 새 우는 소리를 바이올린으로 묘사함 • 제9곡: 뻐꾸기 우는 소리를 클라리넷으로 나타냄 • 제10곡: 플루트와 합주로 많은 새들을 나타냄 • 제11곡: 단순한 음계의 반복으로 피아니스트가 실력 없음을 나타냄 • 제12곡: 실로폰으로 죽음의 무도를 나타냄(프랑스 민요도 나온다) • 제13곡: 첼로의 아름다운 선율로 백조의 모습을 나타냄 • 제14곡: 모든 동물이 차례로 나의 본격적인 사육제를 이루며 끝남	•경청 또는 필기 •악기의 소리에 따라 리듬을 쳐본다.		교과서 유인물 또는 OHP 녹음기 (CD재생기) 녹음테이프 (CD) 설명식 질문식
전개		• 각 악기의 음색을 느껴보자. • 각 악기의 음조를 구별해보자. • 감상곡을 곡별로 설명하시오	• 악기의 음색을 느낀다. • 각 악기의 음조를 구별한다. • 각 곡이 뜻하는 바를 발표한다.	33분	
	감상 제6곡~제14곡	• 9개 곡을 틀어 준다. • 동물 그림을 보여 준다.	• 동물 그림을 보며 주의 깊게 듣는다. • 동물의 동작과 곡의 리듬, 음색의 관계를		

단계	학습내용	교수 · 학습활동		시간(분)	교수자료, 매체, 방법
		교 사	학 생		
	동물 그림 보여주기		살핀다. • 선율의 아름다움을 느끼려는 태도를 갖는다.		
	감상 소감 발표 -대표곡 제13곡	• 대표적인 제13곡을 한 번 더 들려준다. • 제13곡의 멜로디를 외어 보도록 한다.	• 조용히 들으면서 감상한다. • 멜로디를 외어 노래한다.		
	감상 소감 요령	• 제13곡: 첼로의 부드러운 선율이 잔잔한 호숫가에서 평화로이 떠다니는 백조의 아름다운 모습을 연상하게 한다.	•감상 소감을 적는다.		녹음기 (CD 재생기) 녹음테이프 (CD)
	감상 소감 발표	• 2~3명 지명하여 느낀 점을 발표하도록 한다.	• 감상 후 느낀 점을 발표한다		
정리 및 평가	전체 내용 확인 및 요점 정리	• 전체 내용 요약		7분	
	평가 및 의의	• 질의 및 평가 다음 멜로디를 연주한 악기는? 이 곡은 어떤 동물을 묘사했는가? 다음 곡은 제 몇 곡에 해당하는가? • 의미 전달 (오늘 감상은 여러 동물을 재미있게 표현한 음악이어서 이해도 쉽고 흥미도 있었습니다. 앞으로 좋은 음악을 자주 들어 정서를 풍부하게 하며 즐거운 생활을 꾸려 나가도록 노력합시다)			
	차시 예고	• 다음 시간에는 현제명 작곡 「고향 생각」을 공부하겠습니다.	•경청한다.		

CHAPTER 13

웹 활용 수업

1. 웹의 이해
2. 웹을 수업에 활용 시의 장점
3. 웹 활용의 단점
4. 웹 활용 수업의 실제

■ **학습개요**

- 인터넷은 전 지구적 정보체계로 지구상에 하나뿐인 주소에 의해 하나로 연결되어 있으며, 다양한 형태의 서비스를 이용할 수 있다.
- 웹은 교수-학습을 위해 활용할 수 있는 많은 장 · 단점을 갖고 있다.
- 웹 활용 수업의 실제로 줌(Zoom), 구글 클래스룸, 팀즈, 구글 잼보드 등의 방법이 있다.

■ **학습목표**

1	인터넷의 유용성을 이해할 수 있다.
2	웹을 교수-학습에 활용할 때 많은 장 · 단점이 있으므로 현명하게 사용할 수 있다.
3	줌(Zoom), 구글 클래스룸, 팀즈, 구글 잼보드 등을 활용하여 수업할 수 있다.

■ **읽을거리 : 눈높이 교육**

내가 생각하는 훌륭한 교사 어쩌면 내가 학창 시절 바라던 그리고 내가 되고픈 교사의 모습일지도 모른다. 얼마 전에 TV를 보다가 학생들을 두 부류로 나눠서 교육방법에 따른 학습능력을 비교하는 실험이 있었다. 같은 나이, 같은 수준의 학생들을 두 집단으로 나누어 한쪽은 칭찬하고 다른 한쪽은 꾸중하며 일정 기간에 아이들을 교육한 뒤 시험을 치러 학생들의 성적을 비교하는 실험이었다. 결과는 칭찬을 들으면서 학습한 학생들의 평균점수가 높게 나왔고 그 학생 중 유난히 성적이 많이 오른 학생의 두뇌를 검사해본 결과 인지 능력, 학습능력 등 두뇌활동이 활발히 일어나 성적향상의 도움을 주게 되었다는 것을 알았다. 나는 무조건 매를 들고 학생들에게 지식을 주입하려 하고 수업 시간에 집중력이 떨어진 학생들에게 강압적인 방식으로 '졸면 맞는다, 틀리면 맞는다.'라고 하면서 가르치기보다는 학생들에게 자신도 뭔가 이룰 수 있다. 자신이 뭔가 해냈다는 성취감을 느낄 수 있게 작은 것에도 칭찬해주고 좀 더 높은 목표를 제시해 주는 교사가 훌륭하다고 본다. 학생 시절에 부모님들은 2등만 하는 아이에게 너는 왜 2등밖에 못하냐고 꾸짖기만 했지 2등이나 했다고 잘했다고 칭찬하진 않았다. 그러다 보니 아이는 스트레스와 부담감으로 인해 극단적인 방법을 택하게 된다.

부모도 가정에서는 교사이기에 오히려 2등밖에 못해 눈치를 보고 있는 자녀에게 잘했다고 칭찬해주면 아이는 다음에 더 좋은 성적표를 가지고 올 수 있는 것이다.

그리고 명문대 졸업, 대학원 졸업, 학위 수여 등 그럴듯한 학벌은 훌륭한 교사를 따지는 기준이 아니라고 생각한다. 비록 학벌은 좋지 않더라도 학생들을 이해시키는 효율적인 수업을 한다면 학생들의 성적향상에는 오히려 더 좋은 방법이다. 다시 말해서 가르치는 일, 학생들에게 설명을 잘하는 교사가 훌륭한 교사라고 본다. 가까운 예로 내 고등학교 시절 수학 선생님은 ㅇㅇ대학교를 졸업하셨다. 하지만 선생님께서는 자신이 알고 있는 지식을 자신보

다 수준이 낮은 학생들에게 전달하고 이해시키는 능력이 부족했다. 그래서 학생들은 실력 없는 교사라 생각했고, 그 선생님의 수업을 거부하기도 했다. 선생님께서는 그것을 몰라서 학생들에게 못 가르치는 것이 아니라 가르치는 법을 몰랐다. 학생들이 받아들이기에는 부담스럽고 수준 높은 수업방식으로 학생들로부터 거부당하였다. 선생님이라는 지위에서 가르친다는 태도보다는 나도 배우는 학생이라는 입장에서 학생들과 함께 공부한다는 태도로 수업을 진행하는 것이 훌륭한 교사라고 생각된다.

마지막으로 학생들을 고르게, 그리고 지속적인 관심을 두는 것이다. 어느 한 학생만을 유난히 예뻐한다거나 미워하지 않고 고루 아껴주는 것이다. 나는 학창 시절에 담임선생님께서 우리를 딸, 아들들이라 부르는 것이 마음에 들었다. 선생님과 더 가까워지는 기분이 들어 서로가 피해 주는 행동은 하지 않게 되었고 더욱 아껴줄 수 있었던 것 같다. 교사의 차별이 학생들 간 불화를 일으킬 수도 있다. 관심받지 못한 다수의 학생은 관심받는 한 학생을 미워하게 되고, 그것이 집단 따돌림으로 이어질 수 있다. 자신의 수업을 듣는 학생은 누구나 다 사랑스럽고 내 자식처럼 여기는 교사가 훌륭한 교사라고 생각된다.

박완성(2012). 신세대 교사를 위한 교직실무의 이론과 실제. 서울: 학지사. pp. 336-337.

■ **생각해보기 / 토론해보기**

1. 학생들의 눈높이에 맞추어 수업한다는 느낌을 받은 경험이 있나요?
2. 미래에 학생들의 눈높이에 맞추어 수업하려면 예비교사로서 나는 어떠한 준비를 해야 하는지 동료나 그룹 멤버들에게 말해 보시오.

1. 웹의 이해

인터넷의 기원은 1969년 초에 미 국방성에서 태어난 알파넷(Advanced Research Projects Agency Network: ARPANET) 프로젝트이다. 이 프로젝트의 목적은 넓은 지역에 흩어져 있던 컴퓨터를 연결하려는 것이었다. 미 국방성은 한 컴퓨터에 모든 정보를 저장하는 것이 군사적으로 위험하다고 생각하여 정보를 여러 곳의 컴퓨터에 분산시키되 쉽게 정보를 찾아내고 관리할 수 있는 시스템을 원했던 것이다. 이 시스템이 1972년에 최초로 일반에 공개되었을 때는 50개의 대학과 연구기관이 하나로 연결되었다.

인터넷은 다음 세 가지 특징을 가진 전 지구적 정보체계다(변영계 외, 2007).

첫째, 인터넷 프로토콜(IP)에 기반한 지구상에 하나뿐인 주소에 의해 하나로 연결되어 있다.

둘째, TCP/IP와 호환 가능한 다른 프로토콜을 사용하는 통신을 지원한다.

셋째, 이와 관련된 기술을 사용하여 다양한 형태의 서비스를 이용할 수 있다.

대학교나 컴퓨터 관련 종사자만이 사용하던 인터넷을 모든 사람이 사용하는 보편적인 도구로 바꾼 것이 월드와이드웹이다.

2. 웹을 학습에 활용 시의 장점

웹은 교수-학습을 위해 활용하기에 많은 장단점을 갖고 있다. 그 구체적인 이유에 대하여 살펴보자.

(1) 웹의 가장 큰 특징은 정보가 끊임없이 갱신되기 때문에 언제나 시기적절한 정보를 얻을 수 있다는 것이다. 따라서 학습자가 관심이 있는 시사성이 있는 사건과 관련된 학습활동을 하면서 사용하기에 적절하다.

(2) 웹은 교사와 학생에게 학습자료가 풍부한 창고의 구실을 한다. 아직도 내용이 검증되지 않은 사이트가 더러 있지만, 공공기관이나 교사의 커뮤니티 등에서 제공하는 학습자료만 해도 초보 교사가 수업 준비를 하기에는 충분할 정도로 많은 자

료가 있다.

(3) 웹은 전 세계의 학생을 연결한다. 웹은 과거의 국제 펜팔을 '더 좋게, 더 빨리, 더 싸게' 할 수 있는 웹-팔로 바꾸고 있다.

(4) 웹은 인종적/문화적으로 중립적인 매체다. 웹은 학생이 상호작용 과정에서 방해가 될 수 있는 인종적 편견의 가능성을 낮추어 준다.

(5) 웹은 학교개혁을 촉진한다. 오랫동안 많은 사람이 학교를 변화시키려고 노력해 왔으나 아마도 웹이 짧은 시간에 변화시킨 것을 보면 놀라지 않을 수 없을 것이다. 웹은 학생과 교사 그리고 학부모가 모두 참여하고 그들의 생각을 나눌 수 있게 해서 이것이 가능했다.

(6) 웹은 재미있는 시간을 만들어 준다. 웹은 그 속성상 다양한 형태의 매체와 자료 그리고 여러 가지 유형의 학습활동을 가능하게 한다. 따라서 웹을 적절하게 활용할 경우 학습활동이 재미있게 된다.

(7) 웹은 수어보다는 학습 위주의 교수 학습환경을 제공하여 학습자 중심의 학습활동이 가능하도록 해준다.

(8) 웹은 글쓰기와 커뮤니케이션 능력을 배양할 기회를 준다. 웹을 통해서 많은 사람을 만나고 이들과 이메일이나 채팅을 통해 글쓰기 연습의 기회가 증가하기 때문이다.

3. 웹 활용의 단점

(1) 웹은 시간을 낭비하게 하는 경우가 많다. 그것은 찾고자 하는 내용 대신에 많은 다른 내용을 검토하기 때문이다. 따라서 교수자는 수업 시간에 써야 할 사이트라면 미리 검색해 두는 것이 필요하다.

(2) 웹은 의외로 기술적으로 신뢰하기 힘든 경우가 많다. 컴퓨터계의 머피의 법칙이 '꼭 중요한 순간에 컴퓨터가 고장 나거나 웹이 다운되는 경우'인 것은 이미 다 알려진 이야기다.

(3) 웹을 통해 김색하여 어띤 지식을 학습할 경우 자신이 알고 싶은 것만 확인하고

관련된 다른 중요한 지식을 놓칠 수 있다, 또한 자신이 제대로 알지도 못하면서 무턱대고 관련 사이트를 찾아 복사해서 자기의 보고서에 붙여놓을 수 있다.

(4) 웹이 학습자 위주의 환경을 만들어 주기는 하지만 학습자가 자기주도적 학습능력을 갖추고 있지 않으면 학습의 효율성과 효과성이 떨어지게 된다.

(5) 웹을 많이 사용할 경우 글쓰기 능력이 향상도기도 하지만 최근 이와는 반대로 웹을 통해 은어나 약어 또는 신조어를 많이 쓰는 신세대가 증가하고 있으므로 올바른 글쓰기 교육이 병행되어야 한다.

(6) 웹의 사용이 증가하면 할수록 폭력, 자살, 마약, 음란물 등 비교육적인 사이트에 방문할 확률이 증가하게 된다. 따라서 교사와 학부모는 학습자와 자녀의 웹 활용 경향에 대해 주의 깊게 관찰하고 지도하여야 한다.

4. 웹 활용 수업의 실제

1) 줌(Zoom)으로 수업 진행하기

(1) Zoom 회의실에 학생 초대하기(링크 복사하여 e-학습터 게시판이나 LMS 게시판에 안내)

① Zoom에 로그인하고 회의실을 만들었을 때 제공되는 내 개인 회의실 번호 링크를 복사하고 우리 반 e-학습터 게시판에 안내함

② 학급에서 사용하는 알림장 앱이나 오픈 채팅방을 이용해 내용을 전송해도 됨

(2) 간단한 설정으로 집중도 높이기(배경 설정, 비디오 필터, 스튜디오 효과 활용)

① 학생들의 수업집중도를 높이기 위해 교사 화면을 다르게 구성할 수 있음

② 배경 설정으로 재택근무 시 교사의 뒷배경 화면에 학생들이 관심을 두지 않도록 조정함

(3) 수업 정리하기

① 수업 정리 시간에 활용할 팁을 '화면 공유'의 화이트보드를 활용하면 그림뿐만 아니라 텍스트를 직접 입력할 수 있음
② 중요한 내용이나 핵심단어들을 정리하며 초성 퀴즈로 문제를 낼 수 있음
③ 차시 예고 시간에 활용할 수 있음

2) 구글 클래스룸

(1) 계정 형성 및 크롬 설치

① 구글 계정 생성
- G Suite가 아닌 개인 계정으로 구글 클래스룸 운영을 위해 계정 생성 필수(기존 계정 사용 가능)

② 크롬 설치
- https://www.google.com/intl/ko/chrome/
- 구글 클래스룸에서 구글 앱 등을 원활히 사용하기 위해 크롬 설치 권장

(2) 구글 클래스룸 입장

① 구글 홈 화면에서 이동
- 크롬 설치 후 www.google.com 이동하여 개인 계정으로 로그인
- 오른쪽 상단 구글 앱 선택하여 구글 클래스룸 선택

② 주소 입력하여 이동
- https://classroom.google.com
- Go to Classroom 클릭
- 개인 계정으로 로그인

(3) 수업 만들기

① 오른쪽 상단 '+' 버튼 클릭

② 수업 만들기

- 수업 이름, 부제(단원), 제목, 강의실에 해당하는 내용을 입력
- 반 단위 수업일 때 제목에 학년, 반을 입력
- 과목 단위로 입력할 경우 제목에 과목명을 입력

(4) 학생 초대하기

① 수업 코드 발급

- 스트림 탭 - 수업 코드 클릭
- 학생 클래스룸 메인화면 +버튼 클릭
- 교사가 제시한 수업 코드 입력
- 수업 입장

② 이메일 초대

- 사용자 탭 선택
- 학생 추가 버튼 클릭
- 학생 이메일 입력 후 초대장 전송

(5) 과제 및 자료 만들기

① 만들기 세부항목 알아보기

- 과제: 과제 생성(학생에게 과제를 위한 추가 정보 제공)
- 퀴즈 과제: 수업 중 간단한 설문, 퀴즈 등을 제시할 때 유용
- 질문: 답에 대한 학생 상호 토론 가능하며, 응답 내용을 변경 가능
- 자료: 주제에 대한 디딤영상 또는 디딤 자료 제공(유튜브, 파일 및 링크)

② 과제 만들기

- 수업 탭 - 만들기 - 과제
- 제목 및 안내 영역에 과제와 관련된 자세한 내용을 입력
- 과제에 필요한 자료나 문서 양식은 추가 버튼을 클릭하여 첨부
- 만들기 버튼을 클릭하면 다양한 구글 문서 도구 사용
- 과제 제시할 때 우측에 제공하는 다양한 옵션을 선택하여 사용 가능

- 다른 세부항목은 과제 만들기와 생성 과정이 동일

3) 팀즈(Teams)

(1) 팀즈(Teams) 접속

① TEAMS 접속경로

- http://portal.office.com 접속 후 Teams 클릭
- https://teams.microsoft.com/ 로 바로 접속
- 설치한 TEAMS 애플리케이션 실행(애플리케이션 설치 사용 추천)

(2) 학급(팀) 개설 및 학생 초대

① 경로

- 왼쪽 [팀] 탭 클릭
- 우측 상단 [팀 참가 또는 만들기] 클릭

② 팀(학급) 만들기

- [팀 만들기] 버튼으로 팀 생성 가능
- 학생들은 교사가 생성한 팀의 코드를 입력하여 팀에 참가 가능

③ 팀 유형 선택

- 원하는 학급이나 커뮤니티 형태로 선택
- 온라인 학급 개설은 [수업] 클릭

④ 팀(학급) 정보 입력

- 팀(학급) 이름, 설명 등을 작성하고 [다음] 버튼 클릭
- 학생 이름 또는 계정명으로 검색하여 학생 추가

※ office 학교 계정이 생성된 학생들은 모두 초대 가능, 외부 계정으로 가입된 학생들을 학교 계정으로 생성한 팀으로 초대하기 위해서는 관리자 계정으로 접속하여 [Azure Active Directory]에서 게스트를 초대한 후 TEAMS에서 초대 가능.

(3) 원격 화상 수업

① 화상 수업

- 하단의 카메라 모양 버튼을 클릭하면 화상 모임을 만들 수 있음
- 모임명(수업명)을 입력하고 [지금 모임 시작]을 클릭하면 화상 연결이 시작됨
- 화상 연결이 시작되면 모임명(수업명)과 함께 화상 수업에 참여할 수 있는 멘션이 추가되고 학생들은 멘션의 [참가] 버튼을 클릭하여 수업에 참가
- 화상 수업에서는 카메라, 음성 끄고 켜기, 배경 흐리게 하기, 화면 공유하기, 화이트보드, 채팅 등 수업에 필요한 다양한 기능들을 제공함

(4) 전자 필기장

① 수업용 전자 필기장

- 수업용 전자 필기장을 활용하여 학생 개인 필기장, 공유 필기장, 교사 필기장 등을 만들 수 있음

② 최초 세팅

- 교사가 팀(학급) 개설 이후 최초 전자 필기장 세팅을 해주어야 사용이 가능함
- MS OneNote 프로그램과 TEAMS가 연동되는 시스템
- 기존 MS OneNote 사용자라면 기존에 작성한 노트들을 학생들에게 공유 가능

(5) 과제 제출 및 평가

① 과제 제출

- [과제] – [만들기] 버튼 클릭
- [과제] : 결과물을 낼 수 있는 수업 과제를 제시할 수 있음(첨부 파일, 보조 자료와 설명 등을 추가할 수 있으며 평가 루브릭을 생성하여 적용할 수 있음)
- [퀴즈] : MS Form 애플리케이션과 연동하여 설문(질문/답) 형식의 과제를 제공할 수 있음
- [기존] : 기존에 제작한 과제를 불러와 재사용하거나 수정하여 사용할 수 있음

② 과제 할당

- 과제 [할당]을 누르면 멘션을 통해 학생들에게 전달됨

③ 평가와 피드백

- 교사는 학생들이 과제를 확인했는지 하지 않았는지, 과제를 제출했는지 3가지로 구분하여 확인 가능함(출석 체크로 활용 가능)
- 교사는 학생들의 과제에 피드백을 줄 수 있으며 MS 문서 도구들을 활용한 과제의 경우 문서 안에 직접 피드백 작성도 가능함
- 교사는 학생들의 과제를 채점하고 그 결과를 보여줄 수 있음

4) 구글 잼보드

(1) 구글 잼보드를 활용하여 학생 활동지 만들기

① 구글 드라이브의 우측 상단 '새로 만들기' 버튼 클릭 → '구글 잼보드' 선택

② 잼보드 제목을 수정

③ 상단 메뉴 '배경 설정' 선택 → 이미지 → 업로드 → 활동지 그림 파일 탐색하여 삽입

④ 왼쪽 메뉴 '스티커 메모' 선택 → 학생 이름표를 만들어 프레임 상단에 위치시킴

⑤ 상단 프레임 바 펼치기 → '더보기' 메뉴를 클릭하여 학생 수만큼 복제하기

⑥ 각각의 프레임에서 학생 이름표를 수정

(2) 구글 프레젠테이션을 활용하여 학생 활동지 만들기

① 구글 드라이브의 우측 상단 '새로 만들기' 버튼 클릭 → '구글 프레젠테이션' 선택

② 프레젠테이션 제목을 수정

③ 표지 작성 → 좌측 상단 '+' 버튼 클릭 → 새 슬라이드 추가 → 레이아웃 적용

④ 상단 메뉴 '배경 설정' 선택 → 이미지 → 업로드 → 활동지 그림 파일 탐색하여 삽입

⑤ 상단 메뉴 '삽입' 선택 → 텍스트 상자 → 학생 이름표를 만들어 슬라이드 상단에 위치시킴

⑥ 복제할 슬라이드 선택 → 오른쪽 마우스 클릭 → 학생 수만큼 복제하기

⑦ 각각의 슬라이드에서 학생 이름표를 수정

(3) 구글 설문지를 활용하여 학생 활동지 만들기

① 구글 드라이브의 우측 상단 '새로 만들기' 버튼 클릭 → '구글 설문지' 선택

② 우측 상단 '설정' 버튼 클릭 → '퀴즈' 탭 → '퀴즈로 만들기' 활성화

③ 하단 '응답자가 볼 수 있는 항목' 설정 → 저장

④ 활동지 이름 및 설문지 설명 수정

⑤ 문제 유형 선택 → 문제 작성 → 필수 여부 선택

⑥ 하단 '답안' 체크 → 정답 작성 및 점수 설정 → 완료

⑦ '미리 보기'를 통해 활동지를 미리 확인

(4) 활동지 공유하기

① 우측 상단의 '공유' 기능으로 사용자 추가 또는 링크 URL을 배포하여 공유 가능함

CHAPTER 14

미래의 교육방법

1. 미래의 학교 모습
2. 교육공학 관점에서 보는 미래 교육환경
3. 교육공학적 관점에서 보는 미래교육기관의 역할

■ 학습개요

- 미래의 학교는 4차 산업혁명 기숙과 함께 에듀테크의 급속한 발달, 인공지능의 도입 등으로 가히 혁명적인 변화가 예상된다.
- 교수자 스마트 러닝 역량을, 교육 성과에 초점을 맞춘 테크놀로지 활용보다 지식역량에 해당하는 교수설계에 초점을 맞추어야 한다.
- 교육공학적 관점에서 보는 미래교육기관의 역할은 시설보다 사람(학습자) 중심의 디지털화, 인공지능형 개별 학습자 지도, 3차원적 디지털 경험을 하는 데 있다.

■ 학습목표

1	미래의 학교 모습의 변화를 예측하고 대비할 수 있다.
2	미래의 학교 미래 교육환경에서의 교수자와 학습자 모습을 그려볼 수 있다.
3	미래교육기관의 역할을 예측하고 이해하여 지혜롭게 준비할 수 있다.

■ 읽을거리 : 정신상태를 정리정돈으로 증명한다.

제가 열다섯 살 때 일입니다. 제가 생각해봐도 저는 정신상태가 해이하고 얼빠진 놈이었습니다. 되는대로 던져둔 옷이며 양말, 과자 부스러기가 나뒹구는 책상에는 책 한 권 펴놓을 자리가 없었고, 가방 속은 아무렇게나 쓰셔 박은 프린트물, 구겨지고 돌돌 말린 책들로 뒤죽박죽이었어요. 뭘 좀 꺼내려고만 하면 한참을 뒤적거려야 했습니다. 그런데도 저는 딱히 불편한 줄 모르겠더라고요. 어차피 공부할 마음이 전혀 없었으니까요.

몇 주간 친구들이 아침마다 수행평가라면서 영어 문제집을 열심히 풀더군요. 저는 도무지 남 일 같았죠. 그래서 졸다가 자다가 딴짓하다가 해가면서 그 시간을 대출 때웠어요. 그러던 어느 날 아침, 저는 드디어 결심했어요. 내일 제출해야 할 숙제를 오늘부터 시작하겠다고 말이죠. 그리고 영어 문제집을 꺼내려고 했어요. 아, 그런데 이놈의 책이 어디로 도망갔는지 가방, 사물함, 책상 서랍 어디에도 통 보이질 않는 거예요. 까딱 잘못해 백지를 숙제랍시고 냈다가는 호랑이 영어 선생님께 된통 혼날 게 뻔한데요. 무진장 초조했습니다. 그러나 그놈의 책을 어디에나 처박아두었는지 알 수가 있어야지요. 쉬는 시간뿐만 아니라 점심시간, 청소 시간까지 누심초사 뒤져보고 집에 가서도 한숨을 쉬어가며 이곳저곳 뒤적거렸지만 끝내 책을 찾지 못했습니다.

결국, 다음 날 영어 수행평가는 아예 내지도 못했죠. 게다가 절망적이게도 제출 안 한 사람은 저 혼자뿐이었습니다. 수행평가 빵점쯤이야 쿨하게 웃어넘기던 시절이었지만 무시무시한 영어 선생님께 제가 어찌나 혼쭐이 났던지 착잡한 심정을 이루 말할 수가 없더라고요. 나름대로는 매우 심각했었습니다.

그로부터 며칠이 지나서 저는 느닷없이 그 책을 발견했습니다. 어처구니없게도 가방 속

다른 큰 책 안에 감쪽같이 끼워져 있더라고요. 커다란 책이 작은 책을 뱃속에 품고 가방 바닥에 자빠져 있으니 복잡한 제 가방 형편상 절대로 눈에 보일 수 없었던 것입니다.

저 못지않은 어지럽히기 능력자들이 둘 건너 한 명씩은 있는 것 같더라고요. 어떻게 해서라도 앉기 싫은 책상을 만들고 싶어 안달이 난 사람처럼요. 먹다 남은 쓰레기를 내버려 둬 푹 삭히고 썩히는 '지저분 능력자'부터 축구공, 파운데이션, 헤어왁스, 거울 등으로 책상을 뒤범벅해 정작 책 펼칠 곳이 없게 만드는 '비좁음 능력자'. 커피, 녹차, 허브티, 분말스프 따위를 풀세트로 갖춰놓는 것도 모자라서 가끔 자습 기간에 친절하게 배달까지 해주고 다니는 '다방계의 능력자', 옛날 옛적 졸업앨범, 한참 전 주고받은 편지, 좋아하는 스타 사진을 쌓아놓고 몇 시간은 우습지도 않게 날려버리는 '추억 능력자'까지! 방법도 다양합니다.

이런 책상에 앉으면 나부터 숨통이 딱 막힙니다. 공부를 꼬이게 만들 거리가 도처에 널려 있는데, 어떻게 집중해서 공부할 수 있겠어요. 멀쩡하던 공부할 마음도 순식간에 흔적 없이 증발하기 딱 좋죠. 인간이라면 모든 감각 중 눈으로부터 가장 많은 영향을 받거든요. 오죽하면 눈을 두고 '마음의 창'이라고까지 하겠어요.

박성혁(2023). 이토록 공부가 재미있어지는 순간. 서울: 다산북스. pp. 207-209.

■ **생각해보기 / 토론해보기**

1. 당신은 환경정리를 잘하는 편입니까? 정리를 잘하려면 어떻게 해야 하는지 말해 보시오.
2. 미래의 교육환경은 어떻게 달라진다고 보는지 동료들이나 그룹 멤버들과 의견을 교환해 보시오.

1. 미래의 학교 모습

미래의 학교는 어떤 모습일까? 아마 상상하기 힘들겠지만 4차 산업 혁명의 도래로 엄청난 변화가 일어나고 있는 미래의 학교 모습을 그려본다.

1) 4차 산업혁명 기술과 함께 발전하는 에듀테크(EduTech)

4차 산업혁명은 경제, 산업, 직업뿐만 아니라 교육에도 큰 영향을 미칠 것으로 예견된다. 특히 사물인터넷, 빅데이터, VR/AR, 인공지능 등 4차 산업혁명 기술들은 교육현장 및 교수학습법에도 광범하게 적용돼 이른바 '에듀테크(EduTech)'로 발전하고 있다.

에듀테크는 교육(Education)과 기술(Technology)의 합성어인데, 종이와 연필, 교실 학습 중심으로 이루어졌던 교육 환경과 전통적 교수학습법에 혁신적인 ICT 기술이 적용되어 지금까지와는 다른 새로운 교육환경 및 학습경험을 제공하는 것을 말한다.

ICT 기술의 발전과 함께 오프라인 중심이던 교육은 이러닝, 유러닝으로 발전해왔고, 다시 에듀테크로 진화하고 있다. 역사적으로 본다면, 우리나라에서는 20세기 말에 ICT 활용 교육이 도입돼 문자 통신 학습, EBS 위성방송, CD 활용 학습 등이 시작됐고 2000년대에는 인터넷과 PC를 활용한 인터넷 강의가 상용화됐다. 이후 모바일 학습 콘텐츠를 활용한 유러닝(Ubiquitous learning)으로 발전했으며, 2010년 이후에는 앱 서비스, SNS, 지능형 진단평가 등을 활용하는 에듀테크 기반의 지능형 맞춤학습이 가능하게 되었다.

2) 인공지능 도입으로 교육은 어떻게 달라질까?

21세기의 현대 교육이 중세 시대의 교육과는 다르듯이 4차 산업혁명 시대의 미래 교육 또한 내용과 방법 등 모든 면에서 지금과는 확연하게 달라질 것이다. 특히 교육 영역에서 인공지능의 활용은 점점 확대될 것이며, 학교 수업은 물론이고 평생학습과 개인 학습 전반에 걸쳐서 인공지능이 사용될 것으로 예측된다.

가령 인공지능이 교육 전반에 도입되면 개인은 인공지능을 활용해 개별 학습 진단을 할 수 있으며 진단 결과를 바탕으로 맞춤형 교육 콘텐츠를 추천받아 개인별로 특화된 학습을 할 수 있을 것이다. 집에서도 모든 학생이 인공지능 학습 도우미나 인공지능 튜터에게 언제든지 학습지도를 받을 수 있기 때문에 학습 효율은 획기적으로 높아질 수 있을 것이다.

3) 교실, 학교와 같이 '공간'이 가지는 의미도 변할까?

학교와 교실의 공간 혁신 또한 큰 변화가 예측된다. 미래에는 장소로서의 교실이나 학교의 의미는 점점 퇴색할 것이다. 모든 것이 연결되는 초연결 사회에서는 장소나 시간에 구애받지 않고 언제 어디서나 학습할 수 있게 될 것이기 때문이다. 학교에 가지 않아도 수업할 수 있고 원거리에서도 실시간 수업이 가능해질 것이다. 전문적인 과정이나 이론 교육의 경우에는 대부분 온라인 수업으로 진행될 것이다.

사실 지금도 무크(MOOC)를 이용하면 세계 어느 지역에 살고 있건 아이비리그 명문대학교의 명강의를 들을 수 있다. MOOC는 '온라인 공개 수업(Massive Open Online Course)'을 말하며, 2012년부터 주목받아온 교육의 새로운 트렌드이다. 유다시티, 코세라 등이 대표적인 사례인데, 하버드, MIT, 스탠퍼드 대학교 등 많은 명문 대학들이 참여해 주요 강의를 녹화해 온라인으로 MOOC 수업을 제공하고 있다.

우리나라에서도 2015년부터 한국형 온라인 공개강좌 K-MOOC가 운영되고 있고 많은 대학이 참여하고 있다. 국가평생교육진흥원이 운영하는 K-MOOC(www.kmooc.kr)는 고등교육 개방이라는 세계적인 흐름에 발맞춰 시작됐고, 현재 온라인 동영상 강의는 물론이고 질의응답, 토론, 퀴즈, 과제 제출 등 양방향 학습 기능까지 갖추고 있다.

원격 강의, 모바일 수업, 지능형 맞춤학습, MOOC 등은 ICT 기술 발전 덕분에 가능해졌다. 4차 산업혁명이 계속 진행되면 첨단 ICT 기술을 기반으로 하는 온라인 교육, 재택 학습, ICT 연계 탐방 학습 등은 점점 늘어날 수밖에 없을 것이다. 또한, 미래에는 신지식과 기술의 범람으로 지식과 기술의 수명은 점점 짧아지게 될 것이기 때문에, 빠른 변화에 능동적으로 대처하려면 평생 늘 새로운 지식과 기술을 습득해야 하는 평생학습이 필요하다. 대학 졸업장이 사라지게 될 것으로 예측하는 미래학자들도 있지만, 그 정도는 아니더라도 몇 년 과정의 대학 정규 학위보다는 그때그때 현장에서 필요한 지식과 첨단 기술을 이수하면 받을 수 있는 단기과정의 소위 '나노 학위(Nano Degree)'가 훨씬 보편화할 수 있다.

4) 새로운 학습법의 등장

교수학습 방법과 관련해서, 최근 '거꾸로 교실(Flipped Learning)'이 반향을 불러일으키고 있다. 한 공중파 방송은 교육 방법의 혁신을 소개하면서 거꾸로 교실은 '21세기 교육 혁명'이라고 평가했다. 방송에 소개된 사례를 보면, 미국 일리노이주 워런 타운십 고등학교에서는 과학 교사 주도로 학생들이 집에서 거꾸로 교실 수업을 듣고 교실에 와서는 각자에게 부여된 과제를 하는 새로운 방식의 수업을 시행하고 있다. 전통적인 교육이 학교에서 수업하고 집에서 숙제하며 복습하고 다시 학교에서 평가하는 방식이었다면, '거꾸로 교실'은 집에서 혼자 온라인으로 수업을 듣고 교실에서 과제를 하는 완전히 다른 방식의 학습이다.

이런 혁신적인 수업 실험은 학생들이 발표, 참여하게 하고 학생들 스스로 학습에 대한 책임을 지게 함으로써 학생들이 학습에 더 몰입하고 즐길 수 있게 해준다. 거꾸로 교실이 미래 수업의 유일한 대안 모델이라고 말할 수는 없겠지만, 중요한 것은 이제까지 말로만 강조해왔던 자기 주도 학습이나 개인별 맞춤형 교육이 ICT 기술 발전과 접목으로 현실적으로 가능해지고 있다는 사실이다.

5) 미래 교실은 어떤 모습일까?

미래 교육이 구체적으로 어떻게 변화할지, 미래 교실은 어떤 모습일지 정확히 예측할 수는 없다. 하지만 적어도 교실이라는 공간에 모여서 교사는 일방적으로 가르치고 학생은 배우고, 정해진 교육과정에 따라 천편일률적인 수업이 이루어지고 표준화된 평가 툴로 학생들을 평가하는 등의 전통적 교육방식이 계속되지 않을 것임은 분명하다.

학년, 교육과정 등 교육의 전통 개념은 크게 변화될 것이고, 미래학교는 완전히 디지털 기반으로 재설계될 것이다. 종이 교과서는 디지털 교과서, 모바일 북으로 대체되고, 교실에서의 오프라인 집합 교육은 집단지성, 협업 중심의 프로젝트 학습으로 바뀔 것이며, 미래 교실은 스마트 교실이 될 것이다. 전자칠판은 물론이고 AR/VR, 홀로그램, 인공지능 등 첨단 기술들이 도입되는 미래 교실은 학생들에게 정말 새로운 학습경험을 제공해 줄 것이다.

6) 미래에는 교사가 사라진다고요?

미래학자들 중에는 미래에는 교사가 필요 없을 것으로 예측하는 사람도 많다. 세계 최대의 미래연구집단 세계미래학회(World Future Society)는 미래 사회를 예측하기 위해 2013년에 미래 연구자들을 대상으로 재미있는 설문조사를 실시했다. "현재 우리가 누리거나 경험하고 있는 것들 가운데 15~20년 후에 사라질 것은 무엇일까요?"라는 질문을 주고 여기에 대해 미래예측 전문가들이 답변한 내용을 정리해 <미래에 사라질 10가지(Top 10 Disappearing Futures)>라는 제목의 특별 보고서를 발표했다. 2030년경에 사라질 것으로는 편협성과 오해, 통합 유럽, 일자리와 직장 모델, 상점, 종이, 스마트폰 등과 함께 '교육과정(Educational Processes)' 등을 꼽았다.

이들 미래 연구자들은 현재와 같은 표준화된 공장형 교육 모델은 사라지고 교사 없는 맞춤형 학습 시대가 열릴 것으로 예측했다. 미래학자 토마스 프레이도 전 세계 대학의 절반은 20년 이내에 문 닫을 것이라는 비관적인 전망을 하였다. 이러한 미래 교육의 변화와 위기는 4차 산업혁명이나 인공지능 기술 등 첨단 기술 발전과 직결된다.

과연 미래학자들의 예측처럼, 초연결 사회가 되면 학교가 사라지고 ICT 기술과 인공지능이 발전하면 교사가 사라지게 될까? 그들의 예측처럼 교사나 학교가 사라지지는 않을 것이다. 왜냐하면, 교사 없는 교육, 학교 없는 사회란 상상조차 할 수 없으니까요.

한 사회가 유지되는 데 있어서 교육의 기능과 역할은 막중하다. 사회적 동물인 인간이 사회 구성원으로서 다른 사람들과 어울려 살기 위해서는 '사회화'라는 과정이 절대적으로 필요하다. 사회화에 있어서 가장 큰 비중을 차지하는 것은 바로 교육이다. 따라서 사회적 존재로서의 인간이 존재하는 한, 그리고 인간 집단인 사회가 존속되는 한, 교육이라는 사회적 기능이 사라질 수는 없다.

만약 교육에서의 변화가 있다면 그것은 학교나 교사의 역할의 변화일 것이다. 물론 학교에 가지 않아도 재택 학습이 가능하고 교사 없이도 혼자 학습을 할 수는 있을 것이다. 그러나 그렇다고 해서 인공지능이 교사를 완전히 대체하거나 학교가 없어지지는 않을 것이다. 학교는 단지 수업하고 공부만 하는 물리적 공간이 아니며, 교사는 지식을 가르쳐주는 사람만은 아니기 때문이다. 이런 것들은 교육의 일부분에 불과할 뿐이다.

여기서 우리는 교사의 사회적 역할과 기능에 대해서 진지하게 생각해봐야 한다. 국어사전에 찾아보면 교사는 '주로 초등학교, 중학교, 고등학교 따위에서, 일정한 자격을 가지고 학생을 가르치는 사람'이라고 정의되어 있다. 이것은 산업화 시대 교사의 정의이다.

4차 산업혁명 시대의 미래 교사는 단지 일정 자격을 갖추고 학생을 가르치고 지식을 전수하는 사람이 아니다. 미래 교사는 학생을 가르치는 사람(teacher)이라기보다는 지도하고 조언하는 사람(mentor)일 것이다. 지식을 전달하는 사회적 역할은 최소화될 것이고, 그보다는 왜 학습이 필요한지를 학생이 깨닫게 해주고 스스로 학습하는 방법을 코칭 해주는 사람이 될 것이다. 본래 수업의 의미는 교사가 학생에게 지식이나 기술을 가르쳐 주는 것이었지만 미래의 수업은 이런 모습이 아닐 것이다.

7) 교사와 학생의 관계는 어떻게 변할까?

교사와 학생의 관계도 지금과는 달라질 것이다. 교사는 가르치고 학생은 배우는 사람으로 그 역할이 고정된 것이 아니라 학생들끼리도 서로 가르치고 배울 수 있고, 교사가 학생들로부터 배울 수도 있을 것이다. 모든 아이들은 각자 능력과 수준, 성격과 취향이 다르기 때문에 미래에는 공장에서 상품을 찍어내듯이 하는, 틀에 박힌 교육방식은 사라질 것이다.

학습자 중심 교육을 해야 개개인의 능력을 계발할 수 있고 잠재력을 끌어낼 수 있다. 미래의 교육과정은 더 유연해질 것이고 개별 학교나 교사들은 더 많은 자율성을 갖게 될 것이다. 가르치는 역할보다는 진로, 생활, 정서, 인생 전반에 걸친 지도와 코칭이 훨씬 중요해질 것이다.

천재 물리학자 아인슈타인은 교육이란 모름지기 '학교에서 배운 것을 모두 잊어버린 후에도 남는 그 무엇'이라고 말했다. 미래 교육에는 '그 무엇'이 중요하다. 교육의 환경과 교수학습 방식이 아무리 변화하더라도 교육 본연의 역할과 기능은 미래에도 여전히 중요한 요소로 남을 것이다(https://post.naver.com/viewer/postView.nhn?volumeNo=27809013&memberNo=15194331).

2. 교육공학 관점에서 보는 미래 교육환경

1) 미래 교육환경의 교수자와 학습자

미래 교육환경에 대한 상상은 일단 테크놀로지, 즉 인터넷과 디지털이라는 단어를 제외하고는 설명이 어려울 것이다. 브라질에 본사를 두고 있는 Envisioning Technology 연구소의 미래 교육 보고서(2013)에 따르면 공간개념으로 볼 때 교실의 비중은 점차 줄어들 것이며 지식과 정보를 설명하고 보여주는 개념의 스튜디오나 가상공간의 개념이 지금의 교실과 교육기관을 대신하게 될 수 있다고 한다. 교실 개념은 카페 개념의 소통과 스킨쉽의 장으로 변화하게 될 것이며, 지금처럼 시간을 정해놓고 일정 시간 안에 정해진 양의 수업내용을 방법의 효율성을 따져가며 주입시키는 방식은 교수자나 학습자 모두에게 기피 대상이 될 수 있다고 한다. 또한, 전형적으로 교실 현장의 이미지였던 수업 결과물과 발표물로 도배가 되어 있던 교실 벽은 첨단 기기를 사용하는 스크린으로 변모할 것이라고 한다. 이런 환경으로 변하게 되면 기존에는 책상과 의자에 앉아 있던 학습자들은 모두 일어서서 움직이게 되며 첨단 기기 앞에서 서로 토론하고 정보를 수집·제공하며 새로운 발견을 전 세계의 디지털 친구들에게 보여주고 즉각적인 피드백을 받게 되는 모습이 미래의 교실 모습이 될 것이라고 한다.

개별 학습자들 사이에서도 디지털 경험에 대한 격차는 개별 학습자의 경제 환경 격차와 유사하게 벌어질 수 있다. 통신수단의 근간이 스마트폰이 되면서 스마트폰으로 연결되는 경제, 사회, 교육, 문화적 접근에 대한 이해와 활용격차는 해마다 간격이 더욱 벌어지고 있다(e-나라지표, 2014). 이는 학습자들이 학교를 마치고 사회로 진출할 때 그들이 선택할 수 있는 직업의 종류와 그들이 속하게 되는 사회경제적 계층의 격차로도 연계될 수 있으며 생애 전반에 걸치는 영향을 미칠 수 있다. 테크놀로지를 활용하는 수업환경을 언급할 때 교육환경이 사람을 따라가야 할 것인가? 사람이 교육환경을 따라가야 할 것인가는 오랫동안 논란의 대상이었다(Johnson & Liber, 2008). 사람들이 생활의 편리함을 위해 새로운 기기를 발명하지만, 그 기능이 점차 고도화되는 어느 시점부터는 사람들이 첨단 기기를 사용하기 위해 기계의 성능을 배우려고 노력해야 하는 상황으로 바뀌게 된다. 예를 들어, 날로 발전하는 스마트폰의 새로운 기능은 이제 평범한 사람들은 사용 방법을 전부 익히지도 못하거나 제대로 사용도 못 한 상태에서 성능이 업그레이드된 다음 버전으로 사용패턴을 이동해야 한다.

마찬가지로 수업 현장에서도 사회발전상과 보조를 맞추기 위하여 새로운 테크놀로지를 계속 도입하지만 교수자와 학습자, 또는 학부모까지 새로운 테크놀로지의 활용에 대한 충분한 이해와 효과를 보기까지 최적의 시간을 확보하지 못한 상태에서 테크놀로지의 새로운 기능으로 계속 빠르게 움직여 결국 교육 현장 전반의 불신으로 이어지게 만들기도 한다. 최근 스마트 교육 관련한 연구에서는 스마트 교육을 몇 년 동안 실시한 학교의 교수자들과 새로 진입한 학교 교수자들 간에 스마트 교육 이해도와 역량에서 유의미한 차이가 없음을 보고하였다(조은순 외, 2015). 이는 스마트 러닝에 대한 하드웨어적인 준비도와 마인드웨어적인 준비도가 크게 관련이 없다는 의미이며, 교수자 스마트 러닝 역량을 교육 성과에 초점을 맞춘 테크놀로지 활용보다 지식역량에 해당하는 교수설계에 초점을 맞추고 있어 과연 스마트 교육에 대한 교사역량의 중점을 어디에 둘 것인지 심각히 생각해 볼 여지를 제공하고 있다.

3. 교육공학적 관점에서 보는 미래교육기관의 역할

미래 사회를 예견하는 몇몇 키워드에 포함된 뉴미디어학습 유형은 빠른 속도로 전 세대에 걸쳐 전 세계로 확대되고 있다. 학습자들은 기본적인 지식을 습득하고 공유하며 동료학습자와 토론하고 문제를 해결하는 데 이미 스마트 기기를 자유자재로 활용하고 있으며 테크놀로지의 발전이 상당 부분 이를 뒷받침하고 있다. 학습자들은 뉴미디어를 통해 장소와 시간, 연령과 상관없이 기본 지식을 자발적으로 습득하고 교수자와 동료학습자들을 면대면으로 만나 직접 소통하고 더불어 사는 인간성을 함양한다. 이렇게 되면 공식적인 교육과정과 비공식적인 교육과정이 잘 조화를 이루는 이상적인 교육환경이 조성될 수 있을 것이지만, 한편에서는 경제적인 계층 차이, 디지털 경험이 많은 디지털 네이티브와 디지털 이미그런트 간의 갈등과 부조화로 인해 교육환경에는 순기능보다 오히려 역기능을 가져올 수 있다는 우려도 있다(Prensky, 2010).

일반적으로 학교 안에서 매일의 일상을 보내는 학생과 교사들에게 첨단 기계와 시스템의 활용은 충분한 시간을 가지고 익혀야 하는 또 다른 학습주제와 내용이 된다. 특히 나이 어린 학습자들은 디지털 첨단 기계에 몰입하여 학습과 오락 사이를 넘나들고 나이가 들수록 인터넷상에서 일어나는 온갖 불법과 편법 사이를 줄타기하는 여러 역기능에 빠질 수 있다. 이는 우리가 디지털 기계의 학습 효율적이고 효과적인 기능을 충분히 숙지 못한 상태에서 단편적으로만 기계를 사용하고 있기 때문이다. 스마트 러닝의 궁극적인 목표는 학습자를 스마트하게 만드는 것이지 단지 건물이나 교실 환경을 스마트하게 만드는 것이 절대 아닐 것이다. 건물 안에서 생활하는 다양한 성향의 학습자들이 스마트 기기처럼 신속하게 항상 언제 어느 때나 일률적이고 효율적으로 학습을 하지 못하는 것은 학습자가 각기 다른 인간이기에 지극히 당연하다. 바쁘게 사회생활을 하는 직장인들도 기계가 진화하는 속도를 쉽게 따라가지 못하는데 하물며 배우는 환경에 있는 학습자들이 빠르게 변모하는 디지털 기기를 숙지해 날렵하게 사용하는 것이 요원한 일이다. 결국, 기계는 학습자의 느린 학습 속도에 맞추어야 한다. 기계가 사람을 앞설 수 없기 때문이다. 그런데도 변화하는 사회에 대비해야 하는 교육의 궁극적인 목적 달성을 위해서 교육환경이 사회의 요구사항인 뉴미디어에 관해서 계속 연구와 적응을 시도해야 하는 것은 분명하다. 다만 교수설계 측면에서의 연구보다 스마트 환경에서 학습자를 스마트하게 지도하는 데 필요한 교수자들의 핵심역량은 무엇이며 어떻게 교수자들을 연수할 것인지 구체화하는 연구가 필요할 것이다. 또한, 학습자들도 좀 더 스마트한 학습활동을 자발적으로 참여하도록 유도하여 이들의 역량이 향상되도록 학습자들의 태도와 행동 변화에 관한 연구가 필요할 것이다.

그러므로 초등 · 중등 학생들이 사회에 진출하기 전까지 디지털 격차를 좁히기 위한 가장 효과적이고 효율적인 방법은 학생들이 학교에 머무르는 기간 동안 수업내용과 방법에서 첨단 디지털 시설과 기기 활용을 더욱 권장해 디지털 격차를 최소화하는 전략을 실현하는 것이다. 또한, 교육환경에서 가장 중요한 교수자의 역할과 지도에서도 세대 간격에서 오는 디지털 리터러시 한계를 보일 수밖에 없는데, 태어나면서부터 디지털에 익숙한 학습자들을 그들보다 뒤늦게 디지털에 익숙해진 기성세대로서 교수자들 스스로 디지털 활용능력의 한계를 느낄 수밖에 없다. 이와 같은 맥락에서 디지털 중심의 미래 교육환경에 대한 다음과 같은 키워드들이 중요 논쟁거리가 되고 있으며 교육환경에 미칠 수 있는 영향력을 고려해 점차 중요한 연구의 대상이 되고 있다(Envisioning Technology, 2013; Mitra, 2014).

1) 시설보다 사람(학습자) 중심의 디지털화

교육기관의 건물 전체 디지털화보다 먼저 교실의 테크놀로지 시설이 수업을 진행하고 학습자들이 학습 활동하기에 최적으로 디지털화되어야 한다. 학습자들은 그동안 교실 수업의 한계라고 여겨졌던 다른 나라 언어의 실생활 사용의 장벽과 문화교류의 차이점을 인터넷 환경 안에서 극복할 수 있으며 지식과 정보의 양적 열등감에서도 쉽게 벗어날 수 있다. 또한, 학년별 단계별 학습 내용의 단절과 구분을 벗어나 교과의 개념을 뛰어넘음으로 학습자 개개인의 수준에 맞는 학습 범위와 내용, 활동을 결정할 수 있는 융통성이 접목될 수 있다. 또 시설과 기기는 첨단화 되었지만 교수와 학습의 질이 개선되지 않으면 교육의 성과는 기대할 수 없는데, 스마트해지는 첨단 기기는 수업전략과 활동의 질적 강화를 가능하게 해준다. 앞으로 구부러지는 전자종이(Electronic paper screen)나 학생들의 시선을 추적하거나 관심 내용을 추적하는 기술들과 같은 스마트해지는 기기들이 교실 안에 들어올 것이기 때문에 이에 대응하여 학습자 개개인에 맞춘 교실 디지털화와 스마트한 수업 성과를 연계할 수 있는 수업전략이 교사들에게 더욱 절실해질 것이다.

2) 인공지능형 개별 학습자 지도

현재 교실 수업의 여러 문제 중의 가장 심각한 것은 개별 학습자들에게 자신의 학습 속도와 스타일에 맞는 수업이 제공되지 않고 학습자 개인의 다양한 사회문화적 배경을 고려한 수업 활동이 주어지지 않는다는 것이다(Ogan & Johnson, 2015). 하지만 실제로 수업 현장에서 교수자 한 명이 많은 수의 학습자들을 다루어야 하는 현실적인 문제를 고려하면 이런 문제점의 이상적인 해결책은 찾기 어렵지만, 디지털 기기를 통해 학습자 자신의 맞춤형 수업내용을 찾고 개별 학습자에게 적합한 활동과 과제가 주어지는 것은 얼마든지 가능한 일이다. 또 교실 수업내용과 활동에 연계해서 학습자 개인에게 필요한 피드백을 스마트 앱이나 플랫폼 안에서 해결할 수 있도록 설계하는 상호작용은 현재도 얼마든지 가능하다. 덧붙여 인공지능형 로봇의 활용도 응용범위와 적용대상이 점차 확대되고 있다. 하지만 학습자 개개인의 학습 성과가 의도한 데로 이루어지려면 개별 학습자 학습 이력과 활동 성향 및 스타일을 기억하고 수준과 단계에 맞는 활동로드맵이 추천되어야 하며 적시에 피드백을 제공할 수 있어야 한다. 이를 위한 과제 부여 알고리듬, 적정 강사 배정 알고리듬, 평가 알고리듬 등과 같은 심화된 개별화 학습 기능과 활동 또한 가능할 수 있도록 연계되어야 한다(Weragama & Reye, 2014).

3) 3차원적 디지털 경험

기존의 수업내용과 활동 범위 안에서 학습자들이 경험하는 학습활동은 크게 직접체험과 간접체험으로 나누어져 있다. 연령이 어린 학생들은 오감을 통해 직접 경험하는 활동 중심으로 수업 활동이 꾸며지고 연령이 올라갈수록 시각과 청각 위주의 간접경험으로 구성되는 것이 보편적인 현상이었다. 이는 기존의 수업 경험에 대한 분류가 학습자들이 직접 목격하거나 접촉하는 실제 경험과 이것이 불가능할 경우 눈 또는 귀로 체험하는 2차원적 구경거리의 두 가지 중 하나였다고 볼 수 있다. 하지만 테크놀로지의 변화는 가상의 3차원적 경험을 가능하게 한다. 이미 영화에서 3D와 4D 경험이 가능한 것처럼 수업에서도 안경을 쓰고 실제와 아주 유사한 경험을 할 수 있는 헤드업 디스플레이나 인터액티브 증강 공간 디스플레이 플랫폼(AR: Augmented Reality-증강현실), 몰입형 가상현실(immersive virtual reality) 등이 비근한 사례들이다(Envision Technology, 2013). Immersive education 사에서 제작한 미국의 아폴로 11 프로토타입을 통해 학습자들이 직접 달에 착륙하는 경험을 수업 활동으로 하는 것이 좋은 사례가 될 수 있다(조은순, 2015, 교육공학연구, 31-3, pp. 687-708에서 뽑아 정리함).

참고문헌

권성호(1996). 교육공학원론. 서울: 양서원.

김보경(2018). 학교수업설계를 위한 교육방법 및 교육공학. 서울: 학지사.

김영채(1992). 사고력 교육을 위한 학습전략. 서울: 교육과학사.

김영환(1994), 과제분석과 계열화를 위한 단순화조건법. 교육공학연구, 9(1), 43-59.

노경주, 구정화, 조영제, 주은옥(2001). 논쟁문제 교육의 이론과 실제. 원미사.

박인학(1995). 교사를 위한 교수 · 학습방법론. 서울: 현문사.

변영계(1999). 교수–학습이론의 이해. 서울: 학지사.

변영계, 김영환, 손미(2007). 교육방법 및 교육공학. 서울: 학지사.

삼육대학교 교육혁신단(2021). 토의토론 교수법을 활용하여 수업하기.

성원경, 조인경, 김숙령(1999). 토론수업의 실제. 교육아카데미.

신동로(2001). 교육과정과 교육평가. 서울: 교육과학사.

윤광보, 김용욱, 최병옥(2008). 교육방법과 교육공학의 이해. 파주시, 경기도: 양서원.

장경원(2010). 문화예술교육 아카데미 CETA 기관 · 단체 실무자 역량 강화 연수과정.

전정재(2001). 공부에는 왕도가 있다. 서울: 한국방송출판.

정명화 외(2002). 실기 및 예비교사를 위한 교육방법의 이론과 실제. 서울: 학지사.

정문성(2021). 토의토론 교수법을 활용하여 수업하기. 서울: 삼육대학교 교육혁신단 교수법 아카데미 연수자료.

조규락, 김선연(2006). 교육방법 및 교육공학. 서울: 학지사.

조은순(2015). 교육공학연구. 31(3), 687-708.

하수연, 박원혁(2019). 유아교사를 위한 교육방법 및 교육공학. 서울: 동문사.

한방교, 윤길근(2002). 실기교육방법론. 서울: 동문사.

Bloom, B. S. (Ed.) (1956). *Taxonomy of educational objectives : cognitive Domain*, New York: David Kckay.

Borich, Gary D. (2000). *Effective Teaching Methods*. New Jersey: Prentice-Hall.

Chamot, A., & Kupper, L. (1989). Learning strategies in foreign language instruction. *Foreign Language Annuals*, 22.

Dansereau, D. F. (1985). Learning Strategy research. In J. W. Segal, S. F. Chipman, & R. Glasser (Eds.), *Thinking and learning skills*(Vol. 1), Hillsdale. N.J.: Erlbaum.

Davies, I. K.(1981). *Instructional teaching*. New York: McGraw-Hill Book Co.

Derry, S. J., & Murphy, D. A. (1986). Designing system that train learning ability: From theory to practice. *Review of Educational Research* 56.

Dillon, J. T. (1997). 토론학습의 이론과 실제(Using discussion in classrooms). 김정효 역. 교육과학사.

Duffy, T, M., & Bednar, A. K.(1991). Attempting to come to grips with alternative perspectives. *Educational Technology, September*, 12-45.

Gage, N. L., & David C. Berliner(1998). *Educational Psychology*(6th ed.). Boston: Houghton Mifflin, Research pertaining to practice and drill, lecturing, and problem solving-among other subjects.

Gagne, R., & Briggs, L.(1988). *Principles of instructional design*. Forth Worth, TX; Holt, Rinehart and Winston.

Glaser. R. (1962). Psychology and Instructional Technology, *Training and Research and Education*. NY: Willey & Sons Inc.

Heinich, R., Molenda, M., & Russel, J. D.(1986). *Instructional media and technologies for learning*. NY: MacMillan Publishing Company.

Hohn, Robert L. (1995). *Classroom learning. Longman Publishers USA*. Jones, B. F. (1983). Integration learning strategies and text research to teach high order thinking skills in schools. Paper presented at the annual meeting of the American Educational Research Association. Montreal. Canada.

Kagan, S.(1994). *Cooperative Learning*. San Clemente, California: Kagan Publishing.

Katz, L. G. (1972). Developmental Stages of Preschool Teachers. *The Elementary School Journal*, 50-54. Chicago, Ill: University of Chicago Press.

Marks-Beale, Abby(1994). *Study Skills*. Delmar Publishers Inc.

Nisbet, J. (2001). 학습전략과 교육(Learning strategies). 이신동 역. 서울: 교육과학사.

O'Malley, J. M., Chamot, A. U., Stewer-Manzanares, G., Russo, R. P., & Kupper, L. (1985). Learning strategy applications with students of English as a second language. *TESOL Quarterly, 19*(3).

Oxford, R. (2001). Language learning styles and strategies. In M. Celce-Murcia (Ed.), *Teaching English as a second or foreign language*. Boston, MA: Heinle & Heinle Publishers.

Seels, B. B., & Richey, R. C.(1994). *Instructional Technology: The Definition and dominations of the field*. Washington. DC: AECT.

Shulman, L. S. (1987). Knowledge and teaching : Foundations of the new reform. *Harvard Educational Review*. 19(2).

Slavin, R. E.(1978). Student Teams and Achievement Division, *Journal of Research and Development in Education, 12*, 39-49.

Tarone, E. (1977). Conscious communication strategies in interlanguage. In H. D. Brown et al.

(Eds.), *On TESOL* 1977. Washington, D.C: TESOL.

Yamamoto, K. (1969). *Teaching*. Houghton Mifflin Company.

https://post.naver.com/viewer/postView.nhn?volumeNo=27809013&memberNo=15194331

저자소개

■ **박완성(朴琓成) pwansung@syu.ac.kr**

〈경력〉

고려대학교 사범대학 교육학과 졸업
고려대학교 대학원 교육학 박사(교육심리 · 교육방법 전공)
전) 중 · 고등학교에서 후학양성(교사, 연구부장, 윤리부장)
삼육대학교 입학처장, 입학관리본부장/ 교무부처장
삼육대학교 교육혁신단장, 교수학습개발센터장
학생커리어개발센터 부장/ 인력개발원 부장
법무부 범죄예방위원, 소년 선도위원
서울특별시 교육청 꿀맛닷컴 학부모 튜터
효자중학교 학교운영위원회 부위원장
경기도 교육감 위촉 경기도 진로교육협의회 위원(부위원장)
삼육대학교 스미스학부대학장
현) 삼육대학교 학부 교직과/ 대학원 상담심리학과 교수
교육부 교양선택 교육과정 심의위원
해피에듀연구소 소장

〈자격〉

평생교육사 1급
APT(적극적 부모역할훈련) 강사
MBTI(성격유형검사) 일반강사
학습상담전문가, 진로상담전문가, 가정상담사, (사)한국군상담학회 수련감독 군상담전문가

〈수상내역〉

교육부장관상, 서울시 교육청 교육감상 수상

〈학회활동〉

한국진로교육학회 학회장
(사)한국교육심리학회 운영위원
한국상담학회 산하 한국군상담학회 감사
한국학습상담학회 이사, 안암교육학회 이사, 한국교원교육학회 이사
한국교육학회, 한국교육심리학회, 한국상담학회(가족상담학회, 진로상담학회, 군경소방상담학회), 한국학습상담학회, 학습자중심교과교육학회, 한국심리유형학회 정회원

〈저서〉

대학생활의 진로돋보기(동문사, 2021)
인생설계와 진로 I, II(삼육대학교, 2021)
새롭게 보는 진로상담(교육과학사, 2013)
신세대교사를 위한 교직실무(학지사, 2012)
정보화 시대의 신세대를 위한 신실기교육방법론(학지사, 2011)
진로교육개론(교육과학기술부, 2010)
진로교육의 이론과 실제(교육과학사, 2011)
중학교 진로와 직업 교과서(지학사, 2011)
고등학교 진로와 직업 교과서(미래앤컬쳐그룹, 2011)
교육실습의 이론과 실제(삼육대학교출판부, 2011)
교육평가(교육과학사, 2007)

〈논문〉

『코로나19로 실시한 온라인 수업 경험에 대한 질적 연구』
『고교생의 진로자아효능감 · 진로준비행동과 관련변인과의 관계 – 심리적 독립성, 성역할 정체감, 학업성취를 중심으로』 등 수십 편

학교학습 효과와 수업 잘하는 교사가 되기 위한
교육방법 및 교육공학

초판 1쇄 인쇄 / 2024년 12월 27일
초판 1쇄 발행 / 2024년 12월 30일

●

저 자 / 박 완 성
발행인 / 이 중 수
발행처 / **동 문 사**

●

서울특별시 서대문구 홍제원 1길 12
(홍제동 137-8)
Tel: 02)736-3718(대), 736-3710, 3720
Fax: 02)736-3719
등록번호: 1974.04.27 제9-17호
가격: 20,000원

●

ISBN: 979-11-6328-646-2 (93370)
E-mail: dong736@naver.com
www.dongmunsa.com